はじめて学ぶ
国際金融論

INTRODUCTION TO INTERNATIONAL FINANCE

著・永易 淳
　　江阪太郎
　　吉田裕司

有斐閣ストゥディア

はしがき

　経済学の父と呼ばれるアダム・スミス（1723〜1790）が（英）グラスゴー大学で倫理学や道徳哲学の教授であったことからわかるように，経済学は比較的新しい学問です。その中でも国際金融論は新しい分野として，先進国が固定相場制から変動相場制に移行したころ（1970年代初頭）から，多くの研究者や経済政策に携わる人の関心を集め始めました。これは，変動相場制への移行により為替レートの予測が困難になったことや，国際間の財・サービス，資本，労働者の移動の増加に伴いお金の国際的な動きが増えたため，国際金融を理解することなしに一国の経済の動向を語ることが難しくなったからです。近年でも，リーマン・ショックや欧州債務危機など，海外に端を発した経済危機が日本経済に影響を及ぼしたことは記憶に新しいでしょう。

　また，金融市場の発展と同様に，国際金融の理論も，時代とともに大きく変わってきました。国際金融の研究が増えた1970年代は，国際金融論はマクロ経済学の一部として位置づけられていました。その結果，筆者たちが学生のころ（1980，90年代）は，国際金融論の教科書に載っている理論と市場で実際に取引に携わっている投資家の考えとの間には少なからず隔たりがありました。しかし，現在はミクロレベルの理論が大幅に増え，経済ファンダメンタルズを基礎とする「経済学」の観点からだけでなく，投資家の行動から為替レートの変動を考える「ファイナンス」の観点から吟味した研究が飛躍的に増加した結果，この隔たりはかなりなくなったと思います。しかし，「ファイナンス研究科」がほとんど存在しない日本においては，経済学から見た国際金融の研究や教育が大半を占めているように感じます。

　これを背景に，主に大学の学部2〜3年生向けに『はじめて学ぶ国際金融論』を書くことになりました。「はじめて」とは言え，一般的に国際金融論は基礎科目ではなく専門科目として提供されるため，経済原論（ミクロ・マクロ経済学の基礎）の知識があるという前提で本書は書かれています。しかし，高度な専門知識や数学は本書を理解するにあたり必要ありません。また，従来の教科書はマクロ経済重視の国際金融論でしたが，本書はミクロ経済の理論も含んでい

ます。第 6 章のマイクロストラクチャー・モデルなどが典型的な例です。マイクロストラクチャー・モデルはもともと株価変動を理解するために生まれた理論で，市場の特性（制度）や取引方法を反映させることを試みており，現在では国際金融論の中でも重要な研究分野となっています。しかしその反面，本書では，ページ数に制限があることから，今まで多くの教科書が取り扱ってきたマンデル・フレミング・モデルやポートフォリオ・バランス・モデルなどは省かれています。これらの理論に興味がある方は巻末にある教科書のリスト（文献案内）を参考に学習してください。

また，初学者が一人で読んでも理解できるように，平素な表現でわかりやすく丁寧に説明することを心がけ，また直感的に理解できるように図表や数値例を多用しました。学んだことを復習しやすいように各所にポイント（POINT）をあげたことや，現実との接点がわかるように事例を多く取り上げたことも，本書の特徴です。国際金融と聞くだけで難しい学問だと感じてしまう学生も多いようですが，本書を読むことにより少しでも国際金融に興味を持ち，理解を深めていただければ幸いです。

本書は，第 1 章から第 9 章まで順に講義されることを想定しています。本書で書き尽くせなかった箇所，または直接関係ないけれども重要な事項については「ストゥディア」のウェブサポートページからダウンロードすることが可能です。また，本書を講義で使用する際の手助けとなる本書の図表の画像もダウンロードできますので，講義を担当される方は，それらをご利用ください。

最後に，執筆にあたっては各自が 3 章分を受け持ちましたが，全員で意見交換しながら完成に至りました。本書の作成においては，多くの方々にご協力いただきました。本書は筆者たちが学部で講義した内容を多く含み，長年の講義経験をもとに作成したと言っても過言ではありません。大阪大学，九州産業大学，神戸市外国語大学，滋賀大学，筑波大学，東北大学で私たちの講義を履修してくれた学生の皆さんに感謝します。また，執筆中には，主に週末に開催された日本金融学会の合間を見つけ打ち合わせをしました。そのため，私たちの家族には大いに迷惑をかけたと思います。そして，本書編集担当の有斐閣書籍

編集第2部の渡部一樹氏には大変お世話になりました。本書の構成を決める段階から内容に至るまで多くのご指摘をいただいたお陰で，締め切りにも間に合い，また従来の教科書とは異なるものを作成できたと思います。この場を借りて深くお礼を申し上げます。

2015年7月

永易淳，江阪太郎，吉田裕司

インフォメーション

- **●各章の構成**　各章には，本文以外にも，Column, SUMMARY（まとめ），KEYWORDS（キーワード），EXERCISE（練習問題），参考文献が収録されています。Column では，本文の内容に関連した興味深いテーマや経済学の基本的な概念を説明しました。各章末には，SUMMARY, KEYWORDS, EXERCISE, 参考文献が用意されています。EXERCISE の解答例は，下記のウェブサポートページに掲載します。
- **●キーワード**　本文中の重要な語句および基本的な用語を**太字**（ゴシック体）にして示しました。
- **●文献案内**　巻末には，本書で取り上げられなかった内容を補うことができる文献や，より進んだ学習のための文献をリストアップしました。
- **●索　引**　巻末に，事項索引と人名索引を精選して用意しました。より効果的な学習にお役立てください。
- **●ウェブサポートページ**　各章末に収録されている練習問題の解答例や補論などを掲載しています。ぜひ，ご覧ください。
　http://www.yuhikaku.co.jp/static/studia_ws/index.html

著者紹介

永易　淳（ながやす　じゅん）　　　　　　　　　　担当：第 1, 8, 9 章

東北大学大学院経済学研究科教授。Scottish Graduate Programme in Economics（Ph.D. (Economics), UK）卒業。野村インターナショナル（UK），国際通貨基金（USA），筑波大学社会工学系を経て現職。

主な著作："The Effectiveness of Japanese Foreign Exchange Interventions during 1991-2001"（*Economics Letters*, 84, 2004, 377-381），"Empirical Analysis of the Exchange Rate Channel in Japan"（*Journal of International Money and Finance*, 26, 2007, 887-904），"The Common Component in the Forward Premium: Evidence from the Asia-Pacific Region"（*Review of International Economics*, 19, 2011, 750-762），"Currency Forecast Errors and Carry Trades at Times of Low Interest Rates: Evidence from Survey Data on the Yen/Dollar Exchange Rate"（with R. MacDonald, *Journal of International Money and Finance*, 53, 2015, 1-19）．

江阪　太郎（えさか　たろう）　　　　　　　　　　担当：第 2, 3, 7 章

神戸市外国語大学外国語学部准教授。大阪大学大学院経済学研究科博士後期課程修了，博士（経済学）。

主な著作："Panel Unit Root Tests of Purchasing Power Parity between Japanese Cities, 1960-1998: Disaggregated Price Data"（*Japan and the World Economy*, 15(2), 2003, 233-244），"*De Facto* Exchange Rate Regimes and Currency Crises: Are Pegged Regimes with Capital Account Liberalization Really More Prone to Speculative Attacks?"（*Journal of Banking and Finance*, 34(6), 2010, 1109-1128），"Testing the Effectiveness of Market-Based Controls: Evidence from the Experience of Japan with Short-Term Capital Flows in the 1970s"（with S. Takagi, *International Finance*, 16(1), 2013, 45-69），"Are Consistent Pegs Really More Prone to Currency Crises?"（*Journal of International Money and Finance*, 44, 2014, 136-163）．

吉田　裕司（よしだ　ゆうし）　　　　　　　　　　担当：第 4～6 章

滋賀大学経済学部教授。大阪大学大学院経済学研究科博士後期課程単位取得退学，博士（経済学）。九州産業大学教授を経て現職。

主な著作：『実証国際経済学』（日本経済評論社，2014 年），"Exchange Rate Movements and Tradable Goods Prices in East Asia: An Analysis Based on Japanese Customs Data, 1988-1999"（with S. Takagi, *IMF Staff Papers*, 48(2), 2001, 266-289），"The Global Financial Crisis: An Analysis of the Spillover Effects on African Stock Markets"（with K. Sugimoto and T. Matsuki, *Emerging Markets Review*, 21, 2014, 201-233），"We Missed It Again! Why So Many Market Orders in the High Frequency FX Trading Fail to Be Executed?"（with M. Susai, in G. N. Gregoriou ed., *The Handbook of High Frequency Trading*, Academic Press, Elsevier, 2015, 215-236）．

目　次

はしがき ……………………………………………………………… i
著者紹介 ……………………………………………………………… iv

CHAPTER 1　為替レートと経済活動　　　　　　　　　　　　　1
　　　　　　　　　　　　　　　　　　　　円高とは？　円安とは？

1　為替レートとは？——どのような為替レートがあるの？ ………… 3
　　いろいろな為替レート（3）　基軸通貨とは？（6）

2　為替レートの変動——円高と円安の意味を理解しよう ……………… 7

3　為替レートと経済活動の関係——円ドルレートと日本の貿易 ……… 10
　　為替レートとマクロ経済活動（10）　国際収支統計（14）

CHAPTER 2　外国為替市場と為替制度　　　　　　　　　　　　19
　　　　　　　　　　　　　　　　　　為替レートはどこで決まっているの？

1　外国為替市場とは？——24時間ほぼ毎日取引でき，取引高は巨額 …… 20
　　外国為替市場とその参加者（20）　世界の外国為替市場——BISの調査（23）

2　為替リスクを回避するための外国為替市場の利用 ………………… 24
　　外国為替取引の種類（24）　為替リスクとは？（25）　為替リスクを回避するための先渡取引（28）

3　通貨当局のバランスシートから見る金融政策
　　——お金はどのように供給されるの？ …………………………… 29
　　通貨当局のバランスシート（29）　マネーサプライとマネタリーベースの関係（31）

4　為替制度と金融政策——固定相場制下では金融政策を自由に行えない … 34
　　外国為替市場における為替レートの決定——固定相場制と変動相場制（34）　固定相場制と金融政策の自由度（37）

　　Column ❷-1　貨幣乗数はどのように導出されるの？　　33

v

購買力平価 43
ハンバーガーの価格で為替レートが決まるの？

1. 一物一価の法則──同じ商品はどこでも同じ価格になる ……………… 44
   財裁定（44）　一物一価の法則（46）

2. 購買力平価──内外の物価水準と為替レートの関係 …………………… 47
   絶対的購買力平価（47）　相対的購買力平価（49）　実質為替レート（53）　長期的に PPP が成立するとは？（55）

3. 購買力平価で円ドルレートを考える──PPP を計算しましょう …… 55
   物価指数を用いた相対的 PPP の計算（55）　円ドルレートと相対的 PPP レート（56）

4. ハンバーガーの価格と為替レート──ビッグマック PPP とは？ …… 58
   ビッグマック・インデックス（58）　円ドルレートとビッグマック PPP（61）

Column ❸-1　なぜ自然対数を用いるの？　50

金利平価モデル 67
外貨預金は本当に得するの？

1. 国内金利平価──同じ通貨なら金利も同じ ……………………………… 68
   金融市場と金利（68）　金利平価（69）　国内金利平価（69）

2. 国際金利平価
   ──通貨が違うと金利も違うが，どこで投資しても収益率は同じになる … 71
   カバー付き金利平価（71）　カバー付き金利平価は実際に成立しているの？（76）　カバーなし金利平価（77）　カバーなし金利平価は実際に成立しているの？（79）

3. リスク・プレミアム──危険に挑むためには「おまけ」がいる？ ……… 81
   リスクとは？（81）　リスク・プレミアム（82）

4. 金利平価モデルが成り立たない理由は？ ………………………………… 83
   先渡プレミアム・パズル（83）　ペソ問題（84）　キャリー・トレード（85）

Column ❹-1　合理的期待仮説　78

マネタリー・モデル　　　　　　　　　　　　　　　89
金融緩和政策で円安に？

1 金融政策の目的と目標——目的と目標は何が違うの？ ·············· 89
　金融政策の目的（89）　金融政策の目標（90）

2 マネタリー・アプローチ
　　——景気，お金，インフレ，金利，みんなつながっている？ ············· 95
　貨幣市場の均衡（95）　貨幣供給（96）　貨幣需要（96）　貨幣市場均衡（99）

3 マネタリー・アプローチによる為替レート決定式
　　——為替レートは何によって決まるの？ ························· 100
　為替レート決定式の導出（100）　経済ファンダメンタルズと為替レート（101）

4 ダイナミックな為替レート決定式
　　——ずっと先の将来のファンダメンタルズも重要 ··················· 103

5 金融緩和政策と為替レート
　　——円をたくさん供給すると円安になるの？ ······················ 104
　バブル崩壊以降の金融政策（105）　2000年以降の円ドルレート（107）　アベノミクスと円安（109）

> Column ❺-1　金利引き下げの経済効果　　91
> 　　　　　❺-2　マイナス金利？　　94
> 　　　　　❺-3　日銀当座預金と量的緩和政策　　106

効率的市場とマイクロストラクチャー　　　　　　113
為替レートはなぜ大きく短期的に変動するの？

1 ランダム・ウォーク——為替レートはランダムに動いているの？ ······ 114
　ボラティリティ（114）　マーチンゲール過程とランダム・ウォーク（114）

2 効率的市場——昨日の情報を知っていても儲からない ··············· 117
　効率的市場における情報とは？（118）　ニュースと効率的市場（119）　効率的市場仮説とインサイダー取引（120）

3 外国為替市場のマイクロストラクチャー
　　——どうやって注文しているの？ ······························ 122
　指値注文と成行注文（123）　注文板（123）　ビッド・アスク・スプレッド（124）

目　次　● vii

4 マイクロストラクチャー・モデル──情報を持つ者と持たざる者 … 126
　インフォームド・トレーダーとアンインフォームド・トレーダー
　（126）　非対称情報モデル（127）　オーダーフロー（130）

5 電子ブローキングシステムとアルゴリズム・トレーディング
　──ドルを売買するのはコンピューター ………………………… 130

6 外国為替市場の行動ファイナンス理論
　──みんなが同じ行動を取れば為替レートのバブルが発生する ………… 133
　行動ファイナンスとは？（133）　バブルの発生と崩壊（135）

Column ❻-1 三角裁定　132

CHAPTER 7　為替介入　141
円安政策で経済回復？

1 日本の通貨当局の為替介入の仕組み
　──どのように為替介入を行っているの？ ……………………… 142
　日本の為替介入とは？（142）　円売りドル買い介入と円買いドル
　売り介入（142）　非不胎化介入（144）

2 為替介入の方法
　──介入するとマネタリーベースとマネーサプライはどうなるの？ …… 145
　不胎化介入とは？（145）　介入方法とマネタリーベース，マネー
　サプライの変化（147）

3 為替介入の効果分析
　──介入はどのような経路で為替レートに影響を与えることができるの？ …… 148
　為替レートの決定式から考える介入の効果経路（148）　介入の金
　融政策効果（150）　介入のシグナル効果（150）

4 日本の通貨当局の為替介入──介入は効果があったの？ ……………… 152
　日本の為替介入の特徴（152）　円売りドル買い介入は効果があっ
　たの？（156）　円安政策が実体経済に影響を与えるメカニズム
　（157）

Column ❼-1 スイス国立銀行の無制限介入とは？　160

CHAPTER 8　固定相場制と通貨危機　163
通貨の価値が5分の1に？

1 固定相場制の経済学──為替レートを固定する背景とは？ ………… 166
　固定相場制のメリットとデメリット（166）　ターゲット・ゾーン
　（167）

2 通貨危機モデル────固定相場制における財政ファイナンスは通貨危機を発生させる …… 170
　　メキシコ危機（1982 年）（170）　危機前の特徴（171）　危機が起きるタイミング（173）　危機後は変動相場制へ（174）　政策的インプリケーション（175）

3 危機の伝播────通貨危機の他国への影響と波及経路 ……………………… 175
　　貿易ルート（176）　金融ルート（176）　近隣効果（177）　情報と投資家の期待（178）

4 通貨危機の防止策────過去からの教訓 ……………………………………… 179
　　外貨準備保有額の増加（179）　ホットマネーを回避（180）　バーゼル（BIS）規制（180）　カレンシー・ボードや統一通貨圏への移行（181）

　Column ❽-1　バーゼル規制の近年の進展　182

CHAPTER 9　統一通貨圏と欧州経済危機　187
　　　　　　　　　　　　　　　　　　ユーロ危機はなぜ起きた？

1 統一通貨圏における危機────ギリシャ債務危機と欧州債務危機 …… 189
　　ギリシャ債務危機の概要（189）　株式市場の混乱（191）　労働市場の悪化（192）　為替レートへの影響（193）

2 最適通貨圏の理論的背景────統一通貨を導入するための要件とは？ … 194

3 欧州経済統合への道のり────欧州連合とユーロ …………………………… 198
　　欧州連合（199）　ユーロ導入への道（201）　ユーロを拡大・維持することの難しさ（204）

　Column ❾-1　最適通貨圏とスコットランドの独立　206

文 献 案 内 ……………………………………………………………………… 209
事 項 索 引 ……………………………………………………………………… 211
人 名 索 引 ……………………………………………………………………… 217

　　本書のコピー，スキャン，デジタル化等の無断複製は著作権法上での例外を除き禁じられています。本書を代行業者等の第三者に依頼してスキャンやデジタル化することは，たとえ個人や家庭内での利用でも著作権法違反です。

CHAPTER

第 1 章

為替レートと経済活動

円高とは？　円安とは？

　現在の市場経済において，**流通貨幣**（通貨）は不可欠な存在です。通貨とは，私たちが日々使用しているお金のことで，世界の多くの国々は独自の通貨を保有しています。たとえば，日本では日本円，アメリカではアメリカドル（米ドル），イギリスではイギリスポンド（英ポンド），ドイツやフランスではユーロが存在しています。そして，1000円の日本銀行券（紙幣）に野口英世の肖像画が使われているように，紙幣にはその国の重要人物が採用されている場合が多くあります。

　江戸時代の日本のように，他国とほとんど貿易をしない国では，外国の通貨に接する機会は非常に限られています。しかし，現在多くの国々は他国と財・サービスや金融商品の取引をしています。**居住者**間での売買であればその国の通貨を使用していればよいのですが，居住者と**非居住者**との間における取引の場合，自国の通貨以外に外国通貨が関与してきます。

　たとえば，近所のお店で輸入品が販売されているのを見たことがあると思います。中華人民共和国（中国）や台湾産の野菜，オーストラリアやアメリカ産の肉・果物などたくさんの輸入食品がスーパーマーケットに並んでいます。日本にいる消費者はこのような輸入品を日本円で購入していますが，海外の生産者は金融機関を通して，間接的に現地通貨で商品代金を受け取っています。また，最近はインターネットの発達によりAmazonや楽天などで個人消費者が

輸入品

簡単に海外商品を購入することができるようになりました。クレジットカードで支払った場合，請求明細書に商品価格が日本円と現地通貨で記されているのを見たことがある人がいるかもしれません。

消費者だけでなく，企業経営にも国際貿易は深く関わっています。自動車や電気製品など日本が世界に誇る製造業者は国内市場だけを販売拠点として考えていません。アメリカ，欧州，中国など多くの国々での商品販売も視野に入れて，経営戦略を練っています。この場合，前例とは対照的に外国の通貨で表示された海外での利益（**外貨建て**，たとえばドル建て，ユーロ建ての利益）を日本に送金することになります。そして，日本に拠点のある本社は最終的に日本円でこの利益を受け取ります。

ほかの身近な例として，海外旅行について考えてみましょう。外国に着くとチップや空港からホテルまでの交通費用などを現地通貨で支払うため，出国前に円建て貯金を切り崩して，いくらか現地通貨を購入する必要があります。しかし，そのときの為替レートにより，円建ての旅行費用が大きく変わります。2012年ごろまで円高傾向だったので，日本から海外に行く旅行者が増えたということを聞いたことがあると思います（図1.1）。では，なぜ円高のときに海外への旅行者は増えるのでしょうか？　後で詳しく説明しますが，海外旅行者の増加理由として，円建てでの旅行費用が安価になることが一因として考えられます。

このように，現在日本居住者の日常生活は外国通貨と深く関わっており，円を外貨（たとえば米ドル）に，または外貨を円に換算するときの比率，すなわち，異なる通貨の交換比率である**為替レート**が必要になってきます。本章では，さまざまな為替レートについて簡単に説明します。そして，為替レートと経済活動との関係を解説します。

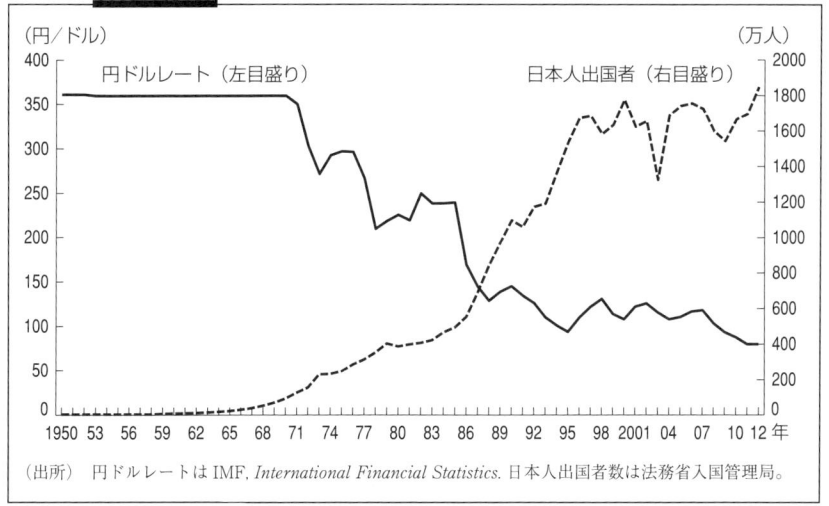

CHART 図1.1 日本人出国者数と円ドルレート

(出所) 円ドルレートは IMF, *International Financial Statistics*。日本人出国者数は法務省入国管理局。

1 為替レートとは？

▶ どのような為替レートがあるの？

いろいろな為替レート

　為替レートとは何か，そしてその必要性を現代社会の例をあげながら簡単に説明しました。しかし，為替レートと言っても，実際にはいろいろな種類があります。テレビ，新聞，インターネットで一番頻繁に用いられているのは**名目為替レート**（S）です。このレートは**直物**（じきもの）**レート**と呼ばれ，現時点で取引されている通貨の交換比率を示します。単純に為替レートと言った場合，名目直物レートを意味します。より具体的には，1ドル＝100円のように2カ国間における名目為替レートがよく使用されています（表1.1）。本書では，1ドル＝100円のような為替レートを「100円/ドル」と表記します。

　確かにアメリカは経済大国で日本の重要な貿易相手国ですので，2カ国間の名目為替レートを理解することは重要です。しかし実際には，日本は多くの国々と貿易をしているので，貿易額で調節した**名目実効為替レート**を用いる場合があります。この場合，貿易相手国との貿易額に対応したウエイトを計算し

1 為替レートとは？ ● 3

CHART 表1.1 名目為替レート（2013年9月4日18時40分時点）

通　貨	円	ドル	ユーロ	英ポンド	オーストラリアドル	香港ドル
円	100	0.9939	0.7538	0.6289	1.0852	7.5358
ドル	100.61	1	0.7584	0.6327	1.0918	7.5818
ユーロ	132.67	1.3187	1	0.8344	1.4397	9.9977
英ポンド	159.01	1.5805	1.1985	1	1.7256	11.983
オーストラリアドル	92.150	0.9159	0.6946	0.5795	1	6.9442
香港ドル	13.270	0.1319	0.1000	0.0835	0.1440	1

(注)　左列の通貨1単位が上段の通貨単位でいくらになるのかを表示。たとえば、1ドルは100.61円、100円は0.9939ドルに相当。なお、米ドルはドルと省略。
(出所)　日本経済新聞（http://www.nikkei.com/markets/kawase/crossrate.aspx）。

実効レートを求めます。また、国の価格面における国際競争力の尺度として、物価（P）の変動を考慮した**実質為替レート**（Q）もあります。実質為替レート（Q）は「名目為替レート（S）×外国の物価水準（P^*）÷自国の物価水準（P）」と定義されるため、自国の物価が上昇すると Q は低下します。つまりこの場合、外国財に比べて自国財が相対的に割高になっていることを意味するので、Q の低下は価格面における国際競争力の低下を表します。この実質為替レートも、2カ国間のレートのほか、複数の国々との貿易額で調整した**実質実効為替レート**があります。

また、さまざまな通貨の売買（交換）が行われる外国為替市場には先渡（さきわたし）市場が存在します。先渡市場では、将来の決済時に用いる為替レートである**先渡レート**（F）を含む通貨の売買契約を現時点で結びます。直物レートを用いると将来支払う（受け取る）金額に不確実性が伴いますが、先渡レートを用いることにより、将来の為替変動によるリスクを現在時点で最小化することができるという利点があります。もちろん、先渡レートが決済時の直物レートと異なる可能性は十分ありますが、将来用いる為替レートを事前に契約に盛り込むため、為替レートの変動による先行き不安が払拭されるのです。

POINT
主な為替レートして、①名目為替レート（直物レート〔S〕）、②実質為替レート（Q）、③先渡レート（F）、などがある。

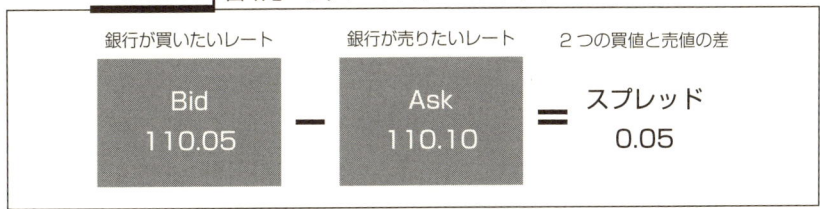

CHART 図1.2 ビッド・アスク・スプレッド

そのほか，市場で通貨を売買する際の希望レートを表すビッドレートとアスク（オファー）レートがあります。ビッドレートは金融機関が買い消費者が売るときのレート，アスクレートは金融機関が売り消費者が買うときのレートを指します。そして，これらのレートの差をビッド・アスク・スプレッドと呼びます（図1.2）。取引量が多く（流動性が高く）手数料が低い発達した市場では，このスプレッドが小さくなる傾向がありますが，未発達市場ではこのスプレッドが大きくなる傾向があります。成田空港など国際空港には銀行などの両替所があり，消費者が通貨を売買できるレートをスクリーンに表示しています。

　最後に，為替レートの変動は激しいため，ある期間中の外国為替市場の動向を示すいろいろな数値が開示されています。期間（1日）の開始取引レートである始値，期間最後に記録されたレートである終値，その期間の最高値である高値，最安値である安値などもよく用いられます（図1.3）。これらは四本値と呼ばれ，外国為替市場だけでなく，株式市場でも使用されている用語です。

外貨両替所で為替レートを確認する日本人旅行客（写真提供：共同通信）

1 為替レートとは？ ● 5

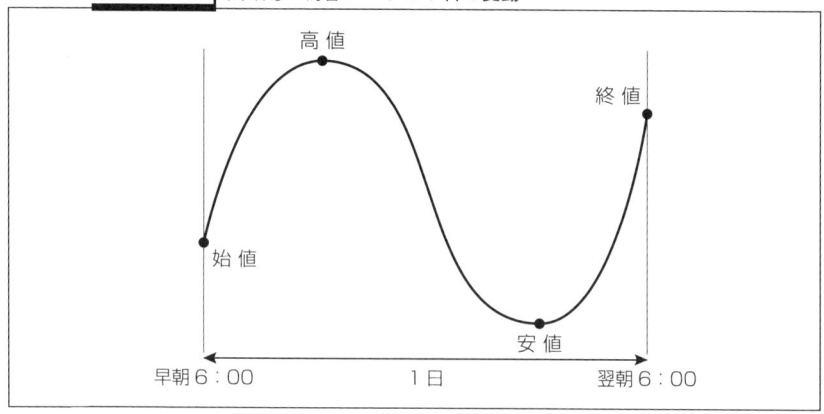

図1.3　為替レートの1日の変動

基軸通貨とは？

　世界には多くの通貨が存在していますが，すべての通貨が国際貿易で決済時に用いられているわけではありません。実際には，いくつかの通貨が用いられており，このような通貨を**基軸通貨**と呼んでいます。基軸通貨として通貨が満たさなければならない厳密な世界基準はありませんが，「世界の誰もが国際貿易の決済時に認める通貨」が基軸通貨の条件と言えるでしょう。つまり，信認度（credibility）の高い通貨が基軸通貨として用いられます。表1.2は世界中の外国為替市場における為替レートごとの取引高とそのシェアを示しています。対ドル通貨の合計は2013年の全世界取引シェアの65％以上を占めていることからもわかるように，米ドルは基軸通貨の役割を担っています。また，さまざまな為替レートの中でも，米ドルユーロレートが全世界の為替レートの取引高の25～30％を占めていて，一番多く使用されています。

　歴史的に見ると基軸通貨は変化しており，また世界に1つだけしか存在しないということでもありません。イギリス帝国時代は，英ポンドが基軸通貨でしたが，現在では，経済大国（地域）の通貨である米ドルやユーロが基軸通貨です。日本円も信認度が高いため，世界の市場での決済のときに用いられる場合が多々あります。しかし，上記2通貨と比較すると，信認度が低いのが現状です。そのため，円より基軸通貨である米ドルを持参した方が，確実に海外で現地通貨を購入することができます。

CHART 表1.2 為替レートごとの取引高とシェア

(単位：10億ドル)

為替レート	2001年 取引高	%	2004年 取引高	%	2007年 取引高	%	2010年 取引高	%	2013年 取引高	%
ドル/ユーロ	372	30.0	541	28.0	892	26.8	1,098	27.7	1,289	24.1
ドル/円	250	20.2	328	17.0	438	13.2	567	14.3	978	18.3
ドル/英ポンド	129	10.4	259	13.4	384	11.6	360	9.1	472	8.8
ドル/オーストラリアドル	51	4.1	107	5.5	185	5.6	248	6.3	364	6.8
ドル/カナダドル	54	4.3	77	4.0	126	3.8	182	4.6	200	3.7
ドル/スイスフラン	59	4.8	83	4.3	151	4.5	166	4.2	184	3.4
⋮	⋮	⋮	⋮	⋮	⋮	⋮	⋮	⋮	⋮	⋮
合計	1,239	100.0	1,934	100.0	3,324	100.0	3,971	100.0	5,345	100.0

(注) 外国為替市場における取引高は各年4月の1日平均取引高で単位は10億ドル。米ドルは簡略化のためにドルと表示。
(出所) Bank for International Settlements (BIS), *Triennial Central Bank Survey of Foreign Exchange and Derivatives Market Activity in 2013* より一部抜粋。

　経済市場規模の大きさで言えば，近年経済成長が目覚ましい中国があげられます。中国の2013年の貿易額はアメリカを追い越し，世界で第1位となりました。現在，中国元の世界貿易における使用は限られていますが，金融市場が規制緩和され整備されれば，将来中国元も基軸通貨の1つになるかもしれません。

 為替レートの変動

▶ 円高と円安の意味を理解しよう

　日本のように為替レートが刻々と変化する変動相場制を採用している国々では，通貨の需要と供給により為替レートが決定しています。そこで，日本人には馴染みの深い円ドルレートを用いて，「為替レートの変動」について解説しましょう。
　まず，ニュースなどでよく耳にする**円高**とはどういうことでしょうか？　たとえば，1ドルに対し200円が100円に変化した場合，円高と呼びます。この円高の影響で，今まで10ドルの商品を購入するために2000円支払っていたの

が，為替レートの変動後は1000円支払うだけでよくなります。つまり，円の価値がドルに対し2倍になったので，「円はドルに対して**増価**した」と言います。日本居住者が海外旅行をする例では，円高の場合，現地での滞在費，食費，土産代を円建てで換算すると以前より安くなります。そのため，円高のときに海外旅行が増える傾向があります。

　次に，**円安**とはどういうことでしょうか？　円高と反対に，円の価値がドルに対して低下することを指します。つまり，為替レートが100円/ドルから200円/ドルになることです。この場合，1ドルのアメリカ製品を円で支払う場合，以前より2倍の円が必要になるため，円の価値がドルに対して下がったことになります。このような場合，「円はドルに対して**減価**した」と言います。海外旅行を例にとると，現地で支払う額が日本円で換算すると増えるため，日本居住者の海外旅行の減少につながるのです。

　今まで日本居住者を念頭に置いて為替レートの変動の話をしました。では，もし，あなたがアメリカに住んでいてドル資産を持っていたらどうでしょうか？　円高（200円/ドルから100円/ドルへの変化）の場合，1ドルで200円の商品を購入していたのが，今は1ドルで100円の商品しか購入できません。つまり，円高とはドルの価値が円に対して低下すること，つまりドル安を意味します。そのため，「円高ドル安」という言葉はよくセットで使われます。その反対に，円安はドル高を意味します。ニュースや新聞などでは円高ドル安や円安ドル高とは言わず，簡略して円高や円安と言う場合があります。

　ここで，注意することがあります。本章で解説したように，円ドルレートの名目為替レートをSで示すと，**Sの上昇**，つまり100円/ドルが200円/ドルに変化することを円安ドル高と呼びます。この上昇は円の価値が上がったことを意味するのではなく，反対に円の価値が下がったことを指します。同様に，**Sの下落**（たとえば200円/ドルから100円/ドルへの変化）は，円の価値がドルに対し上昇したことを指します。新聞やテレビなどのメディアで用いられている「円の下落」とは，通常「円の価値の下落」のことで，Sの値が上昇することと理解してください。

　歴史的に見て，円ドルレートは1973年に日本が変動相場制を導入して以来，バブル経済が弾けた90年ごろまでは円高ドル安傾向でした。とくに，アメリ

年末年始に混雑する成田空港の出発ロビー
(1989年12月)(写真提供：時事)

カの貿易赤字の問題のため，G5（先進5カ国）の財務大臣・中央銀行総裁が解決策を発表した1985年9月のプラザ合意直後から急速な円高傾向期に入りました。円ドルレートが235円/ドルであったのが，プラザ合意1年後には150円台になったのです。この円高の影響で，日本からアメリカへの観光客が増えたのも理解できると思います（図1.1参照）。

近年の円高（2010年ごろ）は，リーマン・ショックや欧州債務危機などの海外で勃発した危機による日本円（資産）への需要の増加を反映しています。日本の経済は回復していませんが，欧米などほかの市場と比較すると，少なくとも投資家にとって短・中期的に魅力がある市場だと考えられていたようです。また，2013年春以降，安倍晋三政権のアベノミクスや日本銀行による金融緩和政策がもたらした円安が大きな話題となりました（為替レートと金融政策との関連は第5章参照）。このように，日本の為替レートは市場のメカニズムにより日々変化しています。

最後に，採用している為替相場制度により，為替レートの変動に関する用語が異なります。為替レートを政策上固定している固定相場制を採用している国の場合，自国通貨の増価現象を通貨の**切り上げ**，減価現象を通貨の**切り下げ**と呼びます（図1.4）。たとえば，1994年から2005年の期間において，中国の通貨である元は米ドルに固定していたと考えられています。そして，アメリカの

CHART 図 1.4 為替レートの変化と名称（例）

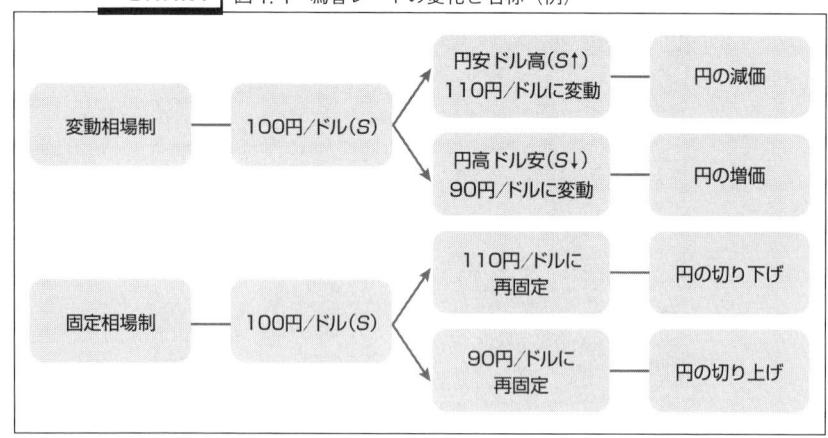

貿易赤字の最大の相手国は中国であるため，アメリカはこの問題の解決策として元をドルに対して切り上げるよう政治的圧力をかけたのです。では，通貨の増価（減価）や切り上げ（切り下げ）は私たちの経済活動とどのような関係があるのでしょうか？ 次節では，為替レートと貿易やその他のマクロ変数との関連を解説します。

為替レートと経済活動の関係

▶ 円ドルレートと日本の貿易

為替レートは私たちの経済活動と深く関連しています。経済学の基礎を学んだ方は，国の経済活動を測る尺度として国内総生産（GDP）という概念を聞いたことがあると思います。本節では，GDP や居住者と非居住者間の財やサービスなどの国際取引額を記録している国際収支統計を用い，マクロ経済学の枠組みの中で，為替レートと国際貿易の関係を説明します。

為替レートとマクロ経済活動

GDP（Y）は個人消費（C），民間投資（I），政府支出（G），輸出（X），輸入（M）で構成されています。そして，GDP の構成要素である**純輸出**（＝輸出－輸

入）は為替レートの変動と深く関連しています。

$$Y = C + I + G + X - M \qquad (1\text{-}1)$$

前節の円高ドル安，円安ドル高の解説からわかるように，為替レート（円ドルレート）と日本の貿易額との間には基本的に次のような関係があります。

- 円安ドル高（$S\uparrow$）⇒輸出↑，　円高ドル安（$S\downarrow$）⇒輸出↓
- 円安ドル高（$S\uparrow$）⇒輸入↓，　円高ドル安（$S\downarrow$）⇒輸入↑
- 円安ドル高（$S\uparrow$）⇒純輸出↑，円高ドル安（$S\downarrow$）⇒純輸出↓

　日本居住者を例に考えてみましょう。為替レート（S）が上昇すると（円安ドル高），現地通貨での日本の輸出製品が安価になり海外需要が増加するため，日本の輸出が増えます。たとえば，為替レートが100円/ドルから200円/ドルになるということは，1000円の製品のアメリカでの販売価格が10ドルから5ドルになることを意味します。同様に，円安は国内への輸入品が円建てで高くなるため，国内需要が減少し，そのため日本の輸入が減ります。これは，今まで1ドルのアメリカの商品を100円で購入していたのが，200円になるからです。その結果，円安ドル高は純輸出を増加させます。

　反対に，為替レートが下落すると（円高ドル安），上記の関係がすべて変わり，日本の輸出が減少し，輸入が増加するため，純輸出を減少させます。実際，円高は日本の輸出品の海外での売り上げを困難にするため，日系輸出企業に多大なプレッシャーを与えました。円高が加速した1980年代半ば以降，日本の工場を閉鎖し，海外に生産拠点を移した企業が増加した結果，国内での製造や雇用が減少するという日本経済の空洞化が懸念されました。

　しかし，1990年代当初のバブル経済の崩壊後，日本経済の低迷を反映し，この円高ドル安傾向は弱まっています。日本の輸出業者を後押しする円安ドル高は多くの国内企業や日本政府に歓迎されています。また，2013年のアベノミクスや金融緩和による円安ドル高は，日本への輸入品の円建て価格を高くさせることから，デフレ（物価下落）で悩まされている日本において，インフレ（物価上昇）をもたらす効果も期待されています。

　次に，為替レートと輸出入の関係をもう少し詳細に説明する経済理論であるマーシャル・ラーナー条件とJカーブ効果を紹介します。

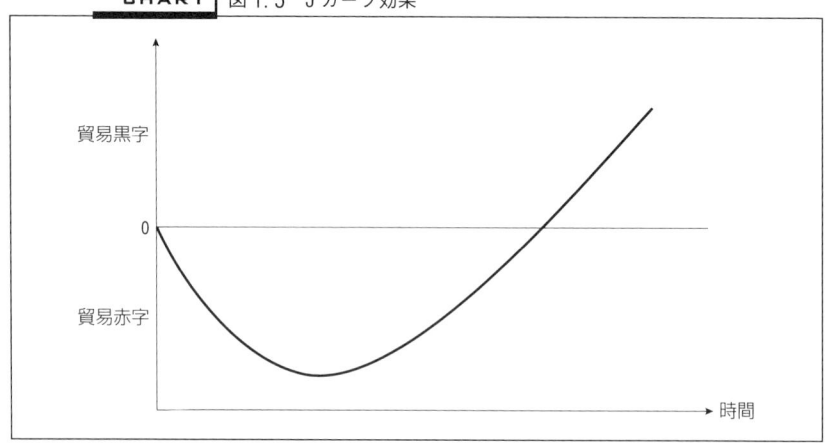

図1.5 Jカーブ効果

- **マーシャル・ラーナー条件**：通貨価値の下落（たとえば円安ドル高）が，日本の純輸出の黒字をもたらす条件を示しています。具体的には，「国内需要の輸入弾力性（e^M）と海外需要を反映した輸出弾力性（e^X）との和が1よりも大きいことが，通貨価値の下落によって純輸出が改善するための条件」となります。これらの弾力性は為替レートが1％上昇（1％減価）したとき，どの程度輸出入が変化するかを示しており，この為替レートの変動による輸出額の増加が輸入額の増加より大きいとき，純輸出の改善が見込まれることを示しています。マーシャル・ラーナー条件を数式で表すと次のようになります。

$$e^X + e^M > 1$$

- **Jカーブ効果**：通貨価値の下落（たとえば円安ドル高）は，長期的に貿易黒字をもたらすと考えられています。しかし，国際的な財取引においては，一般的に長期的な契約が存在するため，為替レートが変化しても短期的には輸出入量はあまり変化しません。すると円安ドル高は，輸入品の円建て価格が高くなり，輸入額が増加することから，貿易収支が赤字となります。長期的には，消費者は輸入品の代替となる安価な国内品にシフトすることや，輸出品の増加による輸出額の拡大により貿易収支は黒字になります。そのほか，国内産業間における生産要素（たとえば労働者）の移動が不完全

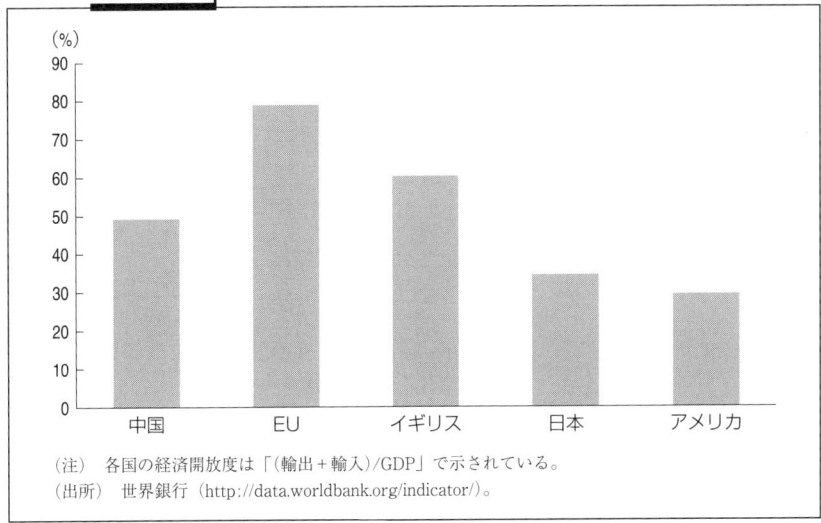

図1.6 国の経済開放度（2013年）

（注）各国の経済開放度は「（輸出＋輸入）/GDP」で示されている。
（出所）世界銀行（http://data.worldbank.org/indicator/）。

であるため，短期的には純輸出が赤字になることも指摘されています。円安になると輸出品の需要が増えるため，より多くの労働者が輸出産業に必要になりますが，今まで輸入産業に従事していた労働者が瞬時に職種（技術）がまったく異なる輸出産業で以前同様活躍することは不可能です。そのため，円安になっても輸出が伸び悩み一時的に貿易赤字になります。貿易額を時間に対し表示すると英語のJの文字に見えるのでJカーブ効果と呼んでいます（図1.5）。

では，日本の経済活動はどの程度為替レートに直接関わっているのでしょうか？　一国の貿易総額がGDPに占める割合で，経済の海外依存度（経済開放度）を示すことができます（図1.6）。一般的に，貿易への依存比率が高いほど，経済は為替レートの変動の影響を受けやすくなります。日本のこの比率は約35％なので，日本の経済活動の約3分の1は為替レートと直接関連していると言えます。アメリカの海外依存度は日本よりも低いですが，欧州連合（EU）に加盟している欧州諸国ではこの比率が高くなる傾向があります。これは，EU内で関税の撤廃や貿易を妨げる規制を除くことにより，EU加盟国間の貿易の促進を図っていることを反映しています。

また，為替レートとは間接的な話になりますが，純輸出（$X-M$）の増減は民間の貯蓄超過（S_a-I）や財政黒字（$T-G$）とも関連しています。国民所得（Y）は消費（C），貯蓄（S_a），税金支払額（T）に分けることができます。

$$Y = C + S_a + T \qquad (1\text{-}2)$$

そして，生産高＝所得と考えた場合，(1-1) 式と (1-2) 式より，次の関係式を導くことができます。

$$X - M = (S_a - I) + (T - G) \qquad (1\text{-}3)$$

つまり，純輸出は民間部門の貯蓄超過（S_a-I）と政府の財政黒字（$T-G$）で説明できます。もし国際貿易が均衡または国際貿易をしない国（$X-M=0$）であるならば，民間の貯蓄超過（$S_a-I>0$）は政府の財政赤字（$T-G<0$）と同額になります。もし国際貿易を行っている国で民間の貯蓄超過がない場合（$S_a-I=0$），貿易黒字（$X-M>0$）は政府の財政黒字（$T-G>0$）と等しくなります。このように，国際貿易は国内経済と深く関わっています。

国際収支統計

　国際収支統計には，居住者と非居住者の経済取引の動向が記録されています。日本の国際収支統計は，世界基準である国際通貨基金（IMF）の「国際収支マニュアル」をもとに作成されており，日本銀行と財務省のホームページに開示されています。この統計を見ると，日本（居住者）と外国（非居住者）との間で，ある期間中（たとえば1年間）にどれほどお金が動いているのかが理解できます。居住者とは基本的に1年以上滞在している（または所在する意思がある）人々を指すため，国籍に関係なく外国人でも日本に1年以上住んでいれば，日本の居住者とみなします。また，ある一定の期間における国際間の経済取引をまとめた統計なので，フローの概念を基礎に作成されている統計です（ストックとフローの概念については，ストゥディア・シリーズの『マクロ経済学の第一歩』の第1章参照）。具体的には，国際収支統計は(1)経常収支，(2)資本移転等収支，(3)金融収支で構成されており，資本移転等収支と金融収支は「国際収支マニュアル（第6版）」から用いられるようになりました。日本は2014年から第6版を導

入しています。

　経常収支には，①貿易・サービス収支，②第一次所得収支，③第二次所得収支の３つの項目があります。財の輸出入は**貿易収支**に含まれます。貿易収支は輸出と輸入で構成されており，両方ともプラスとして計上され，貿易収支は輸出と輸入の差に等しくなります。そして，海外旅行中に支払った宿泊費，食事代，おみやげなどは**サービス収支**に含まれます。そのほか，サービス収支には旅客運賃の支払（受取）や証券売買などに発生する手数料も計上されます。これら貿易収支とサービス収支の合計が**貿易・サービス収支**となります。

　また，日本大使館が現地職員に支払う雇用者報酬，海外金融資産（たとえば株式）の利子や配当金などの支払（受取）は**第一次所得収支**に計上されます。**第二次所得収支**には，経済的価値があるものを無償で提供する取引を計上します。具体的には，政府間の無償資金協力や国際機関への拠出金など，見返りのない資産の移動や，外国人労働者の居住国以外への送金も第二次所得収支に計上されています。そのため，他国から多くの資金援助を得ている貧しい国々では，第二次所得収支は非常に重要な項目となっています。統計表示方法として，経常収支の黒字はプラス，赤字はマイナスで示します。

　２番目の国際収支の項目は**資本移転等収支**です。一般政府部門レベル（中央・地方政府と社会保障基金）では，ここに貧しい国の債務の全額または一部の免除や国際機関等への貸付が計上されます。同様に，一般政府以外による投資贈与や相続に伴う資産の移転も含まれます。

　最後に，**金融収支**には，①直接投資，②証券投資，③金融派生商品，④その他投資，⑤外貨準備の５つの項目があり，対外金融資産・負債に関係する取引を計上します。**直接投資**とは，外国に活動拠点を置く企業への長期的投資のことで，その企業の議決権（通常10%以上）を保有するような投資を指します。直接投資や外貨準備に含まれない株式や債券は**証券投資**として取り扱われ，ほかの金融商品と連動して変化する**金融派生商品**には，オプション，先物・先渡取引，スワップ取引等が計上されます。また，**外貨準備**には，日本銀行や外国為替資金特別会計が保有する**対外資産**の一部の増減が計上されます（なお，外貨準備は「国際収支マニュアル（第５版）」までは独立項目として計上されていました）。国際収支不均衡から起きる非常事態のときに，すぐに使える資産である必要性

CHART 表1.3 日本の国際収支

(単位：億円)

	1998年	2003年	2008年	2013年
(1) 経常収支（①＋②＋③）	149,981	161,254	148,786	32,343
①貿易・サービス収支	95,299	83,553	18,899	−122,521
貿易収支	160,782	124,631	58,031	−87,734
輸出	482,899	513,292	776,111	678,290
輸入	322,117	388,660	718,081	766,024
サービス収支	−65,483	−41,078	−39,131	−34,786
②第一次所得収支	66,146	86,398	143,402	164,755
③第二次所得収支	−11,463	−8,697	−13,515	−9,892
(2) 資本移転等収支	−19,313	−4,672	−5,583	−7,436
(3) 金融収支	136,226	136,860	192,482	−16,310
①直接投資	22,141	29,643	89,243	130,237
②証券投資	57,989	114,731	287,867	−254,838
③金融派生商品	−1,035	−6,074	−24,562	55,516
④その他投資	67,118	−216,728	−192,067	14,271
⑤外貨準備	−9,986	215,288	32,001	38,504
(4) 誤差脱漏	5,558	−19,722	49,279	−41,217

(注) 統計は「国際収支マニュアル（第6版）」に基づく。データは暦年ベース。
(出所) 財務省（http://www.mof.go.jp/international_policy/reference/balance_of_payments/bpnet.htm）。

から，外貨準備は公の機関（政府や中央銀行）の管理下にあり，流動性が高い（現金化しやすい）ことが特徴です。具体的には，現金や証券等の外貨資産，貨幣用金，SDR（Special Drawing Rights），IMFリザーブポジションなどが含まれます。第8章で紹介しますが，通貨危機は外貨準備額と深く関連しています。経常収支と異なり，資産の取得と処分の差額を計上しているため，この項目がプラス（＋）であれば資産負債の増加を意味し，反対にマイナス（−）であれば資産負債の減少を表します（以前のマニュアルのように資金の流出入により符号が決まるわけではありません）。

統計に誤差や漏れがない（誤差脱漏＝0）場合，国際収支統計の作成上，下記の関係が成り立ちます。

> **POINT** 国際収支統計
> 経常収支＋資本移転等収支−金融収支＝0

つまり，経常収支の黒字（プラス）は資本移転等収支の赤字（マイナス），ま

たは金融収支がプラスになることを意味します。簡単な例として、資本移転等収支に変化がない場合（資本移転等収支＝0），貿易輸出の増加による経常収支の黒字は、商品代金の受取による金融資産の増加により、金融収支にはプラスと記されます。

表1.3は日本の国際収支統計をまとめたものです。特徴として、経常収支と金融収支は歴史的にどちらもプラスでした。しかし、近年大きく変化した点があります。それは，2012年までプラス（黒字）だった経常収支が大幅に減少したことです。そして、2013年には貿易・サービス収支はマイナスになりました。これは、円高や海外需要の低下による輸出の減少と輸入が大きく増加したことを反映し、貿易収支が赤字になったからです。2011年の東日本大震災後，エネルギーを原子力発電に依存することを減らした結果，火力発電で使用する原油への需要が増えたことも理由としてあげられます。その他，(1-3) 式より，団塊の世代による定年後の貯蓄の切り崩しや政府の財政赤字により、貿易黒字を減少させたことも考えられます。

SUMMARY ●まとめ

☐ 1　外国との貿易で成り立っている経済では，国内製品のほかに多くの輸入品が市場に流通しています。そのため，日本の消費者が購入した代金を，海外の製造者に現地通貨で支払うために，誰もが認める通貨の換算レート（為替レート）が必要になります。

☐ 2　日本のように変動相場制を採用している国の為替レートは日々変化しています。円安ドル高は日本の輸出を促し輸入を抑える傾向があります。そして，国際貿易の依存度が高い国では，為替レートの変動による影響を強く受けます。

☐ 3　為替レートの変動は国際貿易を通し国内経済と深く関連しています。貿易収支黒字は為替レートの変動のほか，民間の貯蓄超過や政府の財政状況からも理解することができます。

KEYWORDS ●キーワード

流通貨幣, (非) 居住者, 外貨建て, 為替レート, 名目為替レート, 直物レート, 名目実効為替レート, 実質為替レート, 実質実効為替レート, 先渡レート, ビッドレート, アスク (オファー) レート, ビッド・アスク・スプレッド, 始値, 終値, 高値, 安値, 基軸通貨, 円高, 増価, 円安, 減価, S の上昇 (下落), 切り上げ, 切り下げ, 純輸出, マーシャル・ラーナー条件, Jカーブ効果, 経常収支, 貿易収支, サービス収支, 貿易・サービス収支, 第一次所得収支, 第二次所得収支, 資本移転等収支, 金融収支, 直接投資, 証券投資, 金融派生商品, 外貨準備, 対外資産

EXERCISE ●練習問題

1. 為替レートにはいろいろな種類があります。直物レートと先渡レートについて相違点を明確にしながら，それぞれ説明しなさい。
2. 円高ドル安とはどのような現象か，具体例をあげながら説明しなさい。
3. 為替レートの変動が貿易収支（輸出と輸入）に与える影響を解説しなさい。
4. 国際収支統計とは何か，主な構成要素をあげながら説明しなさい。
5. 近年における日本の貿易収支と民間の貯蓄超過および政府の財政収支の関係を説明しなさい。

参考文献　　　　　　　　　　　　　　　　　　　　　　　　Reference ●

「『国際収支統計』（IMF 国際収支マニュアル第6版ベース）の解説」, 日本銀行ホームページ（http://www.boj.or.jp/statistics/outline/exp/exbpsm6.htm/）

第2章

外国為替市場と為替制度

為替レートはどこで決まっているの？

　私たちがテレビのニュースや新聞で目にする為替レートはどこで決まっているのでしょうか？　為替レートは外国為替市場において市場参加者の外国為替取引で決まっています。本章でははじめに，外国為替市場とはどのような市場なのか，どのような参加者がいるのかを説明します。

　為替レート（たとえば円ドルレート）は時々刻々と変化しています。また，将来の為替レートがどうなるのかは誰にもわかりません。このような状況下では，外国と取引をしている人，つまり外国通貨を扱っている人は為替レートの変動からくるリスクに常にさらされていると考えられます。そこで次に，外国為替市場を利用した為替レートの変動リスクを回避する取引について説明します。

　為替レートの変動はそれぞれの国が採用している為替相場制度（為替制度）に大きく影響を受けています。為替制度は主に，固定相場制と変動相場制に分類されます。それでは固定相場制と変動相場制とはどのような為替制度なのでしょうか？　それぞれの為替制度の違いを理解するために，通貨当局のバランスシートと金融政策について解説したうえで，これらの為替制度の特徴を説明します。そして為替制度の違いによって，通貨当局が行う金融政策の自由度が違うことを明らかにします。

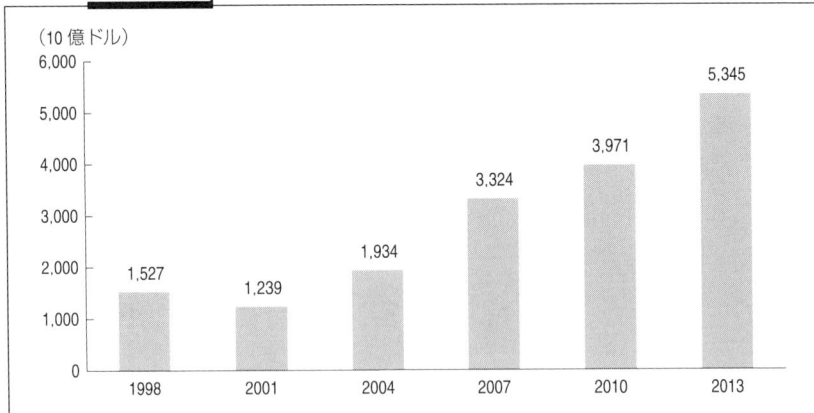

(注) 各年4月の1日平均取引額。
(出所) Bank for International Settlements (BIS), *Triennial Central Bank Survey of Foreign Exchange and Derivatives Market Activity in 2013*, "Foreign Exchange Turnover in April 2013: Preliminary Global Results."

1 外国為替市場とは？

▶ 24時間ほぼ毎日取引でき，取引高は巨額

外国為替市場とその参加者

　さまざまな通貨の売買（交換）が行われる場所は**外国為替市場**（外為市場）と呼ばれています。異なる通貨の交換比率である為替レートは外国為替市場における通貨の売買によって決まります。外国為替市場は証券取引所などとは異なり，物理的な取引所の場所はなく，市場参加者たちが電話やコンピューターの端末などを通じて取引する市場です。つまり，市場参加者によるさまざまな情報端末のネットワーク上に外国為替市場があると言えます。

　図2.1は世界中の外国為替市場における1日の通貨の全取引額の推移を表しています。2004年の1日の取引額は約1.9兆ドルでしたが，年々増加して，2013年の1日の取引額は約5.3兆ドルになっています。2013年4月の円ドルレートがおおよそ100円/ドルですので，円で換算すると530兆円になります。2013年1年間の日本のGDPがおおよそ500兆円ですので，外国為替市場にお

CHART 図2.2 外国為替市場のイメージ

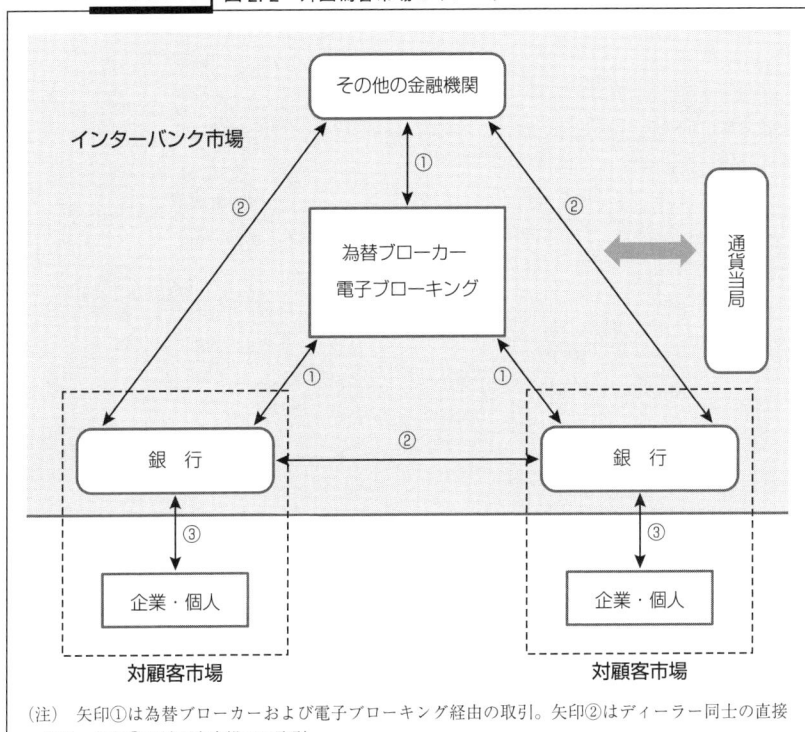

(注) 矢印①は為替ブローカーおよび電子ブローキング経由の取引。矢印②はディーラー同士の直接取引。矢印③は対顧客市場での取引。

いて，1日でいかに巨額の取引が行われているかがわかります。2004年から13年の10年間で取引額が約2.8倍に増加しています。これは，近年のグローバル経済化，金融技術および情報通信技術の発達などが主な原因ではないかと考えられます。

外国為替市場は基本的に1日24時間，土日を除く毎日，世界のどこかの市場が開いています。外国為替市場の1日を日付変更線から見ていきますと，ウェリントン，シドニーのオセアニア市場から始まり，東京，香港，シンガポールのアジア市場，そして，ロンドン，ニューヨークの欧米市場へと1日の中で外国為替取引の中心が移っていきます。つまり，市場参加者は1日24時間ほぼ毎日，世界の外国為替市場でさまざまな通貨の売買ができます。

図2.2は外国為替市場の市場参加者同士の取引を表しています。外国為替市場は，(1) 銀行などの金融機関が外国為替取引を行う**インターバンク市場**と，

1 外国為替市場とは？ ● 21

（2）銀行とその顧客である企業と家計などが外国為替取引を行う**対顧客市場**から構成されています。インターバンク市場の参加者には，銀行，銀行以外の金融機関，為替ブローカー，通貨当局がいます。銀行などの金融機関のように，自己勘定で通貨の売買を行っている市場参加者を**ディーラー**と呼びます。それに対して，**為替ブローカー**とは，通貨の自己売買や保有はせず，あくまでほかの市場参加者の注文を付け合わして相手を見つける，いわゆる仲介業者のことを言います。インターバンク市場には，これらの民間の参加者に加えて，通貨当局も外国為替取引を行っています。この点に関しては，第4節で説明します。

　インターバンク市場で銀行などのディーラーが取引相手を見つけるには，①為替ブローカーを介して相手を見つける方法，②直接取引相手を見つける方法があります。為替ブローカーを介した取引の利点は，ブローカーは常に多くの市場参加者と接触しているので，交換するレートと注文金額の面でよりマッチする取引相手を迅速に見つけられることです。しかし，為替ブローカーを介した取引には手数料がかかります。一方，ディーラーが直接相手を見つけて取引する方法では手数料はかかりませんが，自らの売買注文に対してスムーズに取引相手を見つけることができません。近年では，電話を介した為替ブローカー（いわゆるボイスブローカー）経由の取引は減少して，ロイター社やEBS社が提供する電子ブローキング経由の取引が増加しています。この点に関しては，第6章を参照してください。

　一般的に為替レートと言えば，インターバンク市場の取引で決まる為替レートを指しています。インターバンク市場の為替レートは時々刻々と変化しています。皆さんが新聞やテレビでよく目にしている為替レートはインターバンク市場の為替レートです。また，皆さんが海外旅行で必要な外貨を得るために利用する為替レートは対顧客市場での為替レートです。対顧客市場の為替レートは

為替ブローカーによる取引の様子
（写真提供：時事）

22 ● CHAPTER 2 外国為替市場と為替制度

各銀行が1日のある時点のインターバンク市場の為替レートに基づいて，その日の為替レートを決めています（対顧客市場での取引は図2.2の矢印③）。インターバンク市場の為替レートが1日の中でよほど大きく変化しない限り，対顧客市場の為替レートは変更されません。

> **POINT** 外国為替市場
> - 1日24時間ほぼ毎日外国為替市場は開いている。
> - インターバンク市場と対顧客市場がある。
> - 一般的に為替レートとはインターバンク市場で決まる為替レートである。

世界の外国為替市場——BISの調査

国際決済銀行（BIS）は3年ごとに世界の外国為替市場の規模と構造に関する調査結果を公表しています。ここでは，2013年のBISの調査から得られたデータを用いて，外国為替市場の取引状況を見ていきましょう。

表2.1はBIS統計による外国為替市場の特徴を示しています。外国為替市場の取引規模（表2.1の(a)）においては，ロンドン市場が圧倒的に大きく，2013年時点での市場シェアは40.9%でした。次にニューヨーク市場が大きく，市場シェアは18.9%でした。東京市場は近年第3位の市場規模でしたが，2013年の時点で，僅差ですが第4位に後退し，代わってシンガポール市場が第3位になっています。2010年の時点で，この上位4カ国の市場シェアは66.2%でしたが，2013年の時点では71.1%に増加していますので，外国為替取引が大きな外国為替市場により集中するようになっています。

外国為替市場の通貨別取引額（表2.1の(b)）においては，米ドルがきわめて大きく，2013年時点でのシェアは87%でした。次いでユーロが33.4%，円が23%，ポンドが11.8%でした。なお，為替取引は2つの通貨の取引なので，通貨別取引シェアの合計は200%になります。以上より，外国為替市場の多くの取引が米ドルを売買する取引であるということがわかります。米ドル，ユーロ，円，ポンドが外国為替市場の主要通貨であると言えます。

1 外国為替市場とは？

CHART 表 2.1 世界の外国為替市場と取引通貨──BIS 統計による1日平均取引額

(a) 市場別シェア　　　　　　　　　　(単位：%)

市　場	2001 年	2004 年	2007 年	2010 年	2013 年
ロンドン（イギリス）	31.8	32.0	34.6	36.8	40.9
ニューヨーク（アメリカ）	16.0	19.1	17.4	17.9	18.9
シンガポール	6.1	5.1	5.6	5.3	5.7
東京（日本）	9.0	8.0	5.8	6.2	5.6
香港	4.0	4.1	4.2	4.7	4.1
チューリッヒ（スイス）	4.5	3.3	5.9	4.9	3.2
パリ（フランス）	2.9	2.6	3.0	3.0	2.8
シドニー（オーストラリア）	3.2	4.1	4.1	3.8	2.7
フランクフルト（ドイツ）	5.4	4.6	2.4	2.2	1.7
その他	17.1	17.1	17.0	15.2	14.4
合　計	100	100	100	100	100

(b) 通貨別シェア　　　　　　　　　　(単位：%)

通　貨	2001 年	2004 年	2007 年	2010 年	2013 年
米ドル	89.9	88.0	85.6	84.9	87.0
ユーロ	37.9	37.4	37.0	39.1	33.4
円	23.5	20.8	17.2	19.0	23.0
ポンド	13.0	16.5	14.9	12.9	11.8
オーストラリアドル	4.3	6.0	6.6	7.6	8.6
スイスフラン	6.0	6.0	6.8	6.3	5.2
カナダドル	4.5	4.2	4.3	5.3	4.6
メキシコペソ	0.8	1.1	1.3	1.3	2.5
中国元	0.0	0.1	0.5	0.9	2.2
ニュージーランドドル	0.6	1.1	1.9	1.6	2.0
その他	19.5	18.8	23.9	21.1	19.7
合　計	200	200	200	200	200

(注) 為替取引は2つの通貨の交換なので，シェアの合計は200%になる。各年4月の1日平均取引額のシェア。
(出所) Bank for International Settlements (BIS), *Triennial Central Bank Survey of Foreign Exchange and Derivatives Market Activity in 2013*, "Foreign Exchange Turnover in April 2013: Preliminary Global Results."

2　為替リスクを回避するための外国為替市場の利用

外国為替取引の種類

外国為替取引には，①直物取引（スポット取引），②先渡取引（フォワード取

引），③通貨派生取引（通貨デリバティブ取引）の3種類があります。**直物取引**とは，現在時点において外国為替市場で成立する**直物レート**（スポットレート）ですぐに通貨交換を行う取引です。インターバンク市場においては，慣行上，実際には，取引が成立した日から2営業日後に通貨交換（決済）が行われます。直物取引は外国為替市場の中心的な取引で，皆さんが新聞やテレビで目にする為替レートは直物取引の直物レートです。よって，直物レートはより一般的な為替レートであり，通常，名目為替レートは直物レートを指しています。

先渡取引とは，将来の指定された時点に通貨交換するための為替レートである**先渡レート**（フォワードレート）を決めて，将来の指定された時点で先渡レートによる通貨交換を行うことを現在時点において契約する取引です。このような取引を行う契約を**先渡契約**と呼びます。つまり，先渡取引においては，現在時点で将来時点に通貨交換する為替レートを決めますが，実際の取引は現在時点ではなく将来時点で行われます。なぜこのような先渡取引を行うのでしょうか？　先渡取引は為替レートの変動リスク（為替リスク）を回避するために行う取引です。この点に関して，後で詳しく考えていきましょう。

通貨派生取引とは，実際に通貨交換を行う現物市場ではなく，それから派生した取引のことを言います。通貨派生取引は非常に専門性が高いので，本書では説明しませんが，先渡取引と同様に，為替リスクを回避するために行う取引です。表2.2はBIS統計による外国為替市場の取引形態別取引額を示しています。2013年の時点で，全外国為替取引の内，直物取引は38.3％，（スワップ取引も含めた）先渡取引を利用した取引は54.4％，通貨派生取引は7.3％でした。

為替リスクとは？

外貨建ての債権と債務を持っている貿易業者や金融機関などの経済主体は為替レートの変動リスク，いわゆる為替リスクにさらされていることになります。このことを理解するために，アメリカの企業と貿易を行っている日本の貿易業者の例を用いて考えていきましょう。

表2.3の例1はアメリカの企業に製品を輸出している日本の輸出企業のケースを表しています。この輸出企業はアメリカの企業から6カ月後に10万ドルの支払いを受けることになっています。つまり，この企業はドル建ての債権を

CHART 表 2.2　外国為替市場の取引形態別取引額

(単位：10 億ドル〔シェア：％〕)

種類	2001 年	2004 年	2007 年	2010 年	2013 年
直物取引	386 (31.2)	631 (32.6)	1,005 (30.2)	1,488 (37.5)	2,046 (38.3)
先渡取引（アウトライト）	130 (10.5)	209 (10.8)	362 (10.9)	475 (12.0)	680 (12.7)
スワップ取引	656 (52.9)	954 (49.3)	1,714 (51.6)	1,759 (44.3)	2,228 (41.7)
通貨派生取引	67 (5.4)	140 (7.2)	243 (7.3)	250 (6.3)	391 (7.3)
合計	1,239	1,934	3,324	3,971	5,345

(注)　各年4月の1日平均取引額。アウトライト先渡取引は先渡レートで，ある通貨を売り切りあるいは買い切りの1回限りの通貨売買を行う取引であり，スワップ取引のように，ある時点とその先の時点で反対の売買を同時に行う取引ではない。
(出所)　表2.1と同じ。

持っているケースを示しています。現在（t時点）の円ドル直物レートが1ドル＝100円（100円/ドル）でした。しかし，6カ月後（$t+6$時点）の円ドル直物レートはどうなるかは誰にもわかりません。もし6カ月後の円ドル直物レートが今と同じであれば，6カ月後に1000万円を受け取れることになります。しかし，もし6カ月後に90円/ドルに円高ドル安になれば，この輸出企業の円での受取額は900万円になりますので，円ドル直物レートが100円/ドルのときに比べて，円での受取額が100万円減ることになります。このように，為替レートの変化によって，損失を被ることを**為替差損**と言います。一方，もし6カ月後に110円/ドルに円安ドル高になれば，この輸出企業の円での受取額は1100万円になりますので，円ドル直物レートが100円/ドルのときに比べて，円での受取額が100万円増えることになります。このように，為替レートの変化によって，利益を得ることを**為替差益**と言います。

表2.3の例2はアメリカの企業から製品を輸入している日本の輸入企業のケースを表しています。この輸入企業はアメリカの企業に6カ月後に10万ドルの支払いをする必要があります。つまり，この企業はドル建ての債務を持っているケースを示しています。例2の場合は，もし6カ月後に現在の直物レートの水準より円高ドル安になれば，この輸入企業は円での支払いが少なく済みま

CHART 表2.3　日本の貿易業者の為替リスク

(例1)
- アメリカの企業に製品を輸出している日本の輸出企業
- アメリカの企業から6カ月後に10万ドルの支払いを受ける（ドル建て債権を持っているケース）

現在（t時点）直物レート	6カ月後（$t+6$時点）直物レート	6カ月後の円での受取額	為替差益
100円/ドル	90円/ドル（円高ドル安）	900万円（＝90円/ドル×10万ドル）	－100万円
	100円/ドル（変化なし）	1000万円（＝100円/ドル×10万ドル）	0円
	110円/ドル（円安ドル高）	1100万円（＝110円/ドル×10万ドル）	＋100万円

(例2)
- アメリカの企業から製品を輸入している日本の輸入企業
- アメリカの企業に6カ月後に10万ドルを支払う（ドル建て債務を持っているケース）

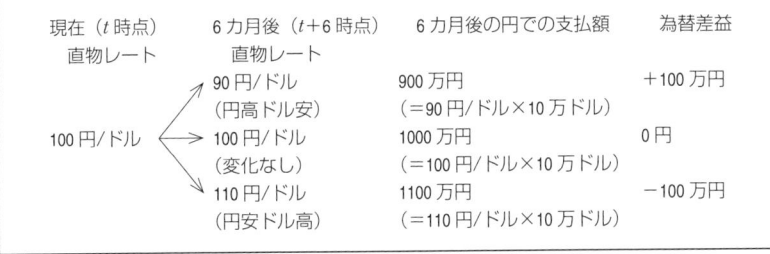

現在（t時点）直物レート	6カ月後（$t+6$時点）直物レート	6カ月後の円での支払額	為替差益
100円/ドル	90円/ドル（円高ドル安）	900万円（＝90円/ドル×10万ドル）	＋100万円
	100円/ドル（変化なし）	1000万円（＝100円/ドル×10万ドル）	0円
	110円/ドル（円安ドル高）	1100万円（＝110円/ドル×10万ドル）	－100万円

すので，為替差益を得ることになります。一方，円安ドル高になれば，この輸入企業は円での支払いが増えますので，為替差損を被ることになります。

　以上より，将来の為替レートがどうなるかは誰にもわかりませんので，現在時点から将来にかけて為替レートが変化することによって，外貨建ての債権と債務を持っている企業は得をしたり，損をしたりすることになります。このような為替レートの変動による収益および損失が生じる可能性のことを**為替リスク**と言います。皆さんが「リスク」と聞くと「損すること」だけを思い浮かべるかもしれませんが，為替リスクとは，「為替レートの変動によって，損することもあれば，得することもある」ことを表しています。この為替リスクをあえてとって大きく儲けようとする経済主体もあれば（当然大きく損をする場合もあります），為替リスクを回避しようとする経済主体もあります。

２　為替リスクを回避するための外国為替市場の利用　●　27

為替リスクを回避するための先渡取引

　それでは，為替リスクを回避したいと考えている経済主体はどうすればよいのでしょうか？　先ほどの例1の輸出企業が為替リスクを回避したい経済主体であれば，先渡取引（先渡契約）を利用することによって為替リスクを回避することができます。たとえば，「6カ月後に98円/ドルで10万ドルを売る」というような先渡契約を結んでおけば，現在から将来にかけてどのように直物為替レートが変化しても，現在時点において，この輸出企業は円での受取額を980万円に確定させることができます。もちろん，6カ月後の円ドル直物レートが現在時点と同じ水準の100円/ドルの場合に比べますと20万円受取が減りますが，この受取が減った部分を為替リスク回避の費用と考えればそれほど割の悪い話ではないと思います。なぜなら，このような先渡取引を行って為替リスクを回避している企業は，リスク回避をしない企業に比べて，6カ月後に90円/ドルのように大きく円高ドル安になる可能性が高いと考え，そのような円高ドル安から生じる円の受取額が減ることを回避したいと強く希望しているからです。

　先渡取引は相対(あいたい)取引ですので，この取引に応じてくれる相手方がいて成立する取引です。この例では，「6カ月後に98円/ドルで10万ドルを売る（円を買う）」輸出企業とそれに応じて，「6カ月後に98円/ドルで10万ドルを買う（円を売る）」経済主体（たとえば銀行）がいれば，先渡契約が成立します。このときの為替レートが先渡レートで，6カ月物の先渡レートが98円/ドルになります。

　為替リスクを回避するために，**スワップ取引**という先渡取引を利用した手法が銀行などの金融機関でよく使われています。スワップ取引とは，ある一時点で外貨を売る（買う）契約とその後の別の時点で売った（買った）外貨と同額の外貨を買う（売る）契約を同時に結ぶ取引です。たとえば，**表2.4**のように現在時点で銀行が直物取引でドルを買って（円を売って），先渡取引でドルを売る（円を買う）契約を結んでいるスワップ取引のケースを考えてみましょう。

　この場合，現在時点で銀行が直物取引でドルを買っているので（ドルの債権を持っていることになるので），現在時点から将来時点にかけて円高ドル安になる

CHART 表2.4 スワップ取引――直先スワップの例

	直物取引	先渡取引
現在時点 (t期)	S_t（t期の直物レート） 直物取引で 「ドル買い円売り」 ⇔	F_{t+1}（t期に契約した$t+1$期の先渡レート） 先渡取引で 「ドル売り円買い」
	直先スワップ：直物と先渡で逆の取引を行う契約を現在時点で結ぶ ⇒現在時点で為替リスクを回避できる	
将来時点 ($t+1$期)	S_{t+1}（$t+1$期の直物レート） 現在時点で将来の直物レートはわからない $S_{t+1}\uparrow$（円安ドル高）⇒為替差益 $S_{t+1}\downarrow$（円高ドル安）⇒為替差損 ⇒為替リスクがある	F_{t+1}（t期に契約した$t+1$期の先渡レート） t期に契約した先渡レートを用いて，実際に$t+1$期にドル売り円買いを行う（ドルから円に交換する）

と損失を被ることになります。しかし，このような契約を結んでおくと，現在時点で将来にドルから円に交換する先渡レートが決まっているので，現在時点で，為替リスクを回避することができます。このように，直物取引で外貨を買（売）って，先渡取引で外貨を売る（買う）取引，つまり直物と先渡で逆の取引を行うことを直先スワップと言います。BIS の統計によれば，2013年の時点で，スワップ取引を含む先渡取引は外国為替取引全体の 54.4% でした（表2.2）。このことから，外国為替市場に参加している多くの経済主体は為替リスクを回避する行動を取っていると考えられます。

> **POINT 為替リスクと先渡取引**
> - 為替リスク：為替レートの変動によって収益および損失が生じること。
> - 先渡取引を用いて，為替リスクを回避できる。

3 通貨当局のバランスシートから見る金融政策
⇛ お金はどのように供給されるの？

通貨当局のバランスシート

為替介入を行ううえでの日本の通貨当局とは，財務省と日本銀行（日本の中

央銀行）を指します。この点に関しては，第7章を参照してください。ここでは，諸外国の場合も想定して，金融政策を行ううえでの「通貨当局＝中央銀行」として以下説明をしていきます。

表2.5は通貨当局のバランスシート（貸借対照表）を表しています。ここでは，国際金融を理解するために必要な変数だけをピックアップして，簡略化した通貨当局のバランスシートを提示しています。バランスシートの左側は資産項目，右側は負債項目を示していて，それぞれどのような資産と負債を保有しているのかを示しています。資産項目は，①対外資産（FA），②国内信用（DC），③その他の資産（OA：不動産など）から構成されています。**対外資産**とは，通貨当局が保有する外国の債券などの外国資産で，外貨準備を自国通貨で表示したものです。**国内信用**とは，国債などの自国債券の保有高と中央銀行の民間銀行への貸出金などを指しています。

一方，負債項目は，①現金通貨（C），②市中銀行預金（BD），③その他の負債（OL：政府預金，外国中央銀行の預金，自己資本など）から構成されています。現金通貨とは，通貨当局が発行している通貨のことです。市中銀行預金とは，民間銀行が中央銀行に預けている預金のことで，民間銀行は中央銀行に預金口座を開設しています。また，中央銀行と民間銀行との決済はこの市中銀行預金を通して行われます。日本の場合，日銀当座預金が市中銀行預金に該当します。

一般的な企業のバランスシートと同じで，通貨当局のバランスシートも複式簿記で記帳されますので，バランスシートの総資産額＝総負債額になります。つまり，$FA + DC + OA = C + BD + OL$ になります。通貨当局の金融政策（貨幣供給量の調整）の観点からは，資産項目のその他の資産（OA）と負債項目のその他の負債（OL）はそれほど重要な項目ではありませんので，以下それらを省略したより簡略化したバランスシートを用います。つまり，$FA + DC = C + BD$ で考えていきます。負債項目の現金通貨（C）と市中銀行預金（BD）の合計は，**マネタリーベース**または**ハイパワードマネー**と呼ばれています。

この関係式（$FA + DC = C + BD$）より，マネタリーベースを増加（減少）させるためには，①FAが増加（減少）するか，②DCが増加（減少）する必要があります。FAの増減は主に通貨当局の為替介入によって起こります。このことは後で詳しく説明します。DCの増減は，たとえば金融政策手段の1つで

CHART 表2.5 通貨当局の簡略化したバランスシート

$$FA+DC+OA=C+BD+OL$$

資　産	負　債
対外資産（FA）	現金通貨（C）
国内信用（DC）	市中銀行預金（BD）
その他の資産（OA）	その他の負債（OL）

ある**公開市場操作**によって起こります。通貨当局が国債市場で民間銀行から国債を購入すれば，通貨当局の国債の保有量が増加し，DCが増加します。その国債購入代金は市中銀行預金に振り込まれますので，通貨当局の国債の購入分だけ市中銀行預金が増加し，その結果，マネタリーベースが増加します。このような操作を買いオペレーション（買いオペ）と言い，金融緩和を目的に行われます。一方，通貨当局が自ら保有している国債を国債市場で民間銀行に売却すれば，通貨当局の国債の保有量が減少し，DCが減少します。民間銀行は通貨当局に国債の購入代金を支払わなければいけないので，国債の売却分だけ市中銀行預金が減少し，その結果，マネタリーベースが減少します。このような操作を売りオペレーション（売りオペ）と言い，金融引き締めを目的に行われます。

マネーサプライとマネタリーベースの関係

マネーサプライとは，「家計や企業などの経済全体に供給されている貨幣の総量」のことを言います。現在，日本銀行ではマネーサプライのことをマネーストックと呼んでいますが，貨幣供給量を説明するうえでは，マネーサプライと言う呼び方が適切と思いますので，本書では，マネーサプライという表現を使用していきます。

ここで，先ほど説明したマネタリーベースとマネーサプライの関係について見ていきましょう。そのためには，マネーサプライのマネー（貨幣）とは何かを考える必要があります。皆さんが真っ先に思いつくのは，現金ではないかと思います。現金に加えて，皆さんが金融機関に預けているお金，つまり預金はどうでしょうか？　物やサービスを購入するとき，金融機関から預金を引き出して，代金の支払いをする，または，そのまま預金口座を使って決済を行うこ

とも可能です。つまり，現金と預金は貨幣としてみなせると考えられます。実際には，貨幣を狭く定義するのか，広く定義するのかによって，マネーサプライの統計が違ってきます。日本のマネーサプライ統計については，日本銀行調査統計局の「マネーストック統計の解説」を参照してください。本質的にはマネーサプライ（M）は，「現金通貨（C）＋預金通貨（D）の合計」として定義できます。この関係を式で表すと次のようになります。

$$M = C + D \tag{2-1}$$

先ほど説明したように，マネタリーベース（MB）は，「現金通貨（C）＋市中銀行預金（BD）の合計」ですので，この関係を式で表すと次のようになります。

$$MB = C + BD \tag{2-2}$$

そして，マネーサプライとマネタリーベースの関係は次のようになります。

$$M = mmMB \quad \text{ただし，} mm > 1 \tag{2-3}$$

mm は**貨幣乗数**と呼ばれていて，必ず1より大きくなります（貨幣乗数の導出はColumn❷-1参照）。よって，マネタリーベースが変化すると，その変化よりも大きなマネーサプライの変化が起こります。具体的には，マネーサプライの変化は，マネタリーベースの変化の貨幣乗数（mm）倍変化します。

中央銀行はマネタリーベースを変化させて，市中に出回るお金の総量であるマネーサプライを調整しています。しかし，注意しなければいけないことは，中央銀行はマネタリーベースを直接的にある程度コントロールすることはできますが，「マネーサプライ＝貨幣乗数×マネタリーベース」ですので，マネーサプライに関しては直接コントロールすることはできません（もし超過準備がなければ，$r = a$ となりますので，準備率を変化させる準備率操作によって，a を調整することはできますが，現金・預金比率（b）は中央銀行の政策では調整することができません）。よって，貨幣乗数は直接コントロールすることができません）。通貨当局のバランスシートとマネタリーベースとマネーサプライの関係を整理すると次のようになります。

Column ❷-1　貨幣乗数はどのように導出されるの？

　ここで，マネーサプライとマネタリーベースの関係から貨幣乗数（mm）を導出してみましょう。本文に示しているように，マネーサプライとマネタリーベースの定義式は次のようになります。

$$M = C + D \quad (2\text{-}1)$$
$$MB = C + BD \quad (2\text{-}2)$$

　民間銀行は預金総額の一定割合を中央銀行に預けなければいけません。この制度を**準備預金制度**，この預金のことを準備預金，預金の一定率（r）を準備率と言います。準備預金は通常利子が付かないので，民間銀行は準備預金以上の預金，つまり超過準備は持ちません。しかし，不況のときに企業などの経済主体に貸し付けることは貸し倒れリスクが高くなると民間銀行が考えた場合には，準備預金以上の預金を中央銀行に預ける可能性があります。また，中央銀行は超過準備に対して利子を付けて，民間銀行に対して中央銀行の口座に多くの預金をさせる場合もあります。このことから，実際には民間銀行は準備率（r）を下限として，それより大きな割合（a）で中央銀行に預金していることになります（$r \leq a$）。よって，このことを考慮すると，市中銀行預金（BD）と預金通貨（D）は次のような関係になります。

$$BD = aD \quad （預金の一定割合だから，0 < a < 1）$$

預金通貨（D）に対する現金通貨（C）の比率（現金・預金比率）を b とするとそれらの関係は次のようになります。

$$C = bD \quad （預金に対して現金は絶対的に少ないので，0 < b < 1）$$

　ここで，（2-1）式を（2-2）式で割ると次のようになります。

$$\frac{M}{MB} = \frac{C + D}{C + BD}$$

この式に $BD = aD$ と $C = bD$ の関係式を代入すると次のようになります。

$$\frac{M}{MB} = \frac{bD + D}{bD + aD} = \frac{D(b+1)}{D(b+a)} = \frac{1+b}{a+b}$$

ゆえに，マネーサプライとマネタリーベースの関係は次のようになります。

$$M = \left(\frac{1+b}{a+b}\right)MB \quad \Leftrightarrow \quad M = mm\,MB \quad \text{ただし，} mm = \left(\frac{1+b}{a+b}\right) > 1 \quad (2\text{-}3)$$

貨幣乗数（mm）は，$0 < a < 1$ と $0 < b < 1$ の条件から，必ず1より大きくなります。

> **POINT** マネタリーベースとマネーサプライの関係
> - 対外資産＋国内信用＝マネタリーベース
> - マネーサプライ＝貨幣乗数×マネタリーベース

4 為替制度と金融政策
▶ 固定相場制下では金融政策を自由に行えない

　ここでは，為替制度と金融政策の関係について，見ていくことにしましょう。**為替制度**は主に，①固定相場制と，②変動相場制に分類されます。このような為替制度の違いによって，通貨当局が行う金融政策の自由度（独立性）が違ってきます。このことを理解するために，前節で解説した通貨当局のバランスシートと金融政策の関係を用いて，為替制度の特徴を考えていきましょう。

外国為替市場における為替レートの決定——固定相場制と変動相場制

　図 2.3 の外国為替市場における為替レート（円ドルレート）の決定の例を用いて，固定相場制と変動相場制の特徴を見ていきましょう。財市場の価格と取引量が財の需要と供給で決まるのと同じように，為替レートも外国為替市場における通貨の需要と供給で決まります。図 2.3 は縦軸を円ドルレート（円/ドル），横軸を取引量としたとき，D はドルの需要曲線，S はドルの供給曲線を示しています。ドルの需要曲線が右下がりの理由は，市場参加者はドルが円に対して比較的高いときにはドルを買おうとしませんが，ドルが円に対して比較的安いときにはドルを買おうとするので，ドル高のときにはドルの需要量は少なく，ドル安のときにはドルの需要量が増えるからです。一方，ドルの供給曲線が右上がりの理由は，市場参加者はドルが円に対して比較的安いときにはドルを売ろうとしませんが，ドルが円に対して比較的高いときにドルを売ろうとしますので，ドル安のときにはドルの供給量は少なく，ドル高のときにはドルの供給量が増えるからです。

　為替レートはドルの需要曲線とドルの供給曲線の交点，つまり，ドルの需要

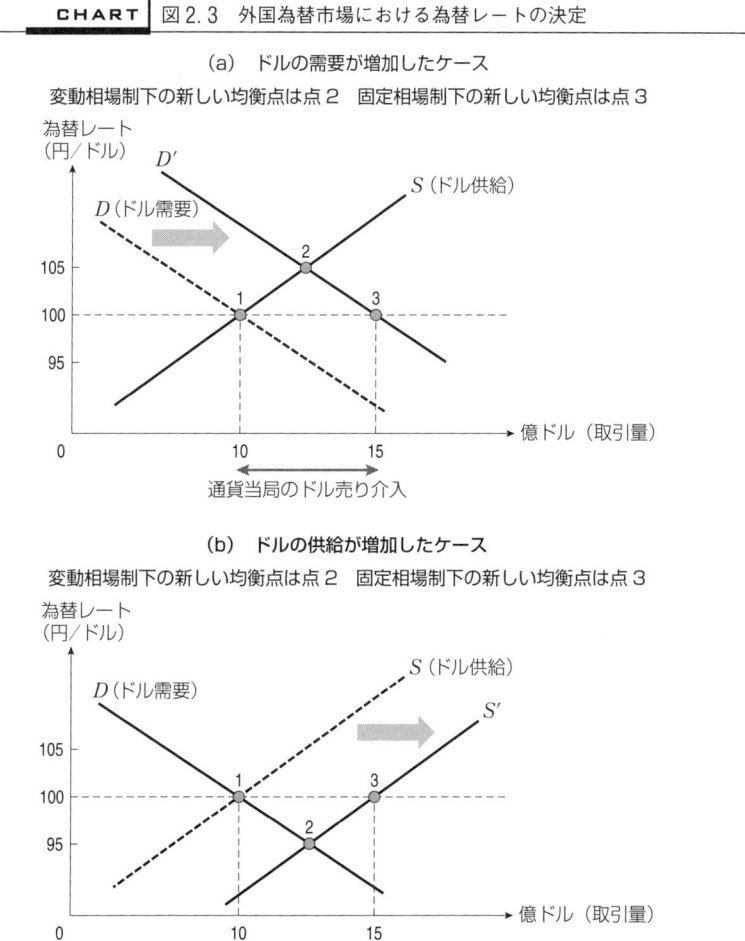

CHART 図2.3 外国為替市場における為替レートの決定

(a) ドルの需要が増加したケース
変動相場制下の新しい均衡点は点2　固定相場制下の新しい均衡点は点3

通貨当局のドル売り介入

(b) ドルの供給が増加したケース
変動相場制下の新しい均衡点は点2　固定相場制下の新しい均衡点は点3

通貨当局のドル買い介入

量と供給量が等しいところで決まります。この図では，DとSとの交点である点1が均衡点で，円ドルレートは100円/ドルになります。ここでなんらかの理由でドルの需要が増えて，ドルの需要曲線がDからD'へシフトしたとしましょう（図2.3の(a)）。そのとき，外国為替市場の均衡点は点2になり，円ドルレートは105円/ドルになります。つまり，円ドルレートが100円/ドルから105円/ドルへ変化します。このように，「外国為替市場における自国通貨と外国通貨の相対的な需給関係に応じて為替レートが自由に変動することを認め

4　為替制度と金融政策 ● 35

る為替制度」を**変動相場制**と言います。

　もし日本の通貨当局がこのような為替レートの変動を許さなければ，たとえば，100円/ドルを維持することを明言している通貨当局ならばどうすればよいでしょうか？　もし何もしなければ点2のように105円/ドルになります。100円/ドルの水平の線とD'との交点3におけるドルの需要量は15億ドル，100円/ドルの水平の線とSとの交点1におけるドルの供給量は10億ドルですので，外国為替市場で100円/ドルに決まるためには，5（＝15－10）億ドルのドル供給量が不足しています。そこで，通貨当局は外国為替市場に5億ドルのドルを供給して，100円/ドルのレートを維持しようとします。このように，「通貨当局が為替レートの操作を目的に，外国為替市場で通貨売買を行うこと」を**為替介入**と言います。この場合，通貨当局は5億ドルのドル売り介入をすることになります。

　上記の例のように，「通貨当局があらかじめ決められた為替レート（公定平価）を定めて，そのレートを一定に維持する為替制度」を**固定相場制**またはペッグ制と言います。つまり，為替レートが一定であり，変化しない制度です。実際の固定相場制の採用においては，どの外国通貨との為替レートを固定するのかが問題になりますが，一般的には，①ドルやユーロなどの国際通貨，②自国と貿易などの経済的関係が強い外国の通貨が選択されます。

　今度はなんらかの理由でドルの供給量が増えて，ドルの供給曲線がSからS'へシフトしたケースを考えてみましょう（図2.3の（b））。そのとき，変動相場制のもとでは，均衡点は点2になり，円ドルレートは100円/ドルから95円/ドルに変化します。もし日本が100円/ドルのレートでドルに対して固定相場制を採用していれば，通貨当局は5億ドルのドル買い介入をする必要があります。なぜなら，100円/ドルの水平の線とS'との交点3におけるドルの供給量は15億ドル，100円/ドルの水平の線とDとの交点1におけるドルの需要量は10億ドルですので，外国為替市場で100円/ドルに決まるためには，5（＝15－10）億ドルのドル需要量が不足しているからです。

　図2.3で示したように，自国通貨と外国通貨の通貨交換に関する規制がない限り，変動相場制であれ，固定相場制であれ，為替レートは外国為替市場の自国通貨と外国通貨との相対的な需給で決まります。この需給は時々刻々と変化

しますので，そのままにしておくと為替レートが変化することになります。よって，固定相場制では，固定レートを守る，つまり為替レートを一定に維持するために，頻繁に為替介入を行う必要があります。一方，変動相場制は為替レートが自由に変動することを許す制度ですので，為替介入をする必要がないと言えます。

POINT 固定相場制と変動相場制

	固定相場制	変動相場制
為替レート	固定（一定）	変化する
為替介入	頻繁に行う	（原則）介入しない

上記の例では円ドルレートを用いましたが，日本はどのような為替制度を採用していたのでしょうか？ IMF協定による第二次世界大戦後の国際通貨体制，いわゆるブレトンウッズ体制のもと，日本は1949年に360円/ドルの公定平価を設定し，そのレートを維持する固定相場制を採用しました（1952年に日本はIMFに加盟）。その後，ブレトンウッズ体制が崩壊した1971年8月までの長期間，360円/ドルのレートで固定相場制を維持してきました（第1章の図1.1参照）。1973年2月に日本は完全に変動相場制に移行し，現在に至っています。実際円ドルレートは時々刻々と変化しています。しかし，変動相場制を採用している日本の通貨当局も，円ドルレートの急激かつ大幅な変動に対して，その変動を和らげる目的で為替介入を行っている場合があります。日本の通貨当局の為替介入に関しては，第7章を参照してください。

固定相場制と金融政策の自由度

固定相場制を採用している通貨当局は為替レートを一定に保つために頻繁に為替介入をする必要があります。それでは，為替介入を行うと通貨当局のバランスシートのどの変数が変化するのでしょうか？ 上記の例のように，もし日本の通貨当局が100円/ドルを公定平価としてドル・ペッグ制（固定相場制）を採用していた場合，どうなるかを考えてみましょう。

図2.3の(a)のように，100円/ドルのレートを維持するために，5億ドル

のドル売り円買い（外国通貨売り自国通貨買い）介入を行うと，通貨当局のバランスシートの資産項目の対外資産（FA）が500億円（＝100円/ドル×5億ドル）減少します。なぜなら，通貨当局が保有しているドル（資産）を外国為替市場で民間銀行に売却していますので，通貨当局の対外資産の保有量が減少するからです。またそのとき，民間銀行はドルの購入代金として，通貨当局に500億円を支払うことになりますので，バランスシートの負債項目の市中銀行預金（BD）が500億円減少します。表2.6はこの為替介入によって生じるバランスシートの変化を表しています（その他の資産と負債は省略しています）。つまり，対外資産と市中銀行預金がそれぞれ500億円ずつ減少し，このことはマネタリーベース（$MB=C+BD$）を同額（500億円）減少させます。また，マネタリーベースとマネーサプライの関係（$M=mmMB$）より，マネーサプライを$mm×$500億円減少させます。

図2.3の(b)のように，100円/ドルのレートを維持するために，5億ドルのドル買い円売り（外国通貨買い自国通貨売り）介入の場合はどうなるでしょうか？　この場合，通貨当局のバランスシートの資産項目の対外資産（FA）が500億円（＝100円/ドル×5億ドル）増加します。なぜなら，通貨当局が外国為替市場で民間銀行からドル（資産）を購入していますので，通貨当局の対外資産の保有量が増加するからです。またそのとき，通貨当局は民間銀行にドルの購入代金として，500億円を支払うことになりますので，バランスシートの負債項目の市中銀行預金（BD）が500億円増加します。表2.7はこの為替介入によって生じるバランスシートの変化を表しています。つまり，対外資産と市中銀行預金がそれぞれ500億円ずつ増加し，このことはマネタリーベースを同額（500億円）増加させます。また，マネーサプライを$mm×$500億円増加させます。以上の説明を整理すると次のようになります。

POINT　固定相場制

固定レートを維持するためには為替介入が必要

- 外国通貨売り自国通貨買い介入 ⇒ $FA↓$ ⇒ $MB↓$ ⇒ $M↓$
- 外国通貨買い自国通貨売り介入 ⇒ $FA↑$ ⇒ $MB↑$ ⇒ $M↑$

固定相場制においては，通貨当局は常に為替レートをある一定水準に抑える

CHART 表 2.6　通貨当局の簡略化したバランスシート――外国通貨売り介入の場合

$$FA+DC=C+BD(=MB)$$

資　産	負　債
対外資産（FA）　−500 億円 国内信用（DC）	現金通貨（C） 市中銀行預金（BD）　−500 億円

CHART 表 2.7　通貨当局の簡略化したバランスシート――外国通貨買い介入の場合

$$FA+DC=C+BD(=MB)$$

資　産	負　債
対外資産（FA）　+500 億円 国内信用（DC）	現金通貨（C） 市中銀行預金（BD）　+500 億円

ために為替介入を行う必要があるので，この為替介入により，対外資産が増減し，マネタリーベースも増減します。その結果，マネーサプライが影響を受けます。ゆえに，固定相場制は固定レートの維持のための為替介入によって，マネタリーベースとマネーサプライが変化する制度ですので，国内の政策目標を達成するために，金融政策を自由に使うことができません。よって，固定相場制を採用している国の通貨当局は，国内の政策目標を達成するために，金融政策を用いることに制約があり，金融政策の自由度（独立性）が小さいと考えられます。一方，変動相場制を採用している国の通貨当局は，固定レート維持のための為替介入をする必要がないので，国内の政策目標を達成するために，金融政策を自由に用いることができます。つまり，金融政策の自由度（独立性）が大きいと考えられます。

POINT 為替制度と金融政策の自由度

	固定相場制	変動相場制
為替レート	固定（一定）	変化する
金融政策の自由度	小さい	大きい

SUMMARY ●まとめ

- □ 1 外国為替市場は 1 日 24 時間ほぼ毎日開いています。外国為替市場はインターバンク市場と対顧客市場から構成されています。
- □ 2 外国為替取引には，直物取引，先渡取引，通貨派生取引があります。為替リスクを回避する方法として，先渡取引がよく利用されます。
- □ 3 為替制度は主に，固定相場制と変動相場制に分類されます。
- □ 4 固定相場制を採用している国の通貨当局は，金融政策の自由度が小さくなります。一方，変動相場制を採用している国の通貨当局は，金融政策の自由度が大きくなります。

KEYWORDS ●キーワード

外国為替市場，インターバンク市場，対顧客市場，ディーラー，為替ブローカー，直物取引，直物レート（スポットレート），先渡取引，先渡レート（フォワードレート），先渡契約，通貨派生取引，為替差損，為替差益，為替リスク，スワップ取引，対外資産，国内信用，マネタリーベース，ハイパワードマネー，公開市場操作，マネーサプライ，貨幣乗数，準備預金制度，為替制度，変動相場制，為替介入，固定相場制，ペッグ制

EXERCISE ●練習問題

1. 外国為替市場は，①インターバンク市場と，②対顧客市場から構成されています。それぞれどのような市場か簡潔に説明しなさい。
2. 日本が 120 円/ドルでドル・ペッグ制を採用していたと仮定して，以下の問題に答えなさい。ただし，国内信用は変化せず，貨幣乗数は 5 で一定であるとします。
   ①日本の通貨当局が 120 円/ドルの水準で 1 億ドルのドル買い円売り介入を行った場合，(a) 対外資産，(b) マネタリーベース，(c) マネーサプライはそれぞれどうなるのか答えなさい。
   ②日本の通貨当局が 120 円/ドルの水準で 1 億ドルのドル売り円買い介入を行った場合，(a) 対外資産，(b) マネタリーベース，(c) マネーサプライはそれぞれどうなるのか答えなさい。
3. 固定相場制を採用している国の通貨当局は，国内の政策目標を達成するために金融政策を用いることに制約があり，金融政策の自由度が小さいと考えられます。

その理由を明確に答えなさい。

参考文献

日本銀行調査統計局「マネーストック統計の解説」2014 年 8 月。

Bank for International Settlements, *Triennial Central Bank Survey of Foreign Exchange and Derivatives Market Activity in 2013*, "Foreign Exchange Turnover in April 2013: Preliminary Global Results," September 2013.

CHAPTER 第3章

購買力平価

ハンバーガーの価格で為替レートが決まるの？

　為替レートはどのように決まるのでしょうか？　この問いに対して，経済学ではさまざまな為替レートの決定理論（アプローチ）が考えられてきました。それらの理論は，主に短期的な為替レートの決定理論と長期的な為替レートの決定理論に整理できます。ここで言う短期と長期とはどのようなものでしょうか？　情報ネットワークが発達した現在においては，貨幣および金融資産に関する資本取引は，その費用はきわめて低く瞬時に行われるので，取引を妨げるものがなければ，資本市場は需要と供給が常に等しい均衡状態にあると考えられます。しかし，財取引は輸送費などの費用がかかるため，資本取引より取引費用が多額であり，輸送のための時間もかかると考えられます。また，財の価格は需給に応じてすぐには変化しません。よって，財市場は常に需給が等しい均衡状態であるとは言えないかもしれません。

　そこで為替レートの決定理論では，短期とは資本市場のみが均衡していて，財市場は均衡していない状態であり，物価が硬直的で変化しない状態と考えます。一方，長期とは資本市場のみならず財市場も均衡していて，物価が伸縮的に変化する状態と考えます。よって，為替レートの決定を考えるために，短期においては資本市場に着目する必要があり，長期においては財市場に着目する必要があると言えます。本章では，財市場に着目して，長期的に為替レートがどのように決まるのかを説明する重要な理論である購買力平価について説明し

ます。

　はじめに，購買力平価を理解するために，財裁定と一物一価の法則について説明します。次に，絶対的購買力平価と相対的購買力平価を説明し，購買力平価から為替レートがどのように決まるのかを考えていきます。そして具体的にデータを用いて，購買力平価から決まる円ドルレートと実際の円ドルレートを比較します。さらに，世界各国のマクドナルドにて販売されているビッグマック・ハンバーガーの価格を利用したビッグマック購買力平価を説明します。

1 一物一価の法則
▶ 同じ商品はどこでも同じ価格になる

財裁定

　財市場が国際的に統合され自由な貿易ができる場合に，もし自国と外国で同じ財が異なる価格で販売されていたら，貿易業者はどのような取引を行うでしょうか？　当然，貿易業者はその財を安いところで仕入れて，より高いところで販売することによって，利益を得ようとすると考えられます。このように，「価格差を利用した取引によって利益を得ること」を**裁定**と言います。この場合，財の取引価格の差を利用した裁定なので，**財裁定**と呼びます。

　それでは，自国と外国で同じ財が異なる価格で取引されている場合に，貿易業者の財裁定によって，自国と外国で同じ財の価格はどのようになるでしょうか？　この問いに答えるために，表3.1のような簡単な例を用いて考えていきましょう。説明の簡単化のために，日本（自国）とアメリカ（外国）の2国において，①貿易障壁がなく，②輸送費がゼロで，③完全競争のもとで商品価格は需給において伸縮的に変化し，④価格に関する情報が完全に知られている（完全情報）と仮定しましょう。

　表3.1のケース1のように，もし当初同じTシャツが日本では1100円（P_{Tshirt}円），アメリカでは10ドル（P^*_{Tshirt}ドル），円ドルレートは100円/ドル（S円/ドル）ならば，同じTシャツが日本の方がアメリカより高く売られていることになります（$P_{Tshirt} > SP^*_{Tshirt}$）。そこで，日本の貿易業者はアメリカでTシ

CHART 表3.1 財裁定と一物一価の法則

日本のTシャツ価格=P_{Tshirt}円，アメリカのTシャツ価格=P^*_{Tshirt}ドル，1ドル=S円（S円/ドル）

(ケース1)		日本		アメリカ		
		P_{Tshirt}=1100円		P^*_{Tshirt}=10ドル		
		（円価格）		（円価格）		
100円/ドル		1100円	>	1000円		$P_{Tshirt}>SP^*_{Tshirt}$

財裁定

日本の貿易業者	アメリカの貿易業者
①ドル資金が必要，円を売ってドルを買う	①アメリカでTシャツを買う⇒P^*_{Tshirt}↑
②アメリカでTシャツを買う⇒P^*_{Tshirt}↑	②輸出して日本でTシャツを売る⇒P_{Tshirt}↓
③輸入して日本でTシャツを売る⇒P_{Tshirt}↓	③円代金をドルに交換，円を売ってドルを買う

$P_{Tshirt}>SP^*_{Tshirt}$のとき 財裁定（P_{Tshirt}↓, P^*_{Tshirt}↑）⇒ $P_{Tshirt}=SP^*_{Tshirt}$ （一物一価）

(ケース2)		日本		アメリカ		
		P_{Tshirt}=1100円		P^*_{Tshirt}=10ドル		
		（円価格）		（円価格）		
120円/ドル		1100円	<	1200円		$P_{Tshirt}<SP^*_{Tshirt}$

財裁定

日本の貿易業者	アメリカの貿易業者
①日本でTシャツを買う⇒P_{Tshirt}↑	①円資金が必要，ドルを売って円を買う
②輸出してアメリカでTシャツを売る⇒P^*_{Tshirt}↓	②日本でTシャツを買う⇒P_{Tshirt}↑
③ドル代金を円に交換，ドルを売って円を買う	③輸入してアメリカでTシャツを売る⇒P^*_{Tshirt}↓

$P_{Tshirt}<SP^*_{Tshirt}$のとき 財裁定（P_{Tshirt}↑, P^*_{Tshirt}↓）⇒ $P_{Tshirt}=SP^*_{Tshirt}$ （一物一価）

ャツを仕入れ，それを日本に輸入し，日本で販売することによって利益を得ること，つまり財裁定を行います。この取引において，アメリカでTシャツを仕入れるために，ドル資金が必要になるので，円からドルへの交換（円売りドル買い）が活発に行われることに留意してください。アメリカではTシャツは多く買われるので，Tシャツの価格は上昇し（P^*_{Tshirt}↑），一方，日本ではTシャツが多く売られるので，Tシャツの価格は下落します（P_{Tshirt}↓）。この裁定取引は日本とアメリカで同じTシャツが異なる価格で販売されている限り，貿易業者は利益を得ることができますので，継続して行われます。最終的には，財裁定によって，日本とアメリカで同じTシャツが同じ取引価格になります。アメリカの貿易業者の財裁定によっても同じ結果になります（表3.1参照）。な

お，表3.1のケース2（$P_{Tshirt} < SP^*_{Tshirt}$）においても，財裁定によって，最終的に日本とアメリカで同じTシャツが同じ取引価格になります。

一物一価の法則

上記の例より，「財裁定によって違った場所においても同一財は同一価格（一物一価）で取引されるようになる」と考えられます。このことを**一物一価の法則**と呼びます。ある財（i財）においての一物一価を式で表すと以下のようになります。

$$P_i = SP^*_i \tag{3-1}$$

この式は，「i財の自国価格（P_i）はその外国価格（P^*_i）に為替レート（S）をかけることにより自国通貨建てに表示したものに等しいこと」を意味しています。

この一物一価の法則を妨げる要因は何でしょうか？　上記の例の仮定を満たさなければ，一物一価の法則は働かなくなります。①関税や輸出入の数量制限などの貿易障壁がある場合は，財裁定が十分に行われないので，一物一価にはなりません。貿易できる財，いわゆる**貿易財**ならば，裁定によって一物一価の法則が働くかもしれませんが，住宅，医療などのサービスは貿易できない財，いわゆる**非貿易財**ですので，裁定による一物一価の法則が働かないと考えられます。②実際の貿易においては，輸送費などがかかります。③ある財市場が完全競争でない場合，④価格に関する情報が不完全な場合は，財裁定が十分に行われません。以上により，現実の世界では，一物一価の法則は厳密には成立していないかもしれません。

実際，国際取引と同様に，日本国内の取引においても，違う場所で同じ財が異なる価格で販売されていることがしばしば見られることでしょう。したがって，ある時点（たとえば現在時点）において，国際的にも国内的にも一物一価はなかなか成立していないと言えます。そこで経済学者は一物一価の法則を次のように考えます。当初大きな価格差があっても財裁定が働いて時間の経過とともにその価格差が小さくなって，ある値に収束する場合，「長期的に一物一価の法則が成立している」と考えます。

このことを直感的に理解するために，図3.1のあるi財の内外価格差（$D_i =$

CHART 図3.1 内外価格差の推移のイメージ

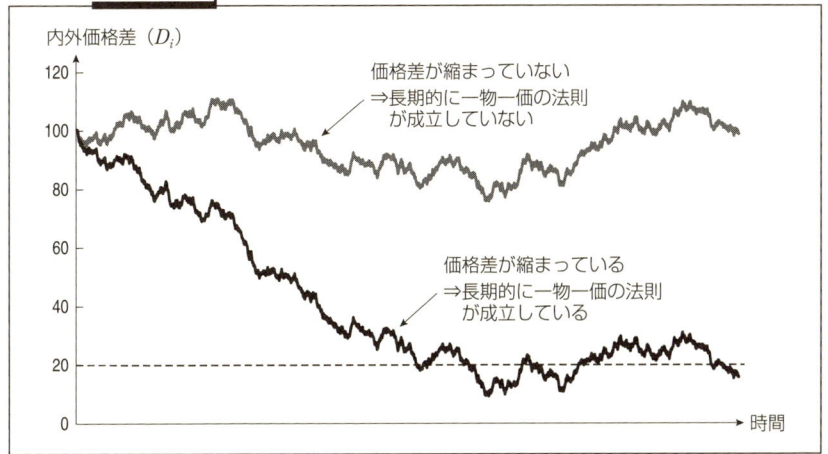

内外価格差 (D_i)

価格差が縮まっていない
⇒長期的に一物一価の法則が成立していない

価格差が縮まっている
⇒長期的に一物一価の法則が成立している

時間

$P_i - SP_i^*$) の推移を見てください。当初，ある財が自国の方が外国より高くて，大きな内外価格差（図では $D_i = 100$）がありましたが，時間の経過とともに価格差が縮まっていることが見てとれます。そして，貿易障壁，輸送費などの裁定を妨げる要因を含めた取引コスト（図では 20）を考慮した価格差にまで小さくなっています。この場合は，長期的に一物一価の法則が成立していると言えます。したがって，一物一価の法則が成立していれば，裁定によって，大きな価格差が長期間にわたって存続することはないと考えられます。

> **POINT** 一物一価の法則
> 同じ財が異なる場所で異なる価格のとき，財裁定が働く⇒どこでも同じ価格

2 購買力平価

▶ 内外の物価水準と為替レートの関係

絶対的購買力平価

一物一価の法則では，自国と外国の同一財の価格と為替レートの関係を見てきましたが，ここでは，個々の財の価格を財の集合体（財バスケット）の価格である物価水準に拡張して，自国と外国の物価水準と為替レートの関係を見て

いきましょう。そこで，長期的な為替レートの決定理論である**購買力平価**（purchasing power parity: PPP）について説明します。購買力平価には，①物価の絶対的な水準で測る絶対的購買力平価と，②物価の変化率（インフレ率）で測る相対的購買力平価があります。下記にそれぞれの購買力平価を詳しく見ていきましょう。

　絶対的購買力平価（絶対的PPP）とは，「財の集合体（さまざまな財が入っているバスケット）の価格である物価水準が自国と外国で等しくなること」を意味しています。この関係を式で表すと次のようになります。

$$P = SP^* \tag{3-2}$$

ここで，Sは名目為替レート，Pは自国の物価水準，P^*は外国の物価水準を示しています。つまり（3-2）式は，「共通通貨（自国通貨）により表示された外国と自国の物価水準が等しくなること」を示しています。また（3-2）式は次のように表すこともできます。

$$S = \frac{P}{P^*} = \frac{(1/P^*)}{(1/P)} \tag{3-3}$$

$$名目為替レート = \frac{自国の物価水準}{外国の物価水準} = \frac{外国通貨の購買力}{自国通貨の購買力}$$

（3-3）式は，「為替レートは外国の物価水準に対する自国の物価水準の比率に等しくなること」を示しています。

　また購買力平価は次のように考えることができます。通貨の購買力（価値）は物価水準の逆数になりますので，自国通貨の購買力は$1/P$，外国通貨の購買力は$1/P^*$になります（物価が上昇すると通貨1単位〔たとえば1円〕で買える物の量が少なくなります。つまり，物価が上昇すると通貨の価値は低下します）。よって，絶対的PPPとは，「自国通貨と外国通貨の購買力を等しくさせる為替レート」であり，自国通貨の購買力に対する外国通貨の購買力の比率に等しくなります。もし外国の物価水準が一定で，自国の物価水準が高くなれば，自国通貨の購買力は低下するので，自国通貨は外国通貨に対して減価します（$S\uparrow$）。先ほどの財裁定の例で見たように，日本の物価水準が高ければ，財における多くの財裁定が生じて，円からドルへの交換（円売りドル買い）が活発に行われ，円がドル

に対して減価します。

　それでは絶対的PPPはどのような条件下で成立するのでしょうか？　第1に，物価水準は財バスケット（たとえば，消費者物価の場合，家計が消費する財・サービスの組合せ）の価格であり，個々の財価格の加重平均値で計算されますので，バスケットに含まれるすべての財について，一物一価が成立する必要があります。第2に，両国で財のバスケットの内容が同じになる必要があります。たとえば，財バスケット内のそれぞれの財にかかるウエイトが2国間ですべて同一である必要があります。しかし，すべての財に関して，一物一価が成立することは現実的には考えられません。また，財バスケットは国の消費や生産パターンによって決まりますので，現実的に両国で異なっていると言えます。

相対的購買力平価

　絶対的PPPが成立するための上記の2つの条件を満たさなくても，①各国の財バスケットの中の各財の相対価格が時間を通じて一定（変化率がゼロ），かつ，②それぞれの財のウエイトが時間を通じて一定（変化率がゼロ）ならば，財バスケットのウエイトが各国で異なっていても，物価の変化率で表示された購買力平価は成立します（証明は本書のウェブサポートページ参照）。絶対的PPPの (3-2) 式を変化率の式で表すと以下のようになります。

$$\Delta p_t = \Delta s_t + \Delta p_t^* \tag{3-4}$$

自国のインフレ率＝為替レート変化率＋外国のインフレ率

ここで，p_tはt時点の自国の物価水準（P_t）の自然対数値で，Δp_tはp_tとp_{t-1}の差で $\Delta p_t = p_t - p_{t-1}$，$p_t^*$は$t$時点の外国の物価水準（$P_t^*$）の自然対数値で，$\Delta p_t^*$は$p_t^*$と$p_{t-1}^*$の差で $\Delta p_t^* = p_t^* - p_{t-1}^*$，$s_t$は$t$時点の為替レート（$S_t$）の自然対数値で，$\Delta s_t$は$s_t$と$s_{t-1}$の差で $\Delta s_t = s_t - s_{t-1}$ を示しています。自然対数による表示方法は **Column ❸-1** を参照してください。(3-4) 式の導出は下記に示しておきますので，各自で導出できるようにしてください。相対的PPPは絶対的PPPより緩やかな条件のもとでも成立します。

　(3-4) 式は，「自国のインフレ率（物価上昇率）は為替レートの変化率（減価率）と外国のインフレ率（物価上昇率）の和に等しくなること」を示していて，

Column ❸-1　なぜ自然対数を用いるの？

経済学，とくに国際金融では，自然対数を用いた表現をよく使います。ここで，自然対数の性質，活用法を簡単に整理してみましょう。

- 自然対数（natural logarithm）とは，無理数 e（$e = \lim_{m \to \infty}[1+(1/m)]^m =$ 2.7182818…）を底とする対数のことを言います。この無理数 e はネイピア数と呼ばれています。
- ある変数 Z の自然対数値は，$\log_e Z = \ln Z$ と表記されます。
- 対数は掛け算を足し算に変換し，割り算を引き算に変換する利点を持っています。
- 自然対数は変化率を都合よく扱う表示方法として経済学でよく使用されます。
- 自然対数の計算は手計算ではできませんが，自然対数を用いると足し算・引き算で表記できるので，数学的な表現としては簡単であり便利です。
- Excel のセルに =ln(Z) と打ち込んで，Enter キーを押せば簡単に計算できます（Z はある数値）。下記の数値例は Excel を用いて計算しました。

数値例

g	$\ln(1+g)$	g	$\ln(1+g)$
−0.20	−0.22314	0.01	0.00995
−0.10	−0.10536	0.05	0.04879
−0.05	−0.05129	0.10	0.09531
−0.01	−0.01005	0.20	0.18232
0	0		

この関係を**相対的購買力平価**（相対的 PPP）と呼びます。また (3-4) 式は次のように表すこともできます。

$$\Delta s_t = \Delta p_t - \Delta p_t^* \tag{3-5}$$

為替レート変化率＝自国のインフレ率－外国のインフレ率

(3-5) 式は，「為替レートの変化率（減価率）は自国のインフレ率と外国のインフレ率の差に等しくなること」を示しています。もし変動相場制下で相対的 PPP が成立していれば，相対的にインフレ率の高い国の通貨は減価し，相対的にインフレ率の低い国の通貨は増価することになります。たとえば，自国のインフレ率が 5% で，外国のインフレ率が 2% ならば，自国通貨は外国通貨に対して 3% 減価することになります。このことは，物価の動き（インフレ率）が長期的な為替レートの重要な決定要因であることを意味しています。

自然対数による表示方法

以下の①から⑤の表示方法を覚えておくと非常に便利です。

① $\ln(XY) = \ln(X) + \ln(Y)$　（掛け算⇔足し算）

② $\ln\left(\dfrac{X}{Y}\right) = \ln(X) - \ln(Y)$　（割り算⇔引き算）

③ $\ln(X^a) = a\ln(X)$

ある変数 g がプラスでもマイナスでも 0 に十分に近い値（大体マイナス 0.1 からプラス 0.1 の間の値）ならば，次のように近似できます（数値例参照）。

④ $\ln(1+g) \approx g$　（ $\approx$ は近似を表しています）

$\left(\dfrac{X-Y}{Y}\right) = g$ と考えれば，比率（X/Y）の自然対数は次のように表現できます。

⑤ $\ln(X) - \ln(Y) = \ln\left(\dfrac{X}{Y}\right) = \ln\left(\dfrac{Y+(X-Y)}{Y}\right) = \ln\left(1 + \left(\dfrac{X-Y}{Y}\right)\right) \approx \left(\dfrac{X-Y}{Y}\right)$

つまり，比率（X/Y）の自然対数値は，Y から X の変化率に近似して表すことができます（変化率＝g）。自然対数の差は変化率として表すことができます。

次に，固定相場制を採用している国における相対的 PPP の意味を考えていきましょう。固定相場制とは，為替レートを一定に保つ制度ですので，為替レート変化率（Δs_t）はゼロと考えられます。よって（3-4）式より，$\Delta p_t = \Delta p_t^*$ という関係になります。つまり，固定相場制下で相対的 PPP が成立していれば，自国と外国のインフレ率が等しくなると考えられます。実際には，固定相場制を採用していてもその通貨に対して市場参加者の完全な信認が得られていなければ，為替レート変化率はゼロにはなりません。しかし，ある程度高い信認が得られていれば，為替レート変化率は小さくなりますので，自国のインフレ率は外国のインフレ率に近い値になると考えられます。

上記のことから，重要な政策的インプリケーションを得ることができます。たとえば，高インフレで悩まされていた国があったとしましょう。高インフレを解消する政策として，低インフレ国の通貨に対して高インフレ国の通貨をペ

ッグする政策，つまり固定相場制の採用が考えられます。高インフレ国の政府・中央銀行は為替レートを一定に保つために整合的な経済政策を行うことによって，その国の通貨に対する信認を獲得できれば，為替レート変化率はゼロに近くなります。その結果，この国のインフレ率は低インフレ国のインフレ率に近い値になり，高インフレを解消することができるようになると考えられます。このような状況を「相手国のインフレ抑制の名声を利用する」と言います。

> **POINT 購買力平価（PPP）**
> - 絶対的 PPP：自国の物価水準＝自国通貨で表示した外国の物価水準
> - 相対的 PPP：為替レートの変化率＝自国のインフレ率－外国のインフレ率
>   ⇒相対的にインフレ率の高い国の通貨は減価する。

■ 相対的 PPP の（3-4）式の導出

t 時点の絶対的 PPP の式：$P_t = S_t P_t^*$　$t-1$ 時点の絶対的 PPP の式：$P_{t-1} = S_{t-1} P_{t-1}^*$
t 時点の絶対的 PPP の式を $t-1$ 時点の絶対的 PPP の式で割ると次のようになります。

$$\frac{P_t}{P_{t-1}} = \frac{S_t P_t^*}{S_{t-1} P_{t-1}^*} = \left(\frac{S_t}{S_{t-1}}\right)\left(\frac{P_t^*}{P_{t-1}^*}\right)$$

上記の式の両辺に自然対数をとると次のようになります。

$$(\ln(P_t) - \ln(P_{t-1})) = (\ln(S_t) - \ln(S_{t-1})) + (\ln(P_t^*) - \ln(P_{t-1}^*))$$

自然対数値を小文字で表すと次のようになります（経済学ではよく自然対数値を小文字で表記します）。

$$(p_t - p_{t-1}) = (s_t - s_{t-1}) + (p_t^* - p_{t-1}^*)$$

上記の式に差分を表す Δ（デルタの大文字）を用いると $\Delta p_t = p_t - p_{t-1}$，$\Delta s_t = s_t - s_{t-1}$，$\Delta p_t^* = p_t^* - p_{t-1}^*$ となり次のように表すことができます。

$$\Delta p_t = \Delta s_t + \Delta p_t^* \tag{3-4}$$

ある変数 X の自然対数値（$\ln(X) = x$）の差分 $x_t - x_{t-1}$ はその値が 0 に十分に近ければ，次のように変数 X の変化率に近似できます（自然対数による表示方法⑤）。

$$\Delta x_t = x_t - x_{t-1} = \ln\left(\frac{X_t}{X_{t-1}}\right) = \ln\left(\frac{X_{t-1} + (X_t - X_{t-1})}{X_{t-1}}\right)$$

$$= \ln\left(1 + \left(\frac{X_t - X_{t-1}}{X_{t-1}}\right)\right) \approx \left(\frac{X_t - X_{t-1}}{X_{t-1}}\right)$$

(自然対数による表示方法④を利用していることに注意)

よって，(3-4) 式の Δp_t は $t-1$ 時点から t 時点にかけての自国の物価上昇率，Δp_t^* は $t-1$ 時点から t 時点にかけての外国の物価上昇率，Δs_t は $t-1$ 時点から t 時点にかけての為替レート変化率を示しています。

実質為替レート

PPP の概念を基準とした為替レートである実質為替レートについて説明します。**実質為替レート**とは，「PPP からの乖離」と定義され，次のような式で表されます。

$$Q = \frac{SP^*}{P} \tag{3-6}$$

つまり，実質為替レート（Q）は，「自国の物価水準に対する自国通貨表示の外国の物価水準の比率であり，自国と外国の財の相対価格」を表しています。

ここで，絶対的 PPP が成立していれば，実質為替レートがどうなるかを考えてみましょう。絶対的 PPP が成立していれば，(3-2) 式が成立しますので，(3-2) 式を (3-6) の右辺の P に代入すると $Q=1$ になります。つまり，絶対的 PPP が成立していれば，実質為替レートは 1 になります。よって，実質為替レートが 1 から離れた値を取れば，絶対的 PPP から乖離していることを意味しています。

次に，相対的 PPP が成立していれば，実質為替レートはどうなるでしょうか？ (3-6) 式を自然対数を用いて，変化率で表すと次のようになります ((3-4) 式の導出参考)。

$$\Delta q_t = \Delta s_t + \Delta p_t^* - \Delta p_t \tag{3-7}$$

実質為替レートの変化率（Δq_t）は，名目為替レート変化率（Δs_t）と外国のインフレ率（Δp_t^*）の和から自国のインフレ率（Δp_t）を引いた値に等しくなります。この式の Δp_t に相対的 PPP の (3-4) 式を代入すると，$\Delta q_t = 0$ になります。相対的 PPP が成立していれば，実質為替レートの変化率はゼロ，すなわち，実

質為替レートは一定（ある定数）になります。よって，実質為替レートの変化率がゼロでなければ，相対的 PPP から乖離していることを意味しています。

実質為替レートの上昇（$Q↑$）は自国通貨の実質減価と定義され，実質為替レートの低下（$Q↓$）は自国通貨の実質増価と定義されます。実質為替レートは自国物価と外国物価の相対価格ですので，その変化は2国間の国際収支，とくに国際間の財取引の収支である貿易収支に影響を与えると言えます。そこで，2国間の貿易収支の変化を評価するために，実質為替レートがよく用いられます。第1章では，名目為替レートの変化による貿易収支への影響を見ましたが，本章では，実質為替レートの変化による貿易収支への影響を見ていきましょう。なお，自国と外国の物価が変化しない状況下では，名目為替レートの変化は実質為替レートの変化に等しくなりますので，第1章での説明がそのまま当てはまります。

(3-6) 式から，実質為替レートの上昇は，自国財の価格に対して外国財の価格が上昇するか，外国財の価格に比べて自国財の価格が低下するかで起こります。いずれにしてもこのことは，外国財に比べて自国財の価格が，当初と比較して相対的に割安になっていることを意味しています。よって，実質為替レートの上昇（自国通貨の実質減価）により，自国財の価格面での国際競争力が上昇し，輸出が増加し，その結果，貿易収支が改善すると考えられます。

一方，実質為替レートの低下とは，自国財の価格に対して外国財の価格が低下するか，外国財の価格に比べて自国財の価格が上昇するかで起こります。いずれにしてもこのことは，外国財に比べて自国財の価格が，当初と比較して相対的に割高になっていることを意味しています。よって，実質為替レートの低下（自国通貨の実質増価）により，自国財の価格面での国際競争力が低下し，輸出が減少し，その結果，貿易収支が悪化すると考えられます。このように2国間の財取引を評価するうえで，実質為替レートは有用です。

> **POINT 実質為替レート**
> **2国間の貿易収支を評価するうえで有用**
> - 実質為替レートの上昇（減価）⇒価格の国際競争力↑⇒輸出↑⇒貿易収支↑
> - 実質為替レートの低下（増価）⇒価格の国際競争力↓⇒輸出↓⇒貿易収支↓

長期的に PPP が成立するとは？

　絶対的 PPP は個々の財の一物一価の法則を前提にしていますので，各時点において，厳密に PPP は成立しているとは言えません。それでは，長期的には PPP は成立しているのでしょうか？　このことを検証するためには，長期的な実質為替レートの変動を見る必要があります。実質為替レートの変動は PPP からの乖離を意味していますので，当初実質為替レートが大きく変動していても（PPP からの乖離が大きくても），時間の経過とともに，実質為替レートがある値（絶対的 PPP の場合は 1，相対的 PPP の場合はある定数）に収束しているのならば，長期的に PPP が成立していると考えることができます。長期的に PPP が成立するかどうかの具体的な検証方法は，かなり専門的なので，ここでは説明しませんが，興味がある人は，ロゴフの論文（Rogoff, 1996）とテイラーとテイラーの論文（Taylor and Taylor, 2004）を参照してください。

　上記の議論を踏まえると，長期的に PPP が成立するということは，実際の為替レートが長期的には PPP の水準に落ち着くことを意味しています。国際金融では，PPP を長期的に成り立つ為替レートとみなし，PPP の水準を「**長期的均衡為替レート**」と定義し，為替レートの分析でよく議論されています。

3 購買力平価で円ドルレートを考える
　　　　　　　　　　　　　　▷ PPP を計算しましょう

物価指数を用いた相対的 PPP の計算

　円ドルレートの PPP レートはどのように計算できるのでしょうか？　日本の物価水準とアメリカの物価水準がわかれば，絶対的 PPP の（3-3）式より，「PPP レート＝（日本の物価水準）/（アメリカの物価水準）」で計算することができます。しかし，一般的に政府が公表している物価に関するデータは，絶対的な価格の水準を表している物価水準ではなく，物価指数であるため，この関係式を直接使用して PPP レートを計算することはできません。物価指数とは，ある基準時点の物価水準に対して，各時点の物価水準を指数化したものです。

具体的に t 時点の物価指数は,「(t 時点の物価水準/基準時点の物価水準)×100」で計算され,式で表すと,「$P_{Index,t} = (P_t/P_0) \times 100$」になります。なお,基準時点の物価指数は 100 になります。

そこで以下では,物価指数を用いた PPP レートの計算を考えていきましょう。基準を 0 時点とすると,基準時点の絶対的 PPP 式は $P_0 = S_0 P_0^*$,ある任意の t 時点の絶対的 PPP 式は $P_t = S_t P_t^*$ となります。t 時点の PPP 式を基準時点の PPP 式で割り,S_t についてまとめると次のようになります。ここでは,実際の為替レート (S_t) ではなく,計算による PPP レートを示すために,$S_{PPP,t}$ と表しています。

$$\frac{P_t}{P_0} = \left(\frac{S_t}{S_0}\right)\left(\frac{P_t^*}{P_0^*}\right) \Leftrightarrow \text{PPP レート}: S_{PPP,t} = S_0 \times \left(\frac{P_t/P_0}{P_t^*/P_0^*}\right)$$

$$= S_0 \times \left(\frac{P_{Index,t}}{P_{Index,t}^*}\right) \quad (3\text{-}8)$$

左側の式は相対的 PPP の (3-4) 式の導出のときに使用した式と形が同じです。つまり,物価指数を用いた PPP レートの計算は相対的 PPP に基づいていますので,この場合,相対的 PPP レートを計算していることになります。

(3-8) 式より,各時点の相対的 PPP レートは,基準時点の円ドルレート (S_0) を用いて,日本とアメリカの各時点の物価指数データを順次代入していけば計算できます。なお,基準の 0 時点の S_0 は PPP レートです。そこで,物価指数データとして,**消費者物価指数**と**企業物価指数**(日本の企業物価指数に相当するものはアメリカでは**生産者物価指数**)を用いて,基準時点を日本が完全に変動相場制に移行した 1973 年 2 月としてそのときの円ドルレートも用いて,各時点の PPP レートを計算しましょう。

円ドルレートと相対的 PPP レート

図 3.2 は実際の円ドル名目為替レートと,①企業物価指数に基づく PPP と,②消費者物価指数に基づく PPP を示しています。この図から第 1 に,実際の円ドルレートは 2 つの PPP レートともに一致せず,短期的にはかなり PPP から乖離しています。しかし,長期的な視点で見ると,PPP は実際の円ドルレ

CHART 図3.2 円ドルレートと相対的PPPレート

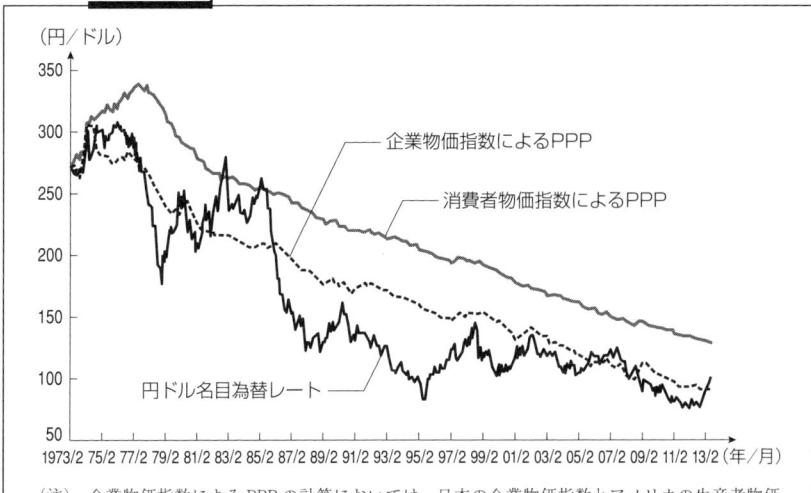

（注）企業物価指数によるPPPの計算においては，日本の企業物価指数とアメリカの生産者物価指数を用いた。各変数は月次データを用いて計算している。
（出所）IMF, *International Financial Statistics* のデータから作成。

ートの動き（円高ドル安の長期的トレンド）をよくとらえています。

第2に，企業物価指数に基づくPPPは消費者物価指数に基づくPPPに比べて，実際の円ドルレートの動きとの当てはまりがかなりよいです。企業物価指数は企業間で取引される商品の物価指数であり，生産品の価格や原材料価格などの貿易財の価格を主に表している物価指数です。一方，消費者物価指数は消費者が購入する財およびサービスの総合価格を表しているので，貿易財に加えて非貿易財の価格の動きが反映されやすい物価指数です。よって，一物一価の法則が成立しやすい貿易財の価格の動きを主に反映している企業物価指数に基づいたPPPの方が実際の円ドルレートの動きをより説明できると考えられます。

第3に，1985年のプラザ合意（ドル高是正のためにG5各国で政策協調を行うことを合意）から2005年にかけての長い間，PPPに比べて，実際の円ドルレートは円高ドル安の水準にありました。PPPレートを長期的均衡レートと考えるならば，この期間，円はドルに対して過大評価されていたと言えます。

以上より，実際の名目為替レートは短期的にPPPから大きく乖離しているので，短期的にPPPは成立していません。しかし，長期的には実際の為替レ

3 購買力平価で円ドルレートを考える ● 57

ートはPPPとある程度同じような動きをしているので,長期的にPPPは成立している可能性があると言えます。よって,2国間の物価の動きが長期的な為替レートの重要な決定要因であり,相対的PPPは長期的な為替レートの分析のために有用であると言えます。

ただし,この相対的PPPの計算で注意しなければいけないことがあります。それは基準時点を変えると各時点の相対的PPPが変化することです。1973年2月の時点で相対的PPPが成立しているという前提でPPPの計算をしているので,この基準時点で相対的PPPが成立していなければ,計算に問題が出てきます。よって,物価水準ではなく物価指数を用いてPPPを計算する場合,上記のように注意する点がありますので,国際的に比較可能な各国の絶対的な物価水準データを用いてPPPを計算することができるかを考える必要があります。

POINT 実際の円ドルレートと相対的PPP

短　期	長　期
PPP成立していない	PPP成立している（かもしれない）

4. ハンバーガーの価格と為替レート
▶ ビッグマックPPPとは？

ビッグマック・インデックス

英エコノミスト誌（*The Economist*）では毎年,世界各国のマクドナルドにて販売されているビッグマック・ハンバーガーの価格を利用して,「ビッグマック・インデックス（Big Mac index）」と言われるビッグマックPPPを計算しています。ビッグマックという商品は世界各国で多少の違いはありますが,同じ大きさ,同じ品質で製造・販売されていますので,ビッグマックは世界各国で同一の商品であると言えます。つまり,ビッグマックPPPはビッグマックという同一商品の価格（単一の財バスケットの価格）が,どの国でも共通の通貨建

てで同じ価格（通貨の購買力が同じ）になるための為替レートを示しています。

　一般的に政府が公表しているのは物価水準データではなく物価指数データであるため，絶対的PPPを計算することはできません。しかし，ビッグマック価格は相対的な価格ではなく，絶対的な価格水準ですので，それを用いれば絶対的PPPを計算することができます。もちろん，ビッグマックは1つの商品なので，

ビッグマック
（時事／日本マクドナルド提供）

それが一国全体の物価水準（多くの財を含んだバスケットの価格）を完全に反映しているわけではありません。しかし，ビッグマックは貿易財の要素とサービスなどの非貿易財の要素をともに含んでいます。ビッグマックの材料（牛肉，チーズ，レタス，玉ねぎ，パンなど）の多くは貿易財ですが，それらだけでビッグマックの価格は決まりません。各国の店舗の家賃，そこでの従業員の給料，電気代などのサービスのコストなどの非貿易財もビッグマックの価格に大きく影響しています。

　パースリィとウェイは，各国の家賃，従業員の給料などの非貿易財が各国のビッグマック価格の約60％を説明すると指摘しています（Parsley and Wei, 2007）。ちなみに，日本の消費者物価指数に占める非貿易財の割合は約50％ですので，ビッグマック価格と消費者物価指数に占める非貿易財の割合はかなり近い値です。つまり，ビッグマック価格が各国の一般的な物価水準をある程度反映していると考えられます。よって，各国の物価水準を常に知ることができない現状においては，ビッグマック価格は各国の物価水準を測るための代替的な指標として非常に有益であると言えます。実際，ビッグマック価格を利用したPPPの専門的な研究が盛んに行われています（たとえば，上記のパースリィとウェイの研究など）。

　表3.2は英エコノミスト誌が発表している2014年7月時点の各国のビッグマックPPPです。ここで例として，円ドルレートのビッグマックPPPを計算してみましょう（表3.2の(4)）。日本のビッグマック価格（円）をP_{BigMac}，アメ

4 ハンバーガーの価格と為替レート ● 59

表 3.2　ビッグマック PPP（2014 年 7 月 23 日時点）

国	(1) ビッグマックの現地通貨価格	(2) 実際の為替レート(現地通貨/米ドル)	(3) ビッグマックのドル価格	(4) ビッグマックPPP	(5) 過大(+)・過小(−)評価率(%)
ノルウェー	48	6.1873	7.75783	10.01043	61.79
スイス	6.16	0.9024	6.82624	1.28467	42.36
ブラジル	13	2.22025	5.85520	2.71116	22.11
カナダ	5.64	1.07405	5.25115	1.17623	9.51
ユーロ圏	3.67923829	0.74275	4.95354	0.76731	3.31
イギリス	2.89	0.58679	4.92514	0.60271	2.71
オーストラリア	5.1	1.05938	4.81415	1.06361	0.40
アメリカ	**4.795**	1	**4.79500**	1	**0.00**
トルコ	9.25	2.09125	4.42319	1.92909	−7.75
日本	**370**	**101.53**	**3.64424**	**77.16371**	**−24.00**
中国	16.9	6.1983	2.72655	3.52450	−43.14
ロシア	89	34.83725	2.55474	18.56100	−46.72
インドネシア	27,939	11,505	2.42842	5,826.69447	−49.36
南アフリカ	24.5	10.5145	2.33012	5.10949	−51.41
インド	105	60.08875	1.74742	21.89781	−63.56
ウクライナ	19	11.685	1.62602	3.96246	−66.09

(注)　ユーロ圏のビッグマックの現地通貨価格は域内の加重平均値。アメリカのビッグマック価格は4つの都市の平均値。中国のビッグマック価格は5つの都市の平均値。インドはマハラジャマックの価格。(1)は現地で販売されているビッグマックの現地通貨建て価格。(2)はこの時点のドルに対する現地通貨の名目為替レート（1ドル＝現地通貨）。(3)は現地で販売されているビッグマックのドル建て価格。(4)はドルに対する現地通貨のビッグマック PPP。(5)はこの時点の為替レートがビッグマック PPP に比べてどの程度過大・過小評価されているのかを示している。この値がプラス（マイナス）なら過大（過小）評価を表している。なお，各自で各項目を計算し数値を確かめることができるように，小数点以下の細かい数値も掲載している。
(出所)　The Economist のサイトのデータより作成。

リカのビッグマック価格（ドル）を P^*_{BigMac} とすると，絶対的 PPP の (3-3) 式を用いれば，ビッグマック PPP（S_{BigMac}）は次のように計算できます。

$$S_{BigMac} = \frac{P_{BigMac}}{P^*_{BigMac}} = \frac{370}{4.795} = 77.16371\ldots \approx 77.16$$

ゆえに，ビッグマック PPP は 77.16 円/ドルになります。

実際の名目為替レート（S）は，101.53 円/ドルですので，実際の為替レートはビッグマック PPP から乖離し，PPP と比較して，円安ドル高水準，つまり円はドルに対して過小評価されていたことが言えます。それではどの程度乖離し，過小評価されていたのでしょうか？　このことを示しているのが，表3.2の(5)の過大・過小評価率です。英エコノミスト誌による計算方法は以下のとお

りです。

$$過大・過小評価率 = \left(\frac{S_{BigMac} - S}{S}\right) \times 100 = \left(\frac{77.16371 - 101.53}{101.53}\right) \times 100$$
$$= -23.99910... \approx -24.00$$

ゆえに，実際の為替レートをビッグマック PPP と比較すると，円はドルに対して 24% 過小評価されていたことになります。もし PPP が長期的に成立して，この PPP を長期的均衡レートとするならば，実際の為替レートは PPP に時間とともに近づいていくと考えられますので，将来的に円高方向に為替レートが変化することが示唆されます。

ここで，各国の通貨に目を移すと，PPP にかなり近い通貨（たとえば，オーストラリアドル，英ポンド，ユーロ）もありますが，全体的に実際の為替レートは PPP から乖離しています。最も過大評価されている通貨はノルウェークローネ（61.79%）であり，最も過小評価されている通貨はウクライナのフリヴニャ（−66.09%）です。2013 年 11 月からのウクライナの政情不安によりフリヴニャがドルに対して大きく減価していることが原因であると言えます。

円ドルレートとビッグマック PPP

図 3.3 は 1986 年から 2014 年にかけての実際の名目円ドルレートとビッグマック PPP の推移を示しています。図 3.2 の物価指数による相対的 PPP と同様にこの図より，実際の円ドルレートはビッグマック PPP とは一致せず，短期的にはかなり PPP から乖離しています。しかし，ビッグマック PPP は実際の円ドルレートの長期的トレンドをよくとらえています。

図 3.4 はビッグマック価格に基づく円ドルの実質為替レート（Q_{BigMac}）を示しています。(3-6) 式より，実質為替レートは次のようなります。

$$Q_{BigMac} = \frac{SP^*_{BigMac}}{P_{BigMac}} = \frac{S}{(P_{BigMac}/P^*_{BigMac})} = \frac{S}{S_{BigMac}}$$

ここで，ビッグマックに基づく PPP が成立していれば，実質為替レートは 1 になります。このことは，実際の名目円ドルレート（S）がビッグマック PPP（S_{BigMac}）と等しくなることを意味しています。実質為替レートが 1 より大きい

CHART 図3.3　円ドルレートとビッグマックPPP

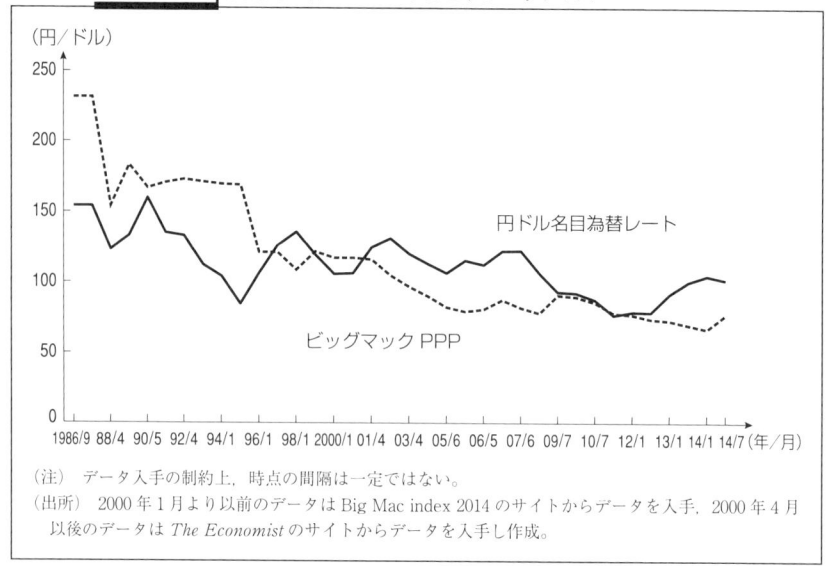

(注)　データ入手の制約上，時点の間隔は一定ではない。
(出所)　2000年1月より以前のデータはBig Mac index 2014のサイトからデータを入手，2000年4月以後のデータはThe Economistのサイトからデータを入手し作成。

CHART 図3.4　ビッグマック価格に基づく円ドルの実質為替レート

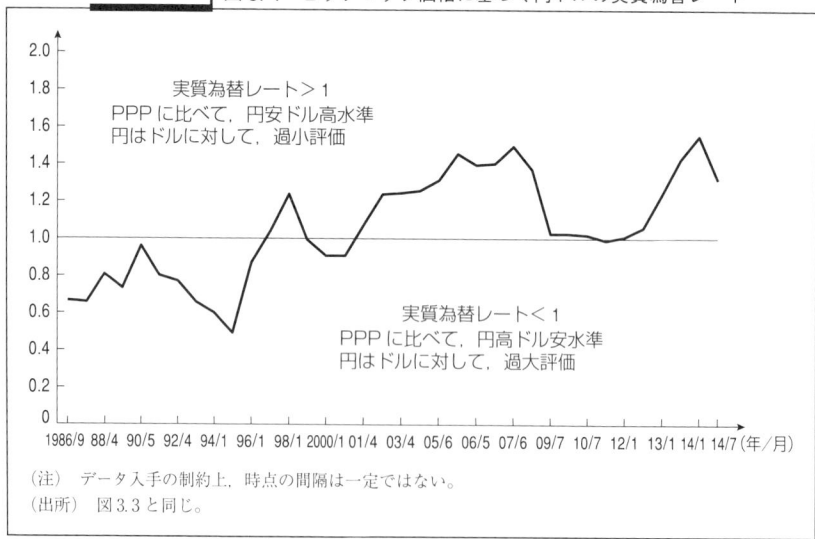

実質為替レート＞1
PPPに比べて，円安ドル高水準
円はドルに対して，過小評価

実質為替レート＜1
PPPに比べて，円高ドル安水準
円はドルに対して，過大評価

(注)　データ入手の制約上，時点の間隔は一定ではない。
(出所)　図3.3と同じ。

ときは，アメリカのビッグマック価格に比べて日本のビッグマック価格の方が安いときであり，実際の名目円ドルレートがビッグマック PPP レートに比べて大きい（$S>S_{BigMac}$）ときであるので，PPP に比べて円安ドル高の水準にあることを意味しています。一方，実質為替レートが 1 より小さいときは，アメリカのビッグマック価格に比べて日本のビッグマック価格の方が高いときであり，実際の名目円ドルレートがビッグマック PPP に比べて小さい（$S<S_{BigMac}$）ときであるので，PPP に比べて円高ドル安の水準にあることを意味しています。

　ここで，図 3.3 と図 3.4 を用いて，実際の円ドルレートをビッグマック PPP から評価してみましょう。1980 年代後半から 90 年代前半の期間では，円ドルレートは PPP レートに比べて，円高ドル安の水準でしたので，この期間円はドルに対して過大評価されていたと言えます。2001 年から 08 年にかけては，円ドルレートは PPP に比べて，円安ドル高の水準でしたので，この期間円はドルに対して過小評価されていたと言えます。

　1995 年と 2010 年から 12 年の期間は，80 円/ドルの超円高の期間であると言われていますが，両期間の円高は PPP 基準で見ると大きな違いがあることがわかります。1995 年の円ドルレートは PPP に比べて，実質的にかなりの円高ドル安の水準であり，円はドルに対して過大評価されていました。しかし，2010 年から 12 年の期間の円ドルレートは，ほぼ PPP と同じ水準ですので，長期的均衡レートの水準にあると言えます。つまり，近年の 80 円/ドルの円高は PPP 基準からすると妥当な水準であり，実質的な意味での円高には当たらないと言えます。

　実質為替レートが PPP 水準から大きく乖離した後には，PPP 水準に近づく傾向が見られます。1990 年代前半は PPP レートに比べて大きく乖離していましたが，1990 年代後半は乖離が小さくなり，また 2005 年から 08 年にかけて大きく乖離していましたが，09 年から 12 年にかけて乖離が小さくなりほぼ PPP 水準と同じになっています。このことより，実際の円ドルレートは PPP からの乖離はありますが，長期的には PPP 水準に収束する，つまり，長期的に PPP が成立しているかもしれないと言えます。

4　ハンバーガーの価格と為替レート

SUMMARY ●まとめ

- □ 1 一物一価の法則とは，財裁定によって違った場所においても同一財は同一価格で取引されるようになることを言います。
- □ 2 購買力平価（PPP）には絶対的 PPP と相対的 PPP があります。相対的 PPP によれば，相対的にインフレ率の高い国の通貨は減価することになります。
- □ 3 実質為替レートは自国と外国の財の相対価格を表していますので，2 国間の貿易収支を評価するうえで有用です。
- □ 4 物価指数データとビッグマック価格データを用いた PPP の計算より，実際の円ドルレートは短期的には PPP から乖離していましたが，PPP は実際の円ドルレートの長期的トレンドをうまくとらえていました。

KEYWORDS ●キーワード

裁定，財裁定，一物一価の法則，貿易財，非貿易財，購買力平価，絶対的購買力平価，相対的購買力平価，実質為替レート，長期的均衡為替レート，消費者物価指数，企業物価指数，生産者物価指数，ビッグマック・インデックス

EXERCISE ●練習問題

1. 表 3.1 のケース 2 のように $P_{Tshirt}<SP^*_{Tshirt}$ ならば，①日本とアメリカの貿易業者はどのような取引を行うのでしょうか。②取引によって P_{Tshirt} と P^*_{Tshirt} はどのように変化するのでしょうか。③最終的に日本とアメリカのTシャツの価格はどうなるのでしょうか。それぞれ答えなさい。

2. 相対的 PPP に関する以下の問題に答えなさい。
   ① 絶対的 PPP の（3-2）式から，自然対数を用いて，相対的 PPP の（3-4）式を導出しなさい。
   ② 自国が変動相場制を採用していて，相対的 PPP が成立しているときに，今年，自国通貨が外国通貨に対して 5% 減価し，外国のインフレ率が 3% でした。今年の自国のインフレ率は何 % になるでしょうか。答えなさい。
   ③ 貿易障壁や輸送費等の取引コストがあれば，絶対的 PPP は各期に成立しません。もしこの取引コストが時間を通じて一定（変化率がゼロ）で，t 時点において外国物価が自国物価の ω 倍で $P_t=\omega S_t P^*_t$ と表されるとき，各期において絶対的 PPP が成立しなくても相対的 PPP が成立することを証明しなさい

(ヒント：$P_t=\omega S_t P_t^*$を自然対数を用いて変化率で表す)。

④相対的 PPP が成立していれば，実質為替レートはどうなるのでしょうか。答えなさい。

3 英エコノミスト誌によると，2014 年 7 月 23 日時点で，タイでのビッグマック価格は 99 バーツ，アメリカでのビッグマック価格は 4.795 ドル，為替レートは 31.78 バーツ/ドルでした。①バーツドルのビッグマック PPP と②バーツのドルに対する過大・過小評価率をそれぞれ計算しなさい。

参考文献 | Reference

Parsley, D. C. and S.-J. Wei (2007) "A Prism into the PPP Puzzles: The Micro-Foundations of Big Mac Real Exchange Rates," *Economic Journal*, 117(523), 1336–1356.

Rogoff, K. (1996) "The Purchasing Power Parity Puzzle," *Journal of Economic Literature*, 34(2), 647–668.

Taylor, A. M. and M. P. Taylor (2004) "The Purchasing Power Parity Debate," *Journal of Economic Perspectives*, 18(4), 135–158.

CHAPTER 第4章

金利平価モデル

外貨預金は本当に得するの？

　第3章では，長期的な為替レートの変化は各国の物価水準の動きで説明できる部分があることを学びました。長期的な為替レートの決定においては，国際的な財市場間の裁定取引が重要な役割をしています。しかし，物価水準の緩やかな動きに対して，実際の為替レートは短期間でも大きな動きを示しています。為替レートの短期的な動きを説明するものとしては，国際的な資本市場間の裁定取引が重要になります。

　第3章では各国の物価水準の動きに着目しましたが，本章では各国の金利の動きに着目します。近年の日本のように，金融緩和政策として金利を限りなく低くしている国がある一方で，金利を高い水準に維持している国もあります。資金運用を考える場合には，国内だけを対象にするより，全世界を対象に考える方が，より高い収益を得られる可能性があります。実際に，そのようなグローバルな資金運用を反映して，巨額な資金が国境を越えて移動しています。

　本章でははじめに，資本市場間の裁定取引，いわゆる金利裁定の仕組みについて説明します。次に，金利裁定から導かれる為替レートの短期的な動きを説明するための重要な理論であるカバー付き金利平価とカバーなし金利平価について説明します。そして，これらの金利平価モデルが成立するかどうかについて，詳細に考察します。

1 国内金利平価

▶ 同じ通貨なら金利も同じ

金融市場と金利

そもそも，金利はどのように決まっているのでしょうか？ 金利は資金貸借市場などの金融市場によって決まっています。たとえば，銀行間の短期資金の貸借を行うコール市場も資金貸借市場の1つです。すなわち，資金を借りたい**資金不足主体**と資金を貸したい（運用したい）**資金過剰主体**による資金の需要と供給の関係で金利が決まるということです。これには，経済学の基本ツールである「需要と供給が一致する市場均衡」の概念を用いて考えることができます。私たちがイメージしやすい商品（財）の市場では，縦軸に価格を示しますが，資金の貸し借りを行う資金貸借市場では，価格の代わりに金利を縦軸に示します。

図4.1に，資金貸借市場が図示されています。資金を供給する主体は金利が高くなるほど，より多くの資金を供給しますので，右上がりの供給曲線が描かれています。具体的には，金利が2%では1兆円を貸し出しますが，金利が4%に上昇した場合には，3兆円の貸出を行います。一方，資金を需要する主体は金利が低くなるほど，より多くの資金を調達しやすくなるので，右下がりの需要曲線が描かれています。具体的には，金利が4%では1兆円を借り入れますが，金利が2%に低下すると3兆円を借り入れます。均衡金利は需要と供給が一致する点，すなわち，需要曲線と供給曲線が交わる点で決まります。図4.1では，均衡金利は3%で，市場の資金貸借額は2兆円となります。

資金貸借市場で決定される金利は一定ではなく変化します。それは，需要曲線や供給曲線が左右にシフトするからです。たとえば，将来の景気の見通しがよくなる場合は，企業の投資資金のニーズが高まり，需要曲線が右にシフトします。すると新たな均衡金利は上昇します。また，金融緩和政策として中央銀行が資金を追加的に供給する場合は，供給曲線は右にシフトします。この場合は，均衡金利は低下します。以下に，需給のシフトによる金利の変化をまとめ

CHART 図4.1 資金貸借市場

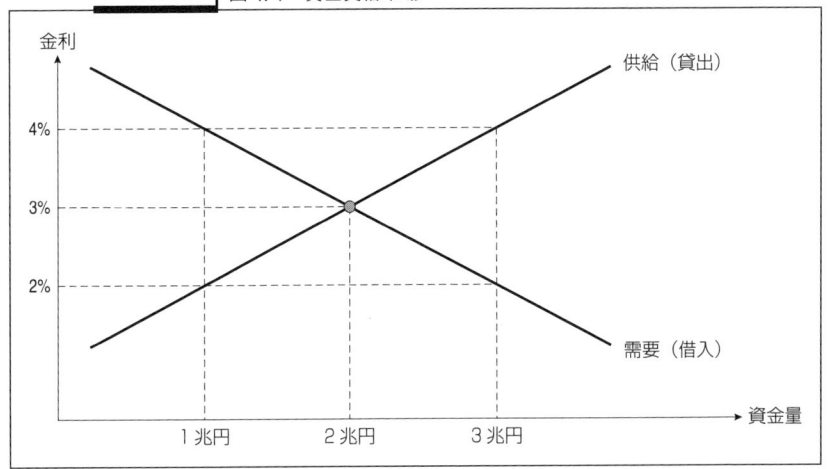

ておきますので、確認しておいてください。

> **POINT** 資金の需給シフトと金利の変化
> - 資金需要が減少（需要曲線が左シフト）すると、金利は低下する。
> - 資金需要が増加（需要曲線が右シフト）すると、金利は上昇する。
> - 資金供給が減少（供給曲線が左シフト）すると、金利は上昇する。
> - 資金供給が増加（供給曲線が右シフト）すると、金利は低下する。

金利平価

　それでは、2つの地域でそれぞれの金融市場がある場合には、金利はどうなるのでしょうか？　**金利平価**によると、「金利裁定が行われると2地域間の収益率は等しくなる」と主張します。これは無条件で成り立つのではなく、金利平価が成立するためには、①比較される金融資産が同質であり、②2地域間で資本（資金）移動が自由であり、③投資する人がリスク中立であることなどが必要な条件となります。

国内金利平価

　まずは、為替レートの変化を考える必要がない国内のケースを検討しましょう。仮に、日本国内に、東京市場と大阪市場の2つの金融市場があり、各市場

CHART 図 4.2 東京市場と大阪市場における金利格差

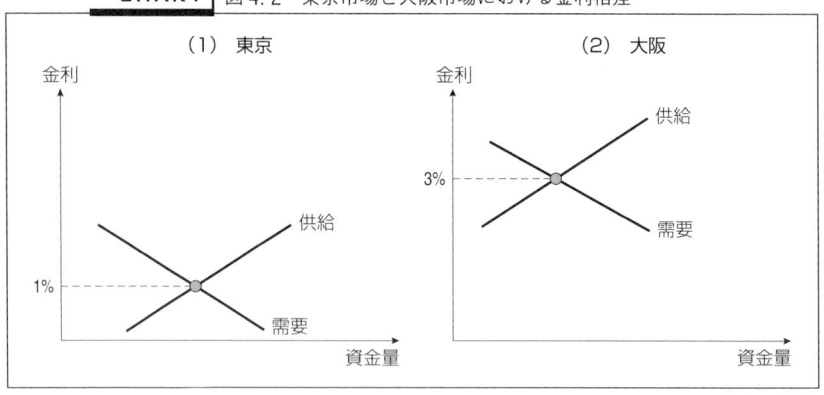

における資金の需給のバランスから，それぞれの金利が決まると考えましょう。また，2つの市場の金融資産は同質であるとします。図 4.2 の左図で東京市場が示されており，関東周辺の資金需給バランスから金利が 1% に決まっています。また右図では大阪市場が示されており，関西周辺の資金需給バランスから金利が 3% に決まっています。このような金利差がある状況で，2 地域間の資金移動が自由になれば，関東の貸し手の行動にも，関西の借り手の行動にも，以下のような影響を与えます。

①関東の貸し手は地元では 1% の収益しか得られなく，大阪市場で貸し付けを行うと 3% の金利が得られます。そこで，関東の貸し手は東京市場での貸し付けを取りやめ，大阪市場における貸し付けを始めます。すなわち，これは東京市場での供給曲線の左シフト，大阪市場での供給曲線の右シフトを引き起こし，東京市場の金利を引き上げる一方，大阪市場の金利を引き下げることで，両市場間の金利差を縮めます。

②関西の借り手は地元で資金調達をすると 3% の費用がかかる一方，東京市場で借りると 1% の費用で済みます。そこで，関西の借り手は，大阪市場での借入をやめて，東京市場から借入を行います。すなわち，これは大阪市場での需要曲線の左シフト，東京市場での需要曲線の右シフトとなり，やはり両市場間の金利差を縮小させます。

①や②の議論は納得できるかもしれませんが，近所に支店のある地元金融機関を利用している個人や，至急に短期資金が必要となった中小企業が，日本全

国の金融市場情報を随時分析して，最も有利な金利を提供する市場を利用するということは考えにくいでしょう。しかし，資金調達のニーズもなく，貸し付けを行う余剰資金がない第三者であっても，東京市場で資金調達を行い，その資金をそのまま大阪市場で貸し付けを行うと，2％の利鞘(りざや)を稼ぐことができます。金融市場情報を専門的に取り扱う金融機関がこのような行動を取ることは納得できます。このように，「金利差を利用した取引によって利益を得ること」を**金利裁定**と呼びます。この場合は，東京市場の需要曲線の右シフトと大阪市場の供給曲線の右シフトを同時に引き起こし，やはり同じように両市場間の金利差を縮小させます。両市場間で金利差がある限り，金利裁定によって利鞘を稼ぐことができますので，この金利裁定は続けて行われます。そして最終的には，2つの市場で金利は等しくなる**国内金利平価**が成立します。

最後に確認しますが，上記のような金利裁定が成立するのは，前述した3つの条件が満たされている場合のみです。たとえば，1カ月満期と1年満期のように定期預金の期間が異なっても，低い格付と高い格付のように社債の信用リスクが異なっても，金融資産は同質でないため金利平価は成立しません。もちろん，東京と大阪との間に資本移動に関する規制がある場合にも，金利平価は成立しません。

2 国際金利平価
▶ 通貨が違うと金利も違うが，どこで投資しても収益率は同じになる

カバー付き金利平価

それでは，国内の2地域から，国際的な舞台に話を移していきましょう。そして，国際的な資金運用において重要な国内外の金利差と為替レート減価率の関係について学んでいきます。まずは，各国の金利の推移を概観するために，2000年以降の日本円，米ドル，オーストラリア（豪）ドルのそれぞれの銀行間金利の変遷を示した**図4.3**を見てみましょう。バブル経済崩壊後にゼロ金利政策を含む低金利誘導を継続してきた日本円とは対照的に，豪ドルは3～8％の幅で金利が推移していました。米ドルも日本円より高い水準で推移していまし

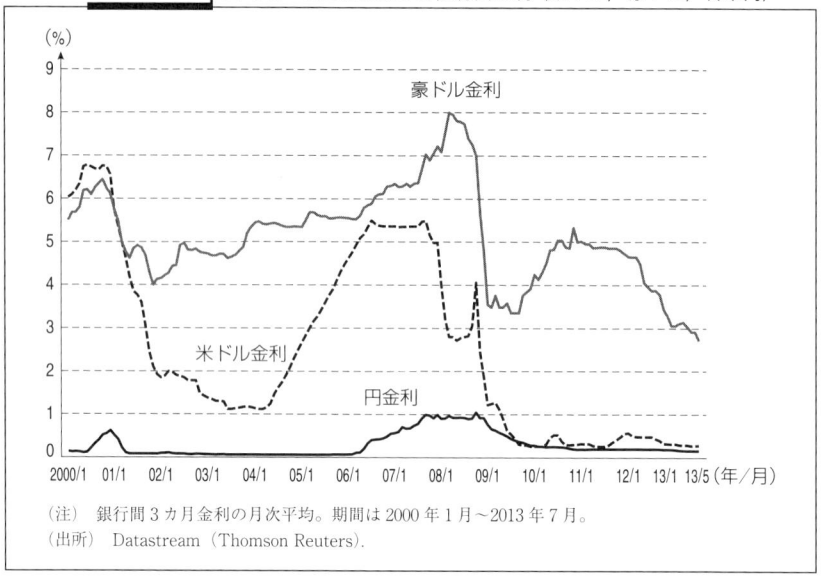

CHART 図4.3 各国通貨建ての銀行間金利（米ドル，豪ドル，日本円）

(注) 銀行間3カ月金利の月次平均。期間は2000年1月～2013年7月。
(出所) Datastream (Thomson Reuters).

たが，グローバル金融危機以降の金融緩和政策により，現在（2014年12月）では日本同様のゼロ％の金利に近くなっています。

この各国の金利の差を見ていると，日本に住む私たちは金利の高い外国通貨で預金をした方が得のような気がしませんか？　しかし，外国通貨で預金をするためには，まずは円を為替レートで外貨に交換する必要があります。また，急遽お金が必要になって外貨預金を引き出すときには，日々変化する為替レートで外貨から円に交換する必要があります。この円に戻すときの為替レートに大きな変化があるかもしれないので，元本が減ってしまうこともありえます。外貨での運用には**為替リスク**が伴います。

それでは，以下で具体的に円での運用と外貨での運用を考えていきましょう。ここでは，資金運用の期間は1年間として考えていきます。まずは，自国通貨で運用することを考えます。読者の皆さんを対象に考えると，これは円運用に該当します。国内だけに限定した資金運用，すなわち円による資金運用では，為替リスクは発生しません。一方，外貨による資金運用には，為替レートの変動による為替リスクが伴います。しかし，ここでは，為替リスクを完全にヘッジ（リスク回避）するような外貨資金運用を考えます。具体的には，1年後の外

貨を円に戻す際の為替レート（先渡レート）を先渡取引で予約しておきます（第2章参照）。この予約方法により、外貨運用期間中の1年間に大きな為替レートの変化があっても、現時点で契約した先渡レートによって、外貨運用の円建てでの元利（元本と利息の合計）が確実になります。この運用方法をカバー付き外貨運用と呼びます。

円での運用と外貨での運用との違いはありますが、どちらも1年後の円建て元利が確実であれば、どちらかの収益が高いということが生じるでしょうか？外貨の運用でのハードルとなる為替リスクは完全にヘッジされています。すると、どちらも同じ性質の金融商品と考えられます。もし2つの運用方法に収益差があるとすると、前述の国内金利平価で学んだのと同じように金利裁定が行われ、結局は自国と外国での資金運用の収益（率）が等しくなります。つまり、「自国通貨運用収益率＝カバー付き外貨運用収益率」になります。これをカバー付き金利平価（covered interest parity）と言い、英語表現の頭文字を用いてCIPとも呼びます。

この一番重要な点をきっちり理解しておくと、後は、円運用収益率とカバー付き外貨運用の収益率を計算する作業が残っているだけです。まずは、記号を定義しておきます。計算を簡単にするために、運用する円資金は1円とします。（運用期間1年間の）金利はiで示します。外国の変数に関しては、＊（星印）を付けて、外国金利はi^*で示します。現在の為替レート（直物レート）はS_t（1ドル＝S_t円）で、先渡レート（ビジネスでは予約レートと呼ばれることがあります）はF_{t+1}（1ドル＝F_{t+1}円）で示します。

まず円運用の元利は、$(1+i)$円となります。次にカバー付き外貨運用の元利は、以下のような計算手順になります。①現在の円資金（1円）を外貨に交換すると、$1/S_t$ドルになります。②次に、この資金を外貨金利によって1年間運用すると、$(1/S_t)(1+i^*)$ドルになります。③さらに、1年後に外貨元利を先渡レートで円に戻すと、$(1/S_t)(1+i^*)F_{t+1}$円になります。

ここで、カバー付きの外貨運用の計算過程を納得するために、具体的な数値例を考えてみます。$i^*=0.03$（3％）、$S_t=100$円/ドル、$F_{t+1}=101$円/ドルとすると、運用資金は1円ですので、①でのドル資金は0.01ドル、②でのドル元利は0.0103ドル、③での円資金は1.0403円となります。

CHART 図4.4 東京市場とニューヨーク市場における金利格差

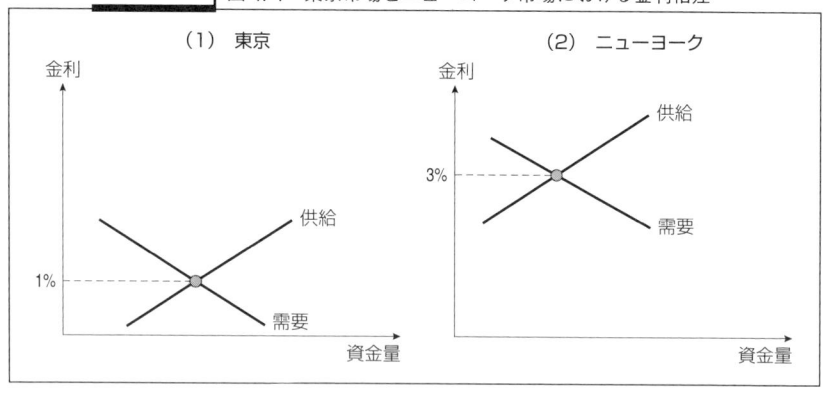

(1) 東京 — 1%
(2) ニューヨーク — 3%

円運用の収益率と為替リスクをヘッジしたドル運用の収益率は等しくなることを先ほど確認しましたので，以下のように，元利で表した，カバー付き金利平価が成立します。

$$(1+i) = \frac{F_{t+1}(1+i^*)}{S_t} \tag{4-1}$$

(4-1) 式の両辺から1を引いたものは次のように表すことができます。

自国通貨運用収益率＝カバー付き外貨運用収益率

第3章で学んだ自然対数を利用し，自然対数を取った変数を小文字で表すと，(4-1) 式は次のように簡素化されます。(i と i^* は自然対数でないことに注意)

$$i = i^* + f_{t+1} - s_t \tag{4-2}$$

自国金利＝外国金利＋先渡プレミアム

ここで，先渡（フォワード）プレミアム（$f_{t+1} - s_t$）とは，直物レートから先渡レートへの変化率を示していて，プラスの場合に自国通貨が減価（もしくは外国通貨が増価）することを示しています。

国際的な枠組みでも，2つの地域間の収益率は等しくなるように裁定取引が行われると説明しましたが，もう少し詳しく見てみましょう。国内金利平価で利用した図4.2を，今度は東京市場とニューヨーク（NY）市場間に置き換え

た図4.4で考えてみましょう。ここで追加的に必要な情報は，直物市場と先渡市場の状況です。最初は，説明を簡単にするために，直物レートも先渡レートも100円/ドルで同じであると考えてみます。この場合には，直物と先渡の為替レートの変化がないので，単純にNY市場の収益率の方が高くなります。すると，日本の貸し手は，東京市場での貸し付けを取りやめ，金利の高いNY市場で貸し付けを行います。一方，アメリカの借り手は，コストの高いNY市場からの調達をやめて，東京市場で円資金を調達します。どちらの場合も，直物市場で円資金をドル資金に交換する必要があります。これは，直物市場での円売りドル買いとなり，直物レートを円安ドル高方向に動かします（たとえば，$S_t = 101$円/ドルへ変化します）。

日本の貸し手がNY市場での貸付期間が終了した際には，ドル元利を円に交換する必要があります。為替リスクを回避する場合には，先渡市場においてドル売り円買いを行う必要があり，これが先渡レートを円高ドル安方向に動かします（たとえば，$F_{t+1} = 99$円/ドルへ変化します）。これらの数値でも（若干の誤差を無視すると），カバー付き金利平価が成立しています。ここで重要な点は，国際的な枠組みでは，金利が動かずとも，直物レートと先渡レートが動けば，カバー付き金利平価は成り立つことです。実際，次の第5章で学ぶように，金利はそれぞれの政府の目標水準に誘導されるため，金利裁定によって内外金利差が縮小することはまずありません。この場合，金利裁定によって先渡プレミアムだけが変化することになります（上記の例では，先渡プレミアムが低下します）。

(4-2)式から，外貨金利を左辺に移した次の(4-3)式は，「内外金利差と先渡プレミアムが等しいこと」を表しています。CIP式としては，(4-1)式より自然対数を用いて表現された(4-2)式や(4-3)式がよく知られています。

$$i - i^* = f_{t+1} - s_t \qquad (4\text{-}3)$$

内外金利差＝先渡プレミアム

POINT　カバー付き金利平価（CIP）
- 自国通貨運用収益率＝カバー付き外貨運用収益率
- 内外金利差＝先渡プレミアム

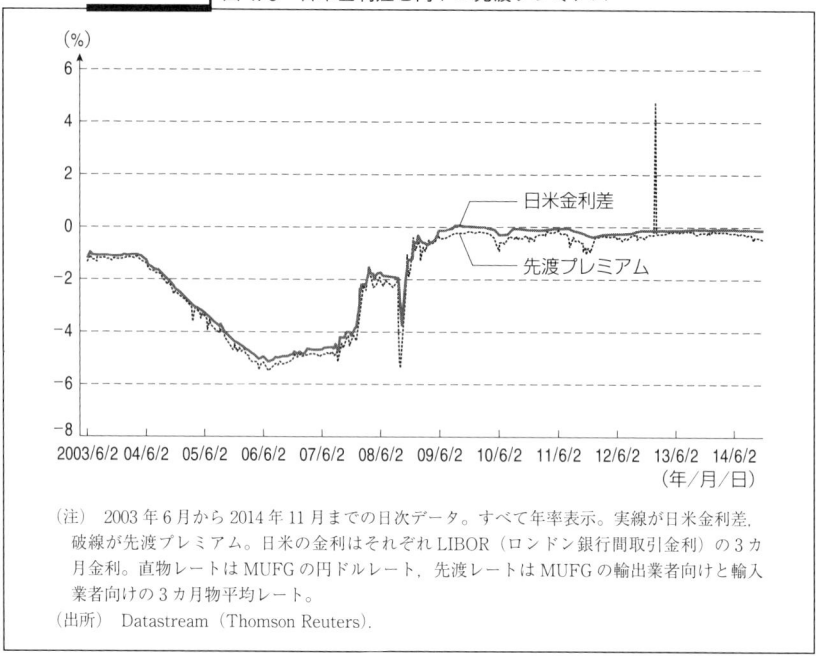

CHART 図4.5 日米金利差と円ドル先渡プレミアム

(注) 2003年6月から2014年11月までの日次データ。すべて年率表示。実線が日米金利差，破線が先渡プレミアム。日米の金利はそれぞれLIBOR（ロンドン銀行間取引金利）の3カ月金利。直物レートはMUFGの円ドルレート，先渡レートはMUFGの輸出業者向けと輸入業者向けの3カ月物平均レート。
(出所) Datastream (Thomson Reuters).

カバー付き金利平価は実際に成立しているの？

　実際に（4-3）式が成立しているかをデータにより確かめてみましょう。為替レートは刻々と変化しているため，同じ時間に公表されるデータを用いることが重要です。図4.5には，三菱UFJフィナンシャルグループ（MUFG）が提示した直物レートと先渡レートから計算した先渡プレミアムが破線で表されています。もう一方で，ロンドン市場における銀行間金利から計算された日米金利差が実線で示されています。これらの2本の線はほぼ一致していることから，カバー付き金利平価はほぼ成立していることがわかります。先渡プレミアム（破線）が5％近くまでジャンプして，カバー付き金利平価から大きな乖離が生じている箇所がありますが，これは日銀総裁による質的・量的金融緩和政策とインフレ・ターゲッティングの導入が公表された日です。これまで以上の量的緩和の公表を突然受けて，民間銀行が顧客に対して，先渡レートを大幅に円

安水準に変えたことが原因です。しかし,すぐにこのカバー付き金利平価からの乖離は収まっています。

カバー付き金利平価の特別な例としては,固定相場制におけるものがあります。固定相場制では,為替レートが変更されないので,理論的には直物レートと先渡レートが等しくなります。その場合,(4-2) 式から,両国の金利は等しくなることが理解できます。最後に,各国の金利の引き下げや引き上げが,先渡レートや直物レートに与える影響を考えることができます。この点に関しては,本書のウェブサポートページの「利上げの効果」を参照してください。

カバーなし金利平価

これまでは,為替リスクを回避するため,先渡契約で将来の為替レートを予約する国際的な資金運用方法を検討してきました。しかし,必ずしも将来の為替取引に関して先渡取引を用いるとは限りませんし,あまり国際取引に用いられないマイナー通貨や長期の先渡取引はそもそも存在していません。そのような状況下で外貨での運用を行う場合は,将来の為替レート予約ができず,運用を行う経済主体の主観的な為替レート予想に基づく運用になります。この主観的な為替レート予想は,経済主体が統計的に正確な予想ができると仮定して,統計学でいう期待値を用い**期待為替レート**(期待レート)と呼びます。記号の表記としては,$E(S_{t+1})$ と表します(この期待に関しては,**Column ❹-1** 参照)。

先渡レートを期待為替レートに置きかえて前述の CIP 式を導出したのとまったく同様の議論を用いて,以下のような関係式を導くことができます。

$$(1+i) = \frac{E(S_{t+1})(1+i^*)}{S_t} \quad (4\text{-}4)$$

自国通貨運用収益率＝外貨運用期待収益率

この (4-4) 式は,金利裁定によって,「為替リスクを回避しない(リスクをカバーしない)で,将来の為替レート期待に基づいて行われる外貨運用収益率(外貨運用期待収益率)と自国通貨運用収益率が等しくなること」を示しています。つまり,為替リスクをヘッジせずに国際的な資金運用を行っても,金利裁定により,最終的な(期待)収益率は国内外で等しくなることを意味しています。この関係は,**カバーなし金利平価**(uncovered interest parity)と言い,英語

Column ❹-1　合理的期待仮説

　マクロ経済学やファイナンス分野での重要な仮定に，経済主体は合理的期待 (rational expectation) に基づく行動を取るという仮説があります。ミュース (J. Muth) により提唱され，後にノーベル経済学賞を受賞するルーカス (R. E. Lucus, Jr.) らによって推し進められた考えです。これを簡潔に説明すると，「経済主体は将来の経済（変数）について，現在の情報に基づき，数学的な期待値と同様の予想（期待）を形成して，実際の行動を行うと，将来の経済（変数）はその期待どおりになる」と考えることを**合理的期待仮説**と呼んでいます。ただし，注意点は，あくまでも期待なので，将来の経済（変数）が期待値から外れる可能性があるということです。ただ，合理的期待では，その期待値からの誤差は，長い期間で考えるとプラス・マイナスが打ち消し合うようになります。

　まずは数学的な期待値の確認をします。ある変数 Y は確率変数で，取りうる値が $\{-4, -2, 0, 1, 2\}$ の5つだとします。その場合に，Y の各値を取る確率が，それぞれ $\{0.1, 0.2, 0.2, 0.2, 0.3\}$ とすると，Y の期待値は0になります。具体的には，以下のような計算式になります。

$$E(Y) = \sum_{i=1}^{5} p_i Y_i = 0.1(-4) + 0.2(-2) + 0.2(0) + 0.2(1) + 0.3(2) = 0$$

ここで，$E(\ )$ が期待値の記号を示し，Y_i が Y の取りうる値を示し，p_i がそれに対応する確率になっています。期待値は，平均と密接な関係があります。平均は実現した現象を観測して中心の値を計算しますが，期待値は現象が実現する前に中心の値を計算します。

　上記の例で，期待値により Y の予想値を0だとしているのに，何度も連続して Y がプラスの値になったとします。すなわち，予測誤差 ($Y-E(Y)$) が連続してプラスになっています。このような場合には，合理的期待仮説は統計的に棄却されてしまいます。

　どのような場合に，このようなことが起きるのでしょうか？　さまざまな理由が考えられます。1つの解釈は，そもそも（一部の）経済主体は合理的な行動は取らずに非合理的な行動を取っていると考えます（第6章のマイクロストラクチャー・モデルおよび行動ファイナンス参照）。別の解釈では，現在の情報が十分に期待形成に役立てられていないと考えます（第6章の効率的市場参照）。また，連続でプラスになったのは短期間の観測であったからだと考える場合もあります（後述のペソ問題参照）。

表現の頭文字を用いて UIP とも呼びます。

　また，(4-4) 式に対して自然対数を用いると，次の (4-5) 式に簡素化されます。

$$i = i^* + E(s_{t+1}) - s_t \tag{4-5}$$

自国金利＝外国金利＋期待為替減価率

ここで，**期待為替減価率** $(E(s_{t+1})-s_t)$ とは，現在の直物レートから将来の期待レートへの変化率を示していて，この値がプラスの場合には，現在から将来にかけて自国通貨が減価すると期待されることを示しています。自国通貨の収益率と外国通貨の期待収益率が同じであることをシンプルに示していることを確認してください。また，次の (4-6) 式のように内外金利差として表すこともできます。

$$i - i^* = E(s_{t+1}) - s_t \tag{4-6}$$

内外金利差＝期待為替減価率

ただし (4-5) 式と (4-6) 式の $E(s_{t+1})$ は $\ln E(S_{t+1})$ を表していて，$E(\ln S_{t+1})$ ではないことに注意してください。

> **POINT　カバーなし金利平価（UIP）**
> ・自国通貨運用収益率＝外貨運用期待収益率
> ・内外金利差＝期待為替減価率

カバーなし金利平価は実際に成立しているの？

　さて，それでは，資本移動の規制がない場合には，カバーなし金利平価もカバー付き金利平価と同様に，常に成立しているのでしょうか？　このことを検証するにあたりいくつかの問題点があります。まずは，先渡レートは実際に取引されている金融市場のデータとして入手可能ですが，期待レートはあくまでも経済主体の予測なので，市場のデータとしては存在していないのです。よって，正確な検証自体ができません。しかし，金融情報配信会社などにより，**為替サーベイ**と呼ばれる，金融機関の為替ディーラーに対して為替レート予測の

CHART 表 4.1 為替サーベイの例

80 円台	90 円台	100 円台	110 円台	120 円台	予想できない
0.3%	10.5%	68.5%	12.6%	1.0%	7.0%

(注) 調査時期は 2014 年 1 月。対象上場企業 2395 社の内、回答した企業は 867 社。出所資料の表 2-2 の「輸出を行っている企業の 1 年後 (2015 年 1 月ごろ) の予想円レート」より抽出。
(出所) 『平成 25 年度企業行動に関するアンケート調査結果』内閣府経済社会総合研究所。

アンケートは行われています。この為替サーベイのデータを用いた検証によると、カバーなし金利平価に関しては否定的な結果となっています。

表 4.1 は為替サーベイの例を示しています。内閣府経済社会総合研究所は上場企業向けに企業行動に関するアンケートを行っています。2014 年 1 月に行った 1 年後の円ドルレートに関するアンケートでは、輸出企業の 7 割近くが 100 円台を予測していますが、少数派ですが 80 円台の円高を予想する輸出企業も 120 円台の円安を予想する輸出企業も存在します。このように、為替レート予想は、関係者間で均一ではありません。ちなみに、アンケートから 1 年後 (2015 年 1 月) に実現した平均レートは 118 円台となり、大きな予測誤差が生じていることがわかります。

為替サーベイを用いないカバーなし金利平価の検証方法もあります。合理的期待によって為替レートが予想されているのであれば、事後的に実現した為替レート (S_{t+1}) を期待レート ($E(S_{t+1})$) の代わりに用いることができるはずです (後述のペソ問題参照)。すなわち、両者の数値に誤差は生じるものの、長い期間においてこの誤差はプラス・マイナスで打ち消し合うからです。しかし、この方法によっても、カバーなし金利平価の成立は棄却されます。このカバーなし金利平価の検証で一番難しい問題は、2 つの検証を同時に行っている点です。1 つは期待レートが合理的期待仮説と整合的なのかという点であり、もう 1 つはカバーなし金利平価は成立しているのかという点です。よって、もしカバーなし金利平価の成立が否定されても、それは合理的期待仮説が否定されただけという可能性を排除できません。

> **POINT** 資本規制がない場合には，CIPとUIPは成立しているのか？
> - CIPは成立している。
> - UIPは成立しているのか，成立していないのか定かではない（どちらかというと否定的）。検証するのに，いくつか問題がある。

3 リスク・プレミアム
▶ 危険に挑むためには「おまけ」がいる？

リスクとは？

　これまで，「リスク」という表現をあいまいに用いてきましたが，カバーなし金利平価について理解をさらに深めるためには，リスクの基本的な概念を理解する必要があります。

　次のようなくじを考えてみましょう。くじ①は確実に0円をもたらします。すなわち，損も得もしません（100円で買えて，すべて当たりが100円であるようなくじを考えてみてください）。くじ②は50％の確率で100円損をして，50％の確率で100円得します。くじ③は50％の確率で1000円損をして，50％の確率で1000円得をします。ここで留意するのは，どのくじも期待値が0円で等しい期待収益をもたらすことです。しかし，くじ①が必ず0円の収益をもたらすのに対して，くじ②とくじ③には収益変動の不確実性があります。この不確実性をリスクととらえ，くじ②とくじ③は，くじ①よりリスクがあると表現します。また，くじ③の収益変動はくじ②のそれよりも大きいため，くじ③はくじ②よりもリスクがあります。リスクを避けたい人は，くじ③よりもくじ②を好み，さらにくじ②よりもくじ①を好みます。このことを式で表すと次のようになります（記号では「＞」を用いて，好みの強さを示します）。

　　　　　くじ①　＞　くじ②　＞　くじ③

リスク・プレミアム

次にリスクを背負うことに対する代償の金額である**リスク・プレミアム**の考え方を説明します。Aさんは最初にくじ①を持っていました。そこで、Bさんから、リスクの高いくじ②との交換をお願いされたとします。そのとき、Aさんはリスクを引き受ける代わりに、Bさんに代償を要求するでしょう。その代償の金額が、リスク・プレミアムです。すなわち、「ハイリスク・ハイリターン」の表現に代表されるように、リスクに対応したリターン（収益）の上乗せがリスク・プレミアムです。

次のようなレストランの食材調達の例を用いて、リスク・プレミアムの説明をしたいと思います。

(例1) あるレストランは、1年後のメニューにブランド和牛のステーキを考えていて、1トン分の購入を計画しました。しかし、牛肉の価格は市場の需給で決まるために、1年後の価格は大きく変化する可能性があります。卸市場での1年後の牛肉価格は50％の確率で8000円/kg、残りの50％の確率で1万2000円/kgになることがわかっています。

この場合の期待支払額は1000万円となりますが、実際には1年後、800万円の支払いか、1200万円の支払いとなります。この不確実性、すなわち価格変動がリスクとなります。ここで、レストランのオーナーは不確実性を避けるために、1年後の牛肉1トンの購入の予約契約を引き受けてくれる農家を探すことにしました。当然、支払金額を契約書に明記する必要がありますが、いったい、オーナーはいくら支払いをするのでしょうか？　期待支払額と等しい1000万円でしょうか？　それともより多くの支払額を提示するのでしょうか？

ここで、オーナーが期待支払額と同じ1000万円を提示すると、**リスク中立的**であると呼ばれます。一方、オーナーが1050万円（1000万円より大きい金額）を納得して提示すると、**リスク回避的**であると呼ばれます。また、このときの期待支払金額を超える部分をリスク・プレミアムと呼びます。上記の例では、リスク・プレミアムは50万円（＝1050万円－1000万円）となります。すなわち、

支払額を確定させるためには，期待支払額より余分に50万円を支払う価値があることを示しています。逆に言うと，1年後の価格変動のリスクを取る場合には，50万円分の上乗せ収益が期待できます。

$$\text{リスク・プレミアム} = \text{確実な支払額} - \text{期待支払額} \quad (4\text{-}7)$$

上記の例を1年後にドルを必要としている輸入業者の例に置き換えてみましょう。

> **（例2）** ある輸入企業は，1年後に輸入商品の支払いのために10万ドルが必要です。1年後の為替レートは50%の確率で80円/ドル，残りの50%の確率で120円/ドルになることがわかっています。

この場合の期待支払額は1000万円となりますが，実際には1年後，800万円の支払いか，1200万円の支払いとなります。ここで，確実に1年後の為替レートを決定できるのが先渡レートによる先渡契約です。例1のレストランのオーナーと同様のリスク回避度であれば，輸入企業は1050万円の支払いとなる105円/ドルの先渡レートで納得して先渡契約をするでしょう。

> **POINT**
> 価格の変動による収益の不確実性をリスクとすると，リスクを背負うことに対する代償がリスク・プレミアムである。

4 金利平価モデルが成り立たない理由は？

先渡プレミアム・パズル

さて，第2節で（4-3）式のCIPと（4-6）式のUIPを学びましたが，この2つが両方とも成立していれば，次のような式になります。

$$E(s_{t+1}) - s_t = f_{t+1} - s_t \quad (4\text{-}8)$$

すなわち，この式は期待為替減価率と先渡プレミアムが等しいことを示してい

ます。しかし，データを用いてこの関係を検証すると，(4-8) 式は成り立たないことがほぼ常に示されています。このことを**先渡プレミアム・パズル**と呼んでいます。資本規制がない場合には，カバー付き金利平価は成立しているので，(4-8) 式が成り立たないということは，カバーなし金利平価が成立していないことを意味しています。すなわち，先渡プレミアム・パズルはカバーなし金利平価からの乖離の現象を表しています。

そこで，(4-8) 式が成立しない理由として考えられたのが，為替リスクを抱えるカバーなしの外貨資産運用にはリスク・プレミアムが存在するということです。ここで，単純に外貨を保有することにリスクがあるとする解釈には問題があります。なぜなら，明らかな矛盾が生じるからです。日本に住む私たちにとって，ドル預金にリスクがあるとすると，円預金の収益率にリスク・プレミアムを加えた分だけ，為替レートの変化も含めたドル預金の収益率が上回ります。しかし，そうすると，アメリカに住む人にとっては，外貨である円預金の収益率が国内の安全なドル預金の収益率より下回ることを意味します。

この矛盾を解決するために提案されたのが，リスク・プレミアムは自国預金と外国預金の相対的なリスクに応じて変化するという考えです。具体的には，金利が高く設定されている通貨預金のリスクが（自国民にも外国人にも）相対的に大きいと考えます。しかし，変化するリスク・プレミアムという理論だけでは，さまざまな先渡プレミアム・パズルの事例を説明するには不十分です。たとえば，1980 年代の米ドルの大きな動き（第 1 章図 1.1 参照）からすると，85 年を境にリスク・プレミアムに極端な変化が生じる必要があります。フルートとターラーの計算によると，1985 年以前では米ドルに 16% 程度のリスク・プレミアムがあり，85 年以降には反対に外貨に 6% 程度のリスク・プレミアムがあり，極端すぎることを指摘しています（Froot and Thaler, 1990）。

ペソ問題

国際金融には，「ペソ問題」と呼ばれる現象があります。この現象を説明する際には，(4-8) 式の期待為替レート（$E(s_{t+1})$）の代わりに事後的に実現された為替レート（s_{t+1}）を用います。合理的期待が成立していれば，この入れ替えには問題がないはずです。そうすると，1 年後の先渡レート（f_{t+1}）と 1 年後

の実現された為替レート（s_{t+1}）の関係が（4-9）式のように示すことができます。

$$s_{t+1} = f_{t+1} \tag{4-9}$$

　ペソ問題とは，「将来に大きな変化が生じる可能性がある場合には，短期的には合理的期待は外れ続ける」ということです。このことが指摘されたのは，ブレトンウッズ体制の固定相場制においてです。当時は，メキシコペソがドルに対して切り下げられるであろうと予測され，先渡レートはペソ安となっていたのですが，実際にはペソは切り下げられることはなく，（4-9）式が成り立ちませんでした。すなわち，人々の予想に誤差が生じていました。逆に，実際にペソが切り下げられたときには，先渡レートを大幅に上回るペソ安になり，人々の予想は再び外れています。ペソ問題の厳密な定義と詳しい議論は本書のウェブサポートページを参照してください。

キャリー・トレード

　カバーなし金利平価が成立していないということは，金利裁定の機会が残っていることを示しています。すなわち，自国通貨の運用と外国通貨の運用を組み合わせることで，プラスの収益（平均以上の超過的な収益）を得られることになります。実際に，国際金融市場では，**キャリー・トレード**（低金利通貨で借りて，高金利通貨に投資する運用方法）によってプラスの収益が得られていたことが指摘されています。

　具体的な方法について，図4.3の日本円金利と豪ドル金利を見ながら検討してみましょう。2000年以降，円金利から豪ドル金利を引いたものは－4～－6％程度あり，グローバル金融危機（2008年）が生じる直前には－7％程度にまで開いています。もしカバーなし金利平価（(4-6)式）が成立しているならば，この間の円豪ドルレートは毎年4～6％程度の円高豪ドル安を実現しているはずです。しかし，図4.6の2001年1月から2008年8月の期間においては，円豪ドルレートは70円/豪ドルから100円/豪ドルまで，円安豪ドル高へと進んでいます。さらに詳しく見るために，図4.7には，円と豪ドルの金利差と円の対豪ドル減価率が散布図として示されています。カバーなし金利平価が成立

| CHART | 図 4.6　円豪ドルレート

(出所)　Datastream (Thomson Reuters).

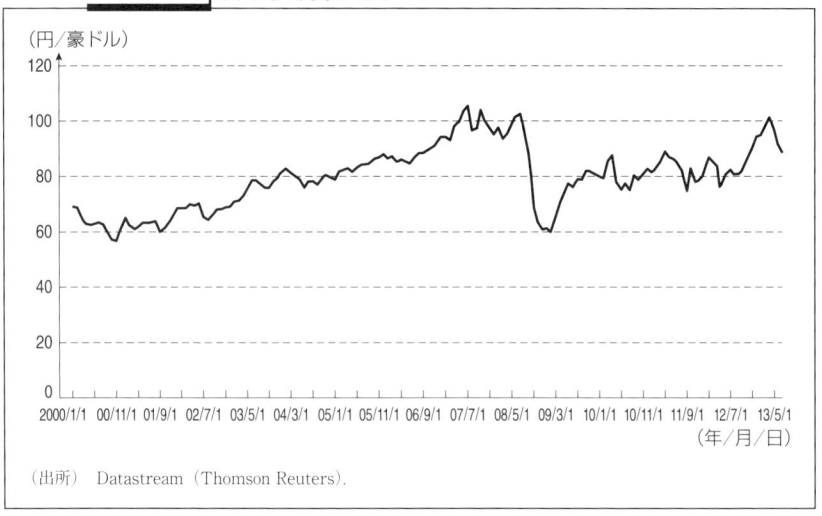

していれば「内外金利差（日豪金利差）＝期待為替減価率」となるため，破線上に点が重なるはずです。しかし，大きな金利差に見合う円の増価どころか，円はたびたび減価していることが読み取れます。カバーなし金利平価が成立しているのであれば，もっと左側（横軸で −4 ～ −6％）の方に点が現れるはずでした。

　バーンサイドらは，低金利通貨を借り高金利通貨で運用するキャリー・トレードを米ドル対 20 通貨のデータを用いて検証してみると，1976 年 2 月から 2009 年 7 月までの運用では，年率 4.4％ の収益を上げることができていたことを示しています（Burnside et al., 2011）。取引費用を差し引いても，年率 4.3％ の利益が得られていました。

　しかし，キャリー・トレードで利益が得られることは，やはり金利裁定や合理的期待などの理論と矛盾します。そこで研究者の中には，リスク・プレミアムの役割を指摘するものもいます。キャリー・トレードは，キャリー・トレードのリスクに対応したリスク・プレミアムとしての利益を得ているとするものです。そこで次のような議論が行われています。

　(1)キャリー・トレードには，頻度は少ないが大きな損失が発生するので，通常期間中には正の収益が発生しています（ペソ問題参照）。グローバル金融危機のときには大きな損失を被ったことも知られています。

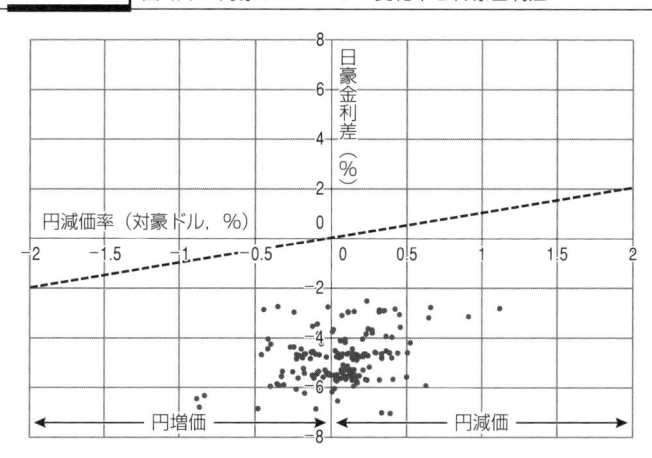

CHART 図4.7　円豪ドルレートの変化率と日豪金利差

（注）円減価率は3カ月の減価率を年次化したもの。金利は3カ月物を年次化したもの。
（出所）Datastream（Thomson Reuters）のデータより作成。

(2)キャリー・トレードには，さまざまなリスク要因があり，その代償のリスク・プレミアムとしてプラスの収益を得ていると考えられます。リスク要因としては，高金利通貨の価値とマクロ変数（消費）が同時に悪化することや，グローバルな為替リスクが指摘されています。

> **POINT**
> 先渡プレミアム・パズルの理由として，①リスク・プレミアムの変化，②ペソ問題，③キャリー・トレードなどが指摘されている。

SUMMARY ●まとめ

- □ 1　国内の地域間において金利は等しくなりますが，世界各国の金利は同じにはなりません。
- □ 2　先渡取引を用いた外貨運用を行うと，高金利国でも低金利国でも同じ収益がもたらされます（カバー付き金利平価）。
- □ 3　自由な資本移動が認められていると，カバー付き金利平価は成立します。

4. 金利平価モデルが成り立たない理由は？　● 87

□ 4 カバーなし金利平価からの乖離は先渡プレミアム・パズルと呼ばれています。
□ 5 カバーなし金利平価からの乖離を利用して、キャリー・トレードと呼ばれる円資金借用・高金利通貨投資が行われています。

KEYWORDS ●キーワード

資金不足主体，資金過剰主体，金利平価，金利裁定，国内金利平価，為替リスク，ヘッジ，カバー付き金利平価，先渡（フォワード）プレミアム，期待為替レート，カバーなし金利平価，合理的期待仮説，期待為替減価率，為替サーベイ，リスク・プレミアム，リスク中立的，リスク回避的，先渡プレミアム・パズル，ペソ問題，キャリー・トレード

EXERCISE ●練習問題

1. 図4.1の資金貸借市場について下記の設問に答えなさい。
①日本銀行が量的緩和政策（資金の供給）を行うと、どのようなシフトが生じ、どのように金利が動くか説明しなさい。
②供給も需要も右シフトした場合には、金利はどのように変化するのかを図で示しなさい。

2. 図4.2に関する本文中の説明文①と②を図に表しなさい。

3. カバー付き金利平価が成立していて、日本とアメリカの1年物の金利がともに0.1%、現在の直物レートが100円/ドルの場合、先渡レートはいくらになるか計算しなさい。

4. 本書のウェブサポートページを参照して、「ペソ問題」について詳しく説明しなさい。

参考文献 / Reference ●

Froot, K. A., and R. H. Thaler (1990) "Anomalies: Foreign Exchange," *Journal of Economic Perspectives*, 4(3), 179-192.

Burnside, C., M. Eichenbaum, I. Kleshchelski and S. Rebelo (2011) "Do Peso Problem Explain the Returns to the Carry Trade?" *Review of Financial Studies*, 24(3), 853-891.

CHAPTER 第5章

マネタリー・モデル
金融緩和政策で円安に？

　これまでの章では，各国の物価や金利が為替レートに与える影響を学んできました。本章では，物価や金利がそもそも変化するのは，金融政策によるところが大きいことを理解します。そして金融政策が変更されることで，物価や金利が変化して，為替レートが変化することを見ていきましょう。

　本章でははじめに，貨幣市場の均衡条件から，物価水準がマネーサプライ，実質 GDP，金利の影響を受けることを説明します。次に，為替レートの決定を考えるうえで重要な理論であるマネタリー・アプローチについて学びます。さらに，マネタリー・アプローチを応用した動学的な為替レート決定式を紹介し，現在の為替レートが，現在だけでなく将来の経済ファンダメンタルズにも依存して決まることを学びます。そして，マネタリー・アプローチを用いて，2000 年以降の円ドルレートの動きを考察します。

1　金融政策の目的と目標

　　　　　　　　　　▶ 目的と目標は何が違うの？

金融政策の目的

　それでは，金融政策とは何なのかについて学んでいきましょう。まずは，金

融政策を実施する主体について確認をするところから始めます。金融政策を実施するのは，主に各国の中央銀行にあたります。それは，アメリカでは**連邦準備理事会（FRB）**，ユーロ圏では**欧州中央銀行（ECB）**であり，日本では**日本銀行（日銀）**となります。以下では，日本銀行の役割について詳しく学んでいきます。

以下に示しているように，日本銀行の目的は日本銀行法の第1条と第2条に掲げられています。それは金融政策による**物価の安定**と決済などに関わる**金融システムの安定**です。両者は互いに関連がありますが，本章の目的は金融政策に関わることなので，前者の金融政策による物価の安定についてだけ考察していきます。後者の金融システムの安定については，ストゥディア・シリーズの『金融のエッセンス』の第2部を参考にしてください。

「日本銀行法」
（目的）第1条
　日本銀行は，我が国の中央銀行として，銀行券を発行するとともに，通貨及び金融の調節を行うことを目的とする。
　2　日本銀行は，前項に規定するもののほか，銀行その他の金融機関の間で行われる資金決済の円滑の確保を図り，もって信用秩序の維持に資することを目的とする。
（通貨及び金融の調節の理念）第2条
　日本銀行は，通貨及び金融の調節を行うに当たっては，物価の安定を図ることを通じて国民経済の健全な発展に資することをもって，その理念とする。

さて，法律の文章は必ずしも読みやすいようには作られていません。確認のためにより詳しく説明をすると，第1条1項に「通貨及び金融の調節」が目的であることが明記されていますが，これが金融政策を指しています。さらに，第2条において，金融政策である「通貨及び金融の調節」は，「物価の安定」を図ることが理念であると明記されています。

金融政策の目標

日本銀行の目的（goal）の1つは物価水準の安定でありますが，金融政策の目標（target）としては，これまでに公定歩合，コールレート，日銀当座預金

Column ❺-1　金利引き下げの経済効果

　なぜ景気が悪いときには，金融政策として政策金利が引き下げられるのでしょうか？　この問いに答えるためには，次の2つの経済原理を理解する必要があります。第1に，政策金利自体の低下が目標ではなく，それが波及して国内のあらゆる金利の低下を導くことが目的です。コールレートなどが低下することで，銀行の資金調達コストが低下するので，銀行は個人向け住宅ローン金利や企業向け融資金利を引き下げることができます（残念なことに，私たちの預金金利も引き下がります）。

　第2に，金利の低下がもたらす経済活動への刺激効果を理解する必要があります。マクロ経済学の基本で学ぶ次の等式（GDPの定義式）は，本書の第1章でも示されていました。

$$Y = C + I + G + X - M$$

この右辺の第2項に現れるI（投資）の内訳には，企業の工場建設や新たな生産設備の導入および家計の住宅投資が含まれています。企業が新たな投資を決定する際には，内部留保という形の余裕資金を利用する場合もありますが，多くの場合は銀行融資という形で借入を行います。企業は投資から得られる利益と銀行への利払い負担を天秤にかけて，前者が上回るときにだけ投資を決定します。皆さんの場合でも，将来住宅購入を検討する場合には，多くの方が金融機関の住宅ローンを利用すると思います。やはりそのとき，銀行への利払いは，少ない方が住宅購入の決断につながることでしょう。すなわち，金利が下がり投資が増えると，国内総生産（GDP）が上昇することになります。

CHART　表5.1　歴代の日銀総裁と金融政策およびそのときの経済状況

期間（日銀総裁）	金融政策	経済状況
1998年3月～（速水優）	ゼロ金利政策導入，量的緩和政策導入	不良債権処理問題
2003年3月～（福井俊彦）	ゼロ金利政策解除	景気回復期
2008年4月～（白川方明）	ゼロ金利・量的緩和の再導入	リーマンショック，東日本大震災
2013年3月～（黒田東彦）	インフレ・ターゲッティング，量的・質的緩和政策	景気回復のきざし

CHART 図5.1 コールレートの推移（1998年1月～2014年10月）

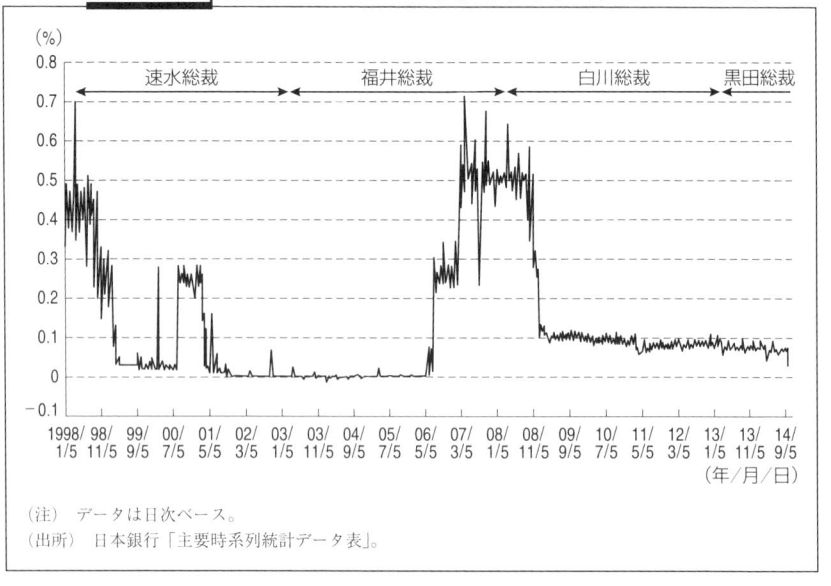

（注）　データは日次ベース。
（出所）　日本銀行「主要時系列統計データ表」。

残高，インフレ率と変化してきました。そもそも，日本銀行は明治時代の金融市場の混乱を収めるために，通貨の発行を行う中央銀行として，当時の大蔵卿の松方正義によって設立されました。戦後には，窓口指導や公定歩合による目標がありましたが，バブル経済の崩壊を経験してから，改正日本銀行法は1998年に施行され，新たな金融政策を模索していきます。後に，これらの金融政策は以前の伝統的な金融政策に対して，**非伝統的金融政策**（ゼロ金利政策と量的緩和政策）と呼ばれることになります。表5.1に，改正日本銀行法以降に就任した日銀総裁が導入してきた金融政策が示されています。

日銀の政策金利は**公定歩合**（日銀が民間銀行へ貸し付ける際の金利で，2006年以降は「基準割引率および基準貸付利率」と呼ばれている）から，速水総裁期にコールレートへと変更されます。**コールレート**とは，銀行間が短期的な貸借を行うコール市場で用いられる金利のことです。銀行は主として預金により資金を集め，貸し付け中心に投資を行うのですが，ほかには国債などにも投資を行います。毎日のように大きな資金の流出入が生じるため，銀行に資金の過不足が日々生じます。資金が不足するのは当然問題になるのですが，資金が余るのも利益が無駄になるので問題です。コール市場は銀行にとっての最終的な資金調

CHART 図5.2　コールレートの誘導方法

> 日銀は，別の金融市場を通じて，間接的にコール市場を誘導する。

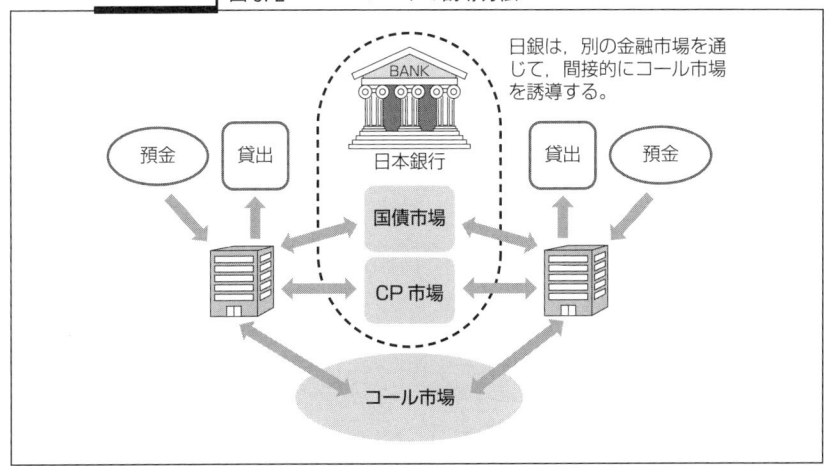

整の場となり，銀行間の資金過不足を調整するのです。コール市場において，最も短い期間は本日借りた資金を翌日に返済するもので，一夜越しの意味でオーバーナイトと呼ばれています。図5.1には直近17年間のオーバーナイトのコールレートが示されています。

　コールレートはコール市場における資金の需要と供給で決まるのですが，日銀は民間銀行の資金繰りを予測して，コール市場以外の金融市場である国債市場やCP（コマーシャル・ペーパー，社債の一種）市場などに参加することで，銀行がコール市場にて行う最終的な資金調整に影響を与え，コールレートを誘導するのです（図5.2参照）。速水総裁のときに，このコールレートをゼロ％近くに誘導することを決定します。これが**ゼロ金利政策**の始まりです。（金利を引き下げる理由については，Column ❺-1，金利がゼロ％より低くなる場合については，Column ❺-2参照）。

　その後の日銀の金融政策は，金利をこれ以上引き下げることができなくなり，日銀当座預金（民間銀行が日銀に預けている預金）の量を拡大する**量的緩和政策**に変更されたり，2013年以降はインフレ率を目標とする**インフレ・ターゲッティング**となったりしています。しかし，第2節で学ぶように，金利，インフレ，マネーサプライ間には密接な関係があるため，これ以降の金融政策の説明に関しては，マネーサプライの調整に絞って議論を進めます。インフレ・ターゲッティングもマネーサプライの調整も含めてインフレ目標を達成するのであ

Column ❺-2　マイナス金利？

　2014年6月に欧州中央銀行は，民間銀行が欧州中央銀行に預けるときの預金金利を0％から，欧州中央銀行が民間銀行に貸し付けする際の貸出金利を0.25％から，それぞれを0.1％引き下げ，−0.10％というマイナスの預金金利と0.15％の貸出金利に変更しました。2014年10月には，日本の財務省が発行する短期国債の利回りもマイナスになりました。マイナス金利とは，どういう意味があるのでしょうか？

　通常，利子は借りる側が支払うものです。しかし，マイナス金利では，貸す側が支払うことになります。このマイナス金利の意味をもう少し考えてみましょう。

> 1万円借りてあげるから，100円の利子もらうね。

> ありがとう，なのかな……？

　まずは，欧州中央銀行にとっては，貸借金利のスプレッドは0.25％（＝0.15−(−0.10)）と変わらないので，マイナス金利でも問題はないのです。スプレッドを維持するのは，銀行の窓口でも同じで，預金金利よりも貸出金利は高めに設定しています。このスプレッドがあれば，調達コスト（預金金利）よりも運用利回り（貸出金利）が高いので損失は生じません。それでは，欧州

って，決して第2節の理論が当てはまらないわけではありません。量的緩和政策については，第5節において詳しく説明します。なお，インフレ・ターゲッティングについては，本書のウェブサポートページを参照してください。

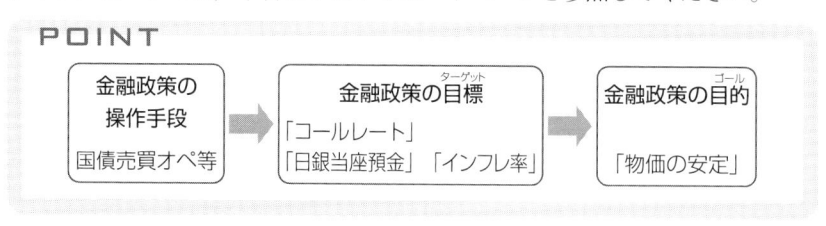

POINT

金融政策の操作手段　国債売買オペ等　→　金融政策の目標（ターゲット）「コールレート」「日銀当座預金」「インフレ率」　→　金融政策の目的（ゴール）「物価の安定」

中央銀行と資金のやりとりを行う民間銀行の立場はどうなのでしょうか？
　これには，民間銀行には預金の一部を準備金として保有する義務があることに留意してください。これは金融システム安定化の1つとして，個人から預かっている預金をリスクのある融資や投資にすべてを回すことを禁止するためです。これまでは，この準備金は中央銀行に預けていましたが，預けることで利子を支払うことになるのであれば，準備金を現金として自行内で保有する方法を取るのではと考えられます。しかし，欧州中央銀行の考えでは，大きな混乱は生じないとしています。それは，大量のユーロ現金紙幣を自行内で管理するためには，新たな金庫の設置や，さらに強固なセキュリティ・システムを構築・管理する費用がかかります。この現金紙幣を保有する費用と中央銀行に預ける0.1％の費用を比べると，後者の方がずっと安く済むはずであると欧州中央銀行は考えています。実際に，導入後6カ月が過ぎた現在（2014年12月）でも混乱は生じていません。

参考資料

ECB (http://www.ecb.europa.eu/home/html/faqinterestrates.en.html), 2014年6月12日更新。

Financial Times, Europe shows negative interest rates not absurd —and might work, 2014年9月18日。

2　マネタリー・アプローチ
▶景気，お金，インフレ，金利，みんなつながっている？

貨幣市場の均衡

　経済学の考え方の根幹の1つとして，市場価格メカニズムがあります。これは，市場において需要と供給が均衡するように価格が調整されることを指します。市場には，自動車市場やゲーム機市場のように商品がイメージしやすいものもあれば，労働市場や国債市場のようなものも含みます。**マネタリー・アプローチ**とは，経済学の分析を行う際に，**貨幣市場**の需要と供給の均衡を考慮す

る分析方法のことです。まずは，**貨幣**とは何かをおさらいします。

経済学で貨幣とは，経済取引に用いることができる役割を持っているものを指します。より厳密には，価値基準，価値保存，取引媒介の3つの役割を持つものを貨幣と呼びます。財布に入っている紙幣・硬貨の現金は，日常の経済取引で用いますので，当然貨幣です。また，携帯電話の通話料や電気・ガスなどの公共料金の支払いに預金口座からの引き落としを利用している人は多いと思います。そのため，貨幣には現金に加えて預金も含まれます。そのため，マクロ経済学での**マネーサプライ**（**貨幣供給量**）は，**現金通貨**と**預金通貨**の合計となります。では以下において，貨幣供給と貨幣需要について説明します。

貨幣供給

貨幣供給を行うのは，（現金）貨幣発行権を有する中央銀行です。ただし，必ずしも中央銀行だけが貨幣発行権を持つわけではありません。明治初期の日本や，現代のイギリスと香港のような複数の民間銀行が貨幣を発行する制度もあります。近年では，中央銀行は政策金利を誘導することが主なのですが，本章では説明が複雑にならないように，中央銀行は貨幣供給量を決定するとして話を進めたいと思います。以下では，貨幣供給量を M^S として，次のように表します。以下の M は，たとえば80兆円と，ある一定の貨幣量を示しています。

$$M^S = M \tag{5-1}$$

貨幣需要

貨幣需要に関しては，名目貨幣需要（M^D）ではなく，物価水準（P）で調整した**実質貨幣需要**（M^D/P）の方が重要です。これはペットボトルの水が1本100円のときと，同じ大きさのものが1本1000円の場合では，1000円札で購入できる財の量が大きく異なるからです。

図5.3の上段では貨幣量が100万円の昨年，下段では貨幣量が200万円の今年を示しています。**名目貨幣量**で単純に考えれば，貨幣量の多いのは200万円の今年の方ですが，貨幣で購入できる量を示す**実質貨幣量**で考えると多いのはどちらでしょうか？　2つのケースでは，物価水準に違いがあり，昨年はパソ

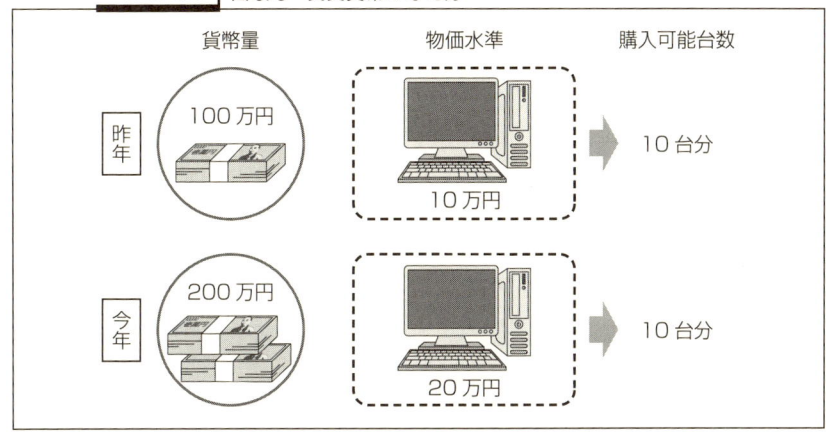

CHART 図5.3 実質貨幣の考え方

	貨幣量	物価水準	購入可能台数
昨年	100万円	10万円	10台分
今年	200万円	20万円	10台分

コンが10万円ですが，今年は同じパソコンが20万円もします。このような場合には，貨幣量で購入できるパソコンの台数はどちらも10台であり，実質貨幣量ではどちらも同じ量です。すなわち，名目貨幣の価値は物価水準に大きく左右されるために，貨幣量を物価水準で除している実質貨幣を用いる方が経済分析に向いています。

さて，実質貨幣需要には，**取引需要**と**資産需要**の2つの需要要因があると考えられます。第1の取引需要は経済取引を行うために必要な貨幣としての需要です（財布が空っぽでお店に買い物にはいけません）。すなわち，経済取引量が増えるほど貨幣の取引需要は増えます。第2の資産需要は金融資産の運用対象としての需要です（お金が貯まったら，株式にも投資をしますが，一部は現金・預金として持つはずです）。株式からは配当が受け取れ，社債・国債からは利子が受け取れますが，一方で現金にはいつでも利用できるという流動性の利便性があります。すなわち，ほかの金融資産の魅力（金利）が低いほど貨幣の資産需要は増えると考えられます。逆に言うと，金利が高くなるほど，金利がもらえる金融資産の代わりに貨幣を持つことの機会費用が高くなります。すなわち，金利の上昇は貨幣需要を減少させます。

以上の議論を踏まえると，実質貨幣需要を (M^D/P)，経済取引量を Y，金利を i として表し，自然対数を用いた表現では，実質貨幣需要式は次の（5-2）式のように示すことができます（式の導出は下記参照）。ここで，経済取引量の

Y は実質所得や実質 GDP と考えられます。

$$m^D - p = ay - bi, \quad ただし, \quad a>0, b>0 \tag{5-2}$$

　自然対数を取った変数を小文字で表していますが，金利は最初から小文字で表現しているので，自然対数を取っていないことに注意してください。(5-2) 式では，左辺の実質貨幣需要と右辺の経済取引量と金利の関係は，y が増えたり，i が減ったりすると，実質貨幣需要が増えることが示されていると理解してください。a と b はそれぞれ係数であり，数値が大きいほど所得や金利の変化が実質貨幣需要に与える影響も大きくなります。

■ (5-2) 式の導出の確認

　(5-2) 式の表現を確認するには，第 3 章の **Column ❸-1**「自然対数による表示方法」で示された自然対数のルールを使う必要があります。もともとの実質貨幣需要式は，次のとおりです。ここで，e は自然対数の底です。

$$\frac{M^D}{P} = Y^a e^{-bi}$$

両辺に，自然対数を取ります。

$$\ln\left\{\frac{M^D}{P}\right\} = \ln\{Y^a e^{-bi}\}$$

次に，掛け算が足し算に，割り算が引き算になることに注意して，両辺を分解します。

$$\ln M^D - \ln P = \ln Y^a + \ln e^{-bi}$$

次に，指数（べき乗の部分）は自然対数の前に出すことができます。M^D の右肩にある D は記号の一部であり，べき乗ではないことに注意してください。

$$\ln M^D - \ln P = a \ln Y - bi \ln e$$

右辺の最後の項の「自然対数の底（e）」の自然対数を取ったものは 1 となります。そして，自然対数を取ったものを小文字で表すと (5-2) 式が得られます。

$$m^D - p = ay - bi \tag{5-2}$$

貨幣市場均衡

貨幣市場均衡は貨幣需要と貨幣供給がバランスの取れた状態，すなわち両者が等しくなる状態であり，以下のように示します。m^S は貨幣供給量の自然対数値（$\ln M^S = m^S$）です。

$$m^S = m^D \tag{5-3}$$

(5-1) 式から (5-3) 式までを利用して，物価水準の式としてまとめると次の (5-4) 式のように示すことができます。

$$p = m - ay + bi \tag{5-4}$$

すなわち，マネタリー・アプローチによると，マネーサプライ（m）の上昇，所得（y）の低下，金利（i）の上昇に伴い，物価水準（p）が上昇すると言えます。

ただし，(5-4) 式の解釈には以下の注意が必要です。本章のように金融政策を考察する場合には，マネーサプライや金利は金融当局によって（間接的に）操作することが可能な変数です。そのため，中央銀行はマネーサプライと金利を操作することで，物価水準に影響を与えることができます。しかし，所得はさまざまな要因によって決定されるものであり，政策当局が自由に動かせるものではありません（このような変数を内生変数と呼びます）。というよりも，この所得を上昇させるために，さまざまな施策を駆使することに政策当局は奔走しているわけです。そのため，物価水準をコントロールしようとして，金融当局がマネーサプライや金利を操作しても，所得が思わぬ方向に動いてしまうと，物価水準を望んでいる水準に誘導することはできません。

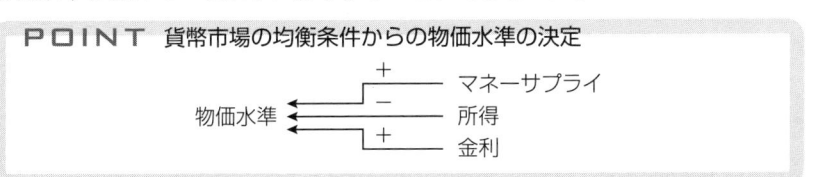

POINT　貨幣市場の均衡条件からの物価水準の決定

物価水準 ← ＋ マネーサプライ
　　　　　← － 所得
　　　　　← ＋ 金利

3 マネタリー・アプローチによる為替レート決定式

▶ 為替レートは何によって決まるの？

為替レート決定式の導出

ここでは，第3章の購買力平価と第4章のカバーなし金利平価に，貨幣市場の均衡条件を加えると，マネタリー・アプローチによる為替レートの決定式が得られることを学びます。次の（5-5）式は購買力平価の（3-2）式の自然対数を取ったもので，（5-6）式はカバーなし金利平価式の（4-6）式を再掲したものです。

$$p_t = s_t + p_t^* \qquad 購買力平価式 \qquad (5\text{-}5)$$
$$i - i^* = E(s_{t+1}) - s_t \qquad カバーなし金利平価式 \qquad (5\text{-}6)$$

次に，貨幣市場の均衡条件から得られた物価水準の（5-4）式を自国と外国について，次の（5-7）式と（5-8）式に示します。外国の変数については，*（星印）が付いています。a と b については簡単化のために，自国と外国で同じ値であるとしています。また，第4節以降では時間の概念が重要になってきますので，時間を示す添え字の t が各変数に加えられています。

$$p_t = m_t - ay_t + bi_t \qquad (5\text{-}7)$$
$$p_t^* = m_t^* - ay_t^* + bi_t^* \qquad (5\text{-}8)$$

購買力平価の（5-5）式に（5-7）式と（5-8）式を代入してから，為替レートの式（$s =$ の形式）に書き直すと，次の式が得られます。

$$s_t = (m_t - m_t^*) - a(y_t - y_t^*) + b(i_t - i_t^*) \qquad (5\text{-}9)$$

（5-9）式は，マネタリー・アプローチによる為替レートの決定式として表されることがあります。右辺の最初の項（$m_t - m_t^*$）は自国と外国の相対的なマネーサプライを示し，自国（外国）のマネーサプライの上昇は自国通貨を減価（増価）させます。第2項（$-a(y_t - y_t^*)$）は自国と外国の相対的な実質GDPを示

し，自国（外国）の実質 GDP の上昇は自国通貨を増価（減価）させます。最後の項（$b(i_t - i_t^*)$）は自国と外国の金利差を示し，自国（外国）の金利の上昇は自国通貨を減価（増価）させます。

経済ファンダメンタルズと為替レート

ここで，(5-9) 式を用いて，以下のように説明を進めていきましょう。右辺の最初の2つの項 $\{(m_t - m_t^*) - a(y_t - y_t^*)\}$ は自国と外国のマネーサプライと実質 GDP から構成されていますので，これを**経済ファンダメンタルズ**と呼び，X_t で表すことにします。そして，(5-9) 式に (5-6) 式のカバーなし金利平価式を代入すると，次の (5-10) 式のように表すことができます（式の導出は下記参照）。式に出てくる新しい係数は，それぞれ $\alpha = 1/(1+b)$ と $\beta = b/(1+b)$ と新たに定めたものです。α と β はそれぞれ 1 より小さい数値となることに留意してください。

$$s_t = \alpha X_t + \beta E(s_{t+1}) \qquad (5\text{-}10)$$

すなわち (5-10) 式から，「現在の為替レート（s_t）は今期の経済ファンダメンタルズ（X_t）と今期に予想する来期の為替レートである期待為替レート（$E(s_{t+1})$）に依存して決まること」がわかります。$\alpha + \beta = 1$ であることに留意すると，為替レートは経済ファンダメンタルズと期待為替レートの**加重平均**であるとも考えられます。

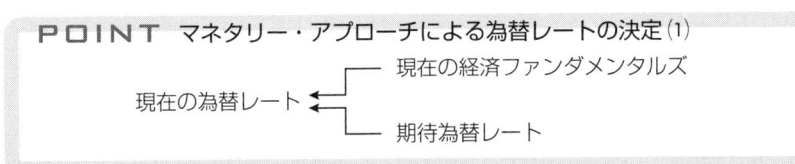

POINT　マネタリー・アプローチによる為替レートの決定(1)

現在の為替レート ← ┬── 現在の経済ファンダメンタルズ
　　　　　　　　　　└── 期待為替レート

■ (5-10) 式の導出の確認

(5-5) 式から (5-8) 式までを連立して，(5-10) 式を導出します。すなわち，(5-10) 式の背景としては，長期的な購買力平価も，短期的なカバーなし金利平価もどちらも成立していることを前提としています。さらに，自国と外国の両国において貨幣市場が均衡していることも前提となっています。

まずは，(5-5) 式の両辺にある自国と外国の物価水準に，それぞれ (5-7) 式と (5-8) 式を代入すると，次の式が得られます。

$$m_t - ay_t + bi_t = s_t + m_t^* - ay_t^* + bi_t^*$$

為替レートの s_t を左辺に持ってきて，ほかの変数を整理したものが (5-9) 式です。

$$s_t = (m_t - m_t^*) - a(y_t - y_t^*) + b(i_t - i_t^*) \tag{5-9}$$

次に，上記の式の右辺の最後の項に，(5-6) 式を代入します。

$$s_t = (m_t - m_t^*) - a(y_t - y_t^*) + bE(s_{t+1}) - bs_t$$

再度，為替レートの s_t を左辺でまとめると次のようになります。

$$(1+b)s_t = (m_t - m_t^*) - a(y_t - y_t^*) + bE(s_{t+1})$$

次に，両辺を $(1+b)$ で割ったものが，次の式です。

$$s_t = \frac{1}{1+b}\{(m_t - m_t^*) - a(y_t - y_t^*)\} + \frac{b}{1+b}E(s_{t+1})$$

最後に，係数の部分を α と β に置き換えたものが (5-10) 式です。

さらに，それぞれの変数が自然対数として表されているため，次の (5-11) 式のように変化率として考えることもできます。Δ は差分を表しますが，自然対数の差分は変化率を示しています。

$$\Delta s_t = \alpha \Delta X_t + \beta E(\Delta s_{t+1}) \tag{5-11}$$

すなわち (5-11) 式は，「為替レート変化率は経済ファンダメンタルズ変化率と期待為替レート変化率に依存して決定されること」を示しています。たとえば，α が 0.2（β は 0.8）の場合で，経済ファンダメンタルズが 5% 上昇して，期待為替レートが 10% 上昇したとします。このような場合には，現在の為替レートが 9% 上昇（自国通貨が 9% 減価）することになります（9% = 0.2×5% + 0.8×10%）。

注意すべき点は，経済ファンダメンタルズには，2 国のマネーサプライと実質 GDP が含まれていることです。経済ファンダメンタルズは 2 国の相対的な経済変数から構成されているので，それぞれの国の変数の効果はちょうど逆に

なります。すなわち，自国のマネーサプライが増えると，自国通貨は減価しますが，外国のマネーサプライが増えると，自国通貨は増価します。また，自国の実質 GDP が増えると自国通貨は増価しますが，外国の実質 GDP が増えると自国通貨は減価します。

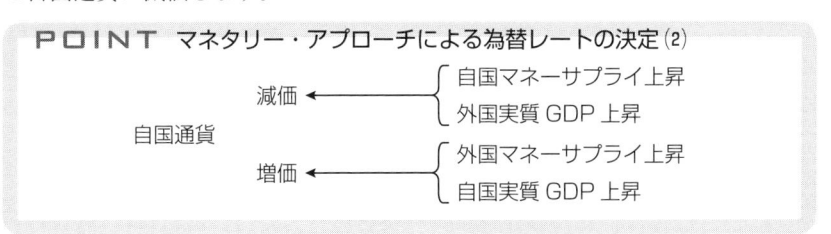

> **POINT** マネタリー・アプローチによる為替レートの決定(2)
>
> 自国通貨　減価 ← ┤自国マネーサプライ上昇
> 　　　　　　　　　└外国実質 GDP 上昇
> 　　　　　　増価 ← ┤外国マネーサプライ上昇
> 　　　　　　　　　└自国実質 GDP 上昇

4 ダイナミックな為替レート決定式
▶ ずっと先の将来のファンダメンタルズも重要

さて，(5-10) 式は現在の為替レートについてまとめたものですが，来期の為替レートについても同様の議論が展開できるはずです。すなわち，来期の為替レートは来期の経済ファンダメンタルズと来期より1期先の期待為替レートによって決定することになります。具体的には，(5-10) 式を1つ先の期にずらして考えると，来期 ($t+1$) の為替レートの式は (5-12) 式のように表すことができます。

$$s_{t+1} = \alpha X_{t+1} + \beta E(s_{t+2}) \tag{5-12}$$

(5-10) 式に (5-12) 式を代入して整理すると，次の (5-13) 式が得られます。

$$s_t = \alpha X_t + \alpha\beta E(X_{t+1}) + \beta^2 E(s_{t+2}) \tag{5-13}$$

すなわち，現在の為替レートは現在および来期の経済ファンダメンタルズと2期先の期待為替レートに依存して決まります。この (5-13) 式から新たに明らかになる特徴としては，より直近（現在）のファンダメンタルズの方がより先

（来期）のファンダメンタルズより，現在の為替レートに大きな影響を与えるということです。α も β も1より小さいことに留意すると，α よりも $\alpha\beta$ の方が小さいからです。

同様に，第3期，第4期，……第 T 期と，順次に為替レート式の代入を繰り返していくと，現在の為替レートは次の（5-14）式のように表せます。

$$s_t = \alpha X_t + \alpha\beta E(X_{t+1}) + \alpha\beta^2 E(X_{t+2}) + \cdots + \alpha\beta^{T-1} E(X_{t+T-1}) + \beta^T E(s_{t+T})$$

(5-14)

代入を繰り返すほど，すなわち遠い将来になるほど，期待為替レートの重要性は薄れていきます。たとえば，β が 0.9 であっても，$T=20$ 期であれば β^T は 0.1216 になり，$T=40$ 期であれば β^T は 0.0148 になります。経済ファンダメンタルズも同様に，現在に近いものはより重要度が高く，遠い将来へと期間が離れていくほど重要度が低くなります。

ここで注意したいのは，第2項以降の係数（$\alpha\beta, \alpha\beta^2, \cdots, \alpha\beta^{T-1}, \beta^T$）の合計は β と等しくなることです。すなわち，第1項も含めた係数の合計は1となるため，ここでもやはり，現在の為替レートは右辺のすべての変数の加重平均となっているのです。

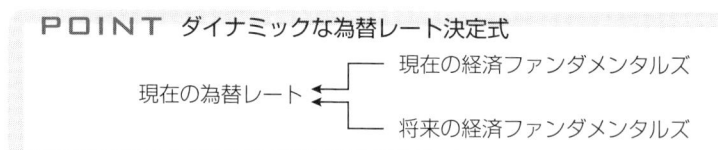

POINT　ダイナミックな為替レート決定式

現在の為替レート ← ┬ 現在の経済ファンダメンタルズ
　　　　　　　　　　└ 将来の経済ファンダメンタルズ

5　金融緩和政策と為替レート

▶ 円をたくさん供給すると円安になるの？

本節では，日本のバブル経済崩壊以降の金融政策を概観しながら，これまで学んできた為替レート決定式である（5-9）式と（5-10）式および（5-14）式がどのように現実に当てはまるかを検討していきます。また，日銀が採用してきた非伝統的金融政策についても説明します。

CHART 図 5.4　日本のマネタリーベースと日銀当座預金（1990 年以降）

(注)　データは月次ベース。
(出所)　日本銀行「主要時系列統計データ表」。

バブル崩壊以降の金融政策

　日本の 1990 年代は，いわゆるバブル経済の崩壊で，地価と株価のすさまじい下落を経験します。とくに不動産投資に積極的だった企業や，そのような企業に融資を行ってきた金融機関は軒並み経営破綻に陥りました。都市銀行（大手銀行の一角）であった北海道拓殖銀行の経営破綻，大手証券会社であった山一證券の経営破綻など，日本経済の不透明感は増すばかりでした。このよう状況を背景に，日本銀行の金融政策は金利を最大限に引き下げるゼロ金利政策や日銀当座預金の残高を増す量的緩和政策を行って対応してきました。これらの金融政策は従来の伝統的な金融政策とは異なっていました。

　1998 年に日銀法が改正され，新総裁に着任した速水氏がゼロ金利政策を導入してからの政策金利であるコールレートの推移については図 5.1 のとおりです。一方，量的緩和政策の実態を示すものとして図 5.4 に日銀当座預金とマネタリーベースが示されています（日銀当座預金の役割については，Column ❺-3 参照）。マネタリーベースは現金通貨と日銀当座預金の合計であり，現金通貨の変化が緩やかなため，日銀当座預金と連動して動いているのがよくわかります。2001 年 3 月から導入された量的緩和政策では，コールレートの誘導は補

Column ❺-3　日銀当座預金と量的緩和政策

　日銀は「銀行の銀行」と呼ばれることがあるように，日銀には民間銀行の預金口座があり，これを日銀当座預金と呼んでいます。民間銀行が日銀当座預金を保有する理由はいくつかあります。

　第1に，金融システムの安定のために，銀行には預金の一部を**法定準備預金**として保有する必要があります（下図(1)参照）。これは，預かっている預金をすべてリスクの高い投資・融資に回さないようにするためです。この法定準備預金が日銀当座預金に預けられています。

　第2に，銀行同士の決済の手段として，日銀当座預金を用います（下図(2)参照）。たとえば，A銀行もB銀行もそれぞれ日銀当座預金を100億円保有しているとします。1日の銀行業務の結果，A銀行はB銀行に1億円を支払う必要ができたとしましょう。この際には，両行間の決済として，A銀行の日銀当座預金を99億円に減少させ，B銀行の日銀当座預金を101億円にします。

　第3に，民間銀行と日銀との決済にも，日銀当座預金を用います。たとえば，C銀行が日銀当座預金を50億円保有しているとします。このとき，図5.2で示されたように，日銀が金融政策の操作手段として，C銀行から国債を5億円買い入れたとします。この国債購入の代金はC銀行の日銀当座預金を55億円に増やすことで決済が終わります。

　量的緩和政策とは，主に国債の買いオペを通じて，設定された日銀当座預金の残高目標を達成させることです。図5.4の日銀当座預金が変化しているのは，この設定された残高目標が変化していったからです。日銀がコントロールできる日銀当座預金と日本銀行券（と補助貨幣）を合わせたものがマネタリーベースです。

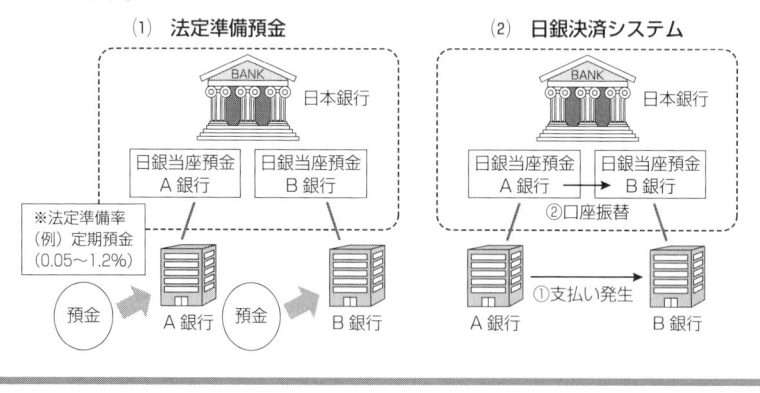

CHART 図5.5 2000年代の日本のマネーサプライと物価の動き

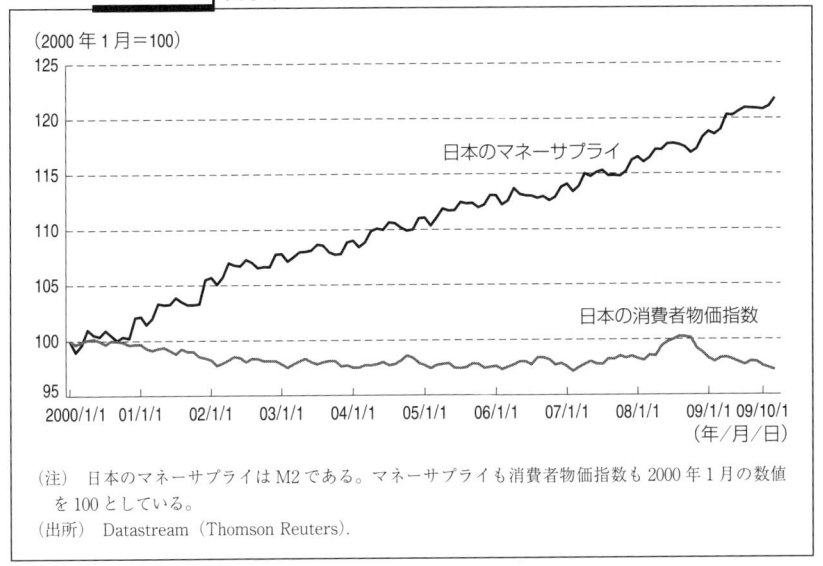

(注) 日本のマネーサプライはM2である。マネーサプライも消費者物価指数も2000年1月の数値を100としている。
(出所) Datastream (Thomson Reuters).

完的なものとなり，日銀当座預金を増やすことを目標としました。当初は4兆円から5兆円程度に増額するだけでしたが，同年8月には6兆円程度，同年12月には10兆〜15兆円程度，2002年10月には15兆〜20兆円と目標金額を大きくしていき，最終的には30兆〜35兆円が目標となりました。しかし，景気の回復を受けて，2006年3月には，金融政策の操作目標をコールレートに戻すことで量的緩和政策に終止符を打ち，同年7月にはコールレートを0.25％に誘導することで，ゼロ金利政策からも脱却しました。図5.4で，日銀当座預金が急に減少したことを確認してください。しかし，アメリカの住宅市場の問題に端を発するグローバル金融危機後には，再び量的緩和政策の導入に踏み切ることになります。

2000年以降の円ドルレート

それでは，2000年以降の円ドルレートについて考察してみましょう。2008年8月には109.24円/ドルであった円ドルレートは，同年9月のリーマン・ショックを経て，同年12月には91.21円/ドルへと急激な円高を経験します。この現象を理解するのに，本章で学んできたことが役立つのでしょうか？

CHART 図 5.6 2000 年以降の円ドルレートと日米貨幣量

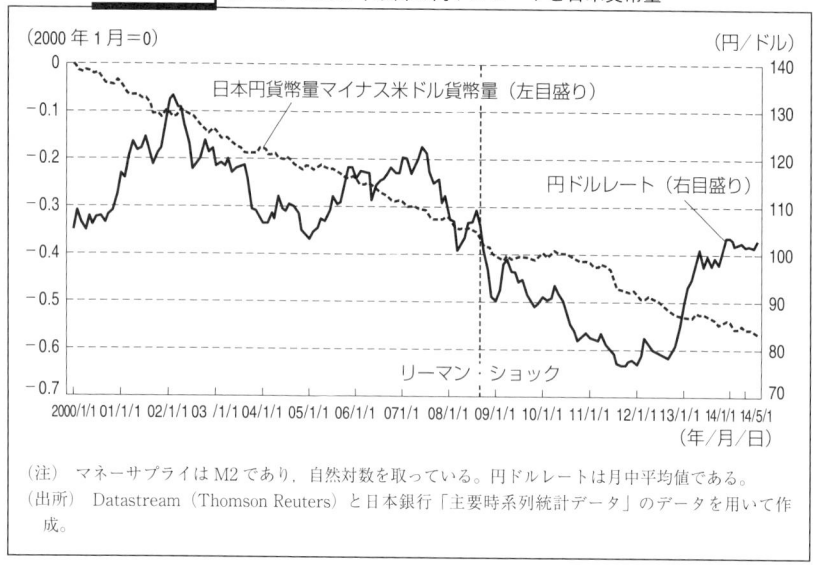

グラフ内凡例:
- 日本円貨幣量マイナス米ドル貨幣量（左目盛り）
- 円ドルレート（右目盛り）
- リーマン・ショック

（注） マネーサプライは M2 であり，自然対数を取っている。円ドルレートは月中平均値である。
（出所） Datastream（Thomson Reuters）と日本銀行「主要時系列統計データ」のデータを用いて作成。

　まずは，図 5.5 から明らかなように，2000 年代も日本銀行はマネーサプライの量を増加させるような金融政策を行ってきました。これは (5-9) 式から考えると，右辺の日本のマネーサプライ (m) が上昇しているので，それに連動して左辺の為替レート (s) も上昇（すなわち円の減価）するはずです。しかし，現実の円ドルレートは円安方向ではなく，逆の円高方向に動きました。これはどのように理解すればよいのでしょうか？

　第 1 は，図 5.5 の消費者物価指数が上昇していないことです。すなわち，マネーサプライの伸びは物価水準の上昇にはつながっていないようです（マネーサプライの伸びが物価上昇につながらない理由として，将来の経済成長への期待が低下しているためだとする木村ほか (2011) の研究などがあります）。そのため，日本の物価水準が上昇していないのであれば，購買力平価による円ドルレートの上昇（円の減価）も生じないことになります。

　第 2 は，本章で学んだ重要なことの 1 つとして，両国のマネーサプライが為替レートに影響を与えることです。すなわち，日本のマネーサプライだけを見ているだけでは不十分で，アメリカのマネーサプライを検討する必要があります。実際，リーマン・ショックの直後には，アメリカの金融市場が信用不安

陥り，アメリカの財務省と連邦準備理事会が金融機関の救済を行うために，大量のドル供給を行うことを宣言します。これは，後にQE（Quantitative Easing，すなわちアメリカ版の量的緩和政策）と呼ばれる金融政策となります。

マネタリー・アプローチによる為替レート決定式と正確に照らし合わせるために，図5.6では，円のマネーサプライの自然対数値からドルのマネーサプライの自然対数値を引いた（$m-m^*$）と円ドルレートを示しています。実は2000年代は，日本のマネーサプライが上昇していたにもかかわらず，アメリカのマネーサプライの上昇率の方が大きく，（$m-m^*$）は常に下落していたのです。その期間に対応する円ドルレートは，短期的な変動を伴いますが，2002年2月（133.53円/ドル）から2012年9月（78.17円/ドル）の間はとくに，両国のマネーサプライの動きに連動した円高傾向にあったことが観測できます。図5.6から2000年以降では，日米両国のマネーサプライの動きは，中長期的に円ドルレートを説明できていると考えてもよさそうです。

アベノミクスと円安

しかし，同じく図5.6の最も右部分（2012年以降）を見てみると，日米のマネーサプライの動きはこれまでと同様にもかかわらず，円ドルレートは急上昇する，つまり大幅な円安を経験しています。図5.6では，2012年10月から翌年の5月までに，78.97円/ドルから101.01円/ドルまで急激に円安が進みました。この期間の動きを私たちはどのように理解すればよいのでしょうか？

実は，この期間に大きな出来事が多く起こっています。2012年の11月には当時の野田佳彦首相（民主党）と安倍晋三議員（自民党）が国会で，これまでの3年間の民主党政権の政策評価を国民に問うために，衆議院の解散を行い，選挙をするべきかの議論を行ってきました。そして，ついに11月16日に，野田首相が衆議院の解散を表明したのです（新聞記事参照）。

この日より前から，安倍議員はインフレ・ターゲッティングを含む，これまで以上に大胆な金融緩和政策を行うことに対して積極的な姿勢を示していました。外為市場参加者は民主党の不人気ぶりから政権交代の実現を予想して，これからの日本の金融政策がより積極的なものになると期待しました。留意してほしい点は，この時点では何も経済ファンダメンタルズは変化していないこと

5 金融緩和政策と為替レート ● 109

金融政策変更の期待（2012年11月16日付『日本経済新聞』夕刊）

です。ですが，為替レートは円安方向へと進み出します。これは，(5-10) 式では将来の期待為替レートが円安になるだろうと期待が形成され，さらに (5-14) 式では新政権下での将来の経済ファンダメンタルズの一部である m は上昇するだろうと予想されたのです。

より詳しい為替レートの動きを図 5.7 で見てみましょう。図 5.7 には，2012年 6 月から 2013 年 5 月までの円ドルレートが日次で示されています。また主要な出来事のあった日に関しては，当日の午前 9 時と午後 5 時の円ドルレートも示しています。

総選挙が表明される前から（すでに期待が高まっていたため），78 円台だった円ドルレートは少しずつ円安方向に動き出し，総選挙を表明した 11 月 16 日には 81 円台になり，12 月 16 日の選挙日までには 84 円台にまで円安が進みます。選挙の結果，民主党から自民党への政権交代がなされ，さらに円安は進んでいきます。

次に焦点となったのは，実際に金融政策を担う日銀総裁が誰になるのかということでした。複数の総裁候補が名を連ねましたが，最終的に黒田氏が日銀総裁に 3 月 20 日に就任します。しかし，就任直後には明確な具体案が提示され

CHART 図5.7 円ドルレートと主要な日の9時と17時の為替レート

(円/ドル)

12/11/16
総選挙の表明
81.14～81.12円/ドル

12/12/16
選挙日・政権交代
84.15～84.02円/ドル

13/3/20
黒田総裁就任
95.95～95.90円/ドル

13/4/4
量的・質的金融緩和
92.87～95.61円/ドル

(年/月/日)

(注) データは日次ベース。期間は2012年6月～2013年5月。グラフ内の説明は重要な出来事の内容と日付に加えて，当日の9時と17時の為替レートを示している。
(出所) 日本銀行「主要時系列統計データ表」および外国為替市況。

ないので，円ドルレートは逆に円高方向に戻す局面もありました。しかし，4月4日に打ち出された新たな金融緩和政策である**量的・質的金融緩和政策**は，当日の円ドルレートを92.87円/ドル（9時時点）から95.61円/ドル（17時時点）まで一気に円安方向に動かしました。内容はマネタリーベースを2年間で2倍にすること，長期国債の購入割合を増やす（技術的な表現ですが，厳密には平均残存期間を2倍にする）ことでした。ここで，再度確認をしますが，発表時点では現在の経済ファンダメンタルズは何も変化していないことです。ただ，今後の経済ファンダメンタルズを変化させることを日銀が公表したことが，為替レート決定式の期待経済ファンダメンタルズを変化させたのです。

SUMMARY ●まとめ

☐ 1 マネタリー・アプローチでは，貨幣市場の均衡をモデルに組み入れています。

☐ 2 為替レートのマネタリー・アプローチによると，現在の為替レートは現在の2国の経済ファンダメンタルズと将来の期待為替レートによって決定されます。

5 金融緩和政策と為替レート ● 111

- □ 3 ダイナミックな為替レート決定式によると，現在の為替レートは現在だけではなくずっと先の将来の経済ファンダメンタルズの影響も受けます。
- □ 4 1990年代初頭にバブル経済が崩壊した後，日本は非伝統的金融政策を行ってきました。
- □ 5 グローバル金融危機以降は，欧米の金融緩和政策と重なり，円はドルに対して円高に進んでいました。

KEYWORDS ●キーワード

連邦準備理事会（FRB），欧州中央銀行（ECB），日本銀行，物価の安定，金融システムの安定，非伝統金融政策，公定歩合，コールレート，ゼロ金利政策，量的緩和政策，インフレ・ターゲッティング，マネタリー・アプローチ，貨幣市場，貨幣，マネーサプライ（貨幣供給量），現金通貨，預金通貨，実質貨幣需要，名目貨幣量，実質貨幣量，取引需要，資産需要，経済ファンダメンタルズ，加重平均，マネタリーベース，法定準備預金，量的・質的緩和政策

EXERCISE ●練習問題

1 （5-10）式の為替レート決定式について，以下の設問に答えなさい。
①アメリカのマネーサプライが減少すれば，円ドルレートはどうなるかを説明しなさい。
②日本の所得が上昇すれば，円ドルレートはどうなるかを説明しなさい。

2 ダイナミックな為替レート決定式について，以下の設問に答えなさい。
①今期，来期，来々期までの3つの為替レート決定式をダイナミックに連立して現在の為替レートについて解きなさい。
②（5-14）式を用いて，αが0.5の場合，現在の為替レートに与える影響（すなわちウエイト）が0.1以下になるのは何期目の経済ファンダメンタルズからかを答えなさい。

参考文献　　　　　　　　　　　　　　　　　　　　　　　　　Reference ●

「金融政策に関する決定事項等」各年各月の日本銀行公表資料。
木村武・嶋谷毅・桜健一・西田寛彬（2011）「マネーと成長期待――物価の変動メカニズムを巡って」，日本銀行金融研究所『金融研究』第30巻第3号，145～165頁。

CHAPTER 6

効率的市場とマイクロストラクチャー

為替レートはなぜ大きく短期的に変動するの？

　為替レートの変化は，各国の物価水準を反映した長期的な動き（第3章），各国の金利を反映した短期的な動き（第4章），各国のマネーサプライや所得の動き（第5章）だけでは説明できないような短期的（超短期的）な動きを示すことがたびたび観測されます。このような超短期的な動きを理解するためには，外国為替市場における市場参加者の取引行動と為替レートの変動の特徴を理解する必要があります。

　本章でははじめに，ランダムな動きをするランダム・ウォークという概念や情報（ニュース）を価格にただちに反映させる効率的市場という概念を学びます。次に，外国為替市場において，情報がとても重要であることを踏まえたモデルをいくつか紹介します。これらのモデルでは，外国為替取引を行う為替ディーラーの行動をうまくとらえようとしています。そして，行動ファイナンスのモデルを用いて，為替レートの短期的な変動を考察します。

1 ランダム・ウォーク

▶ 為替レートはランダムに動いているの？

ボラティリティ

図 6.1 には，ユーロドルレートの 2010 年 1 年間分の毎日のレート（図(1)）と 2010 年 10 月 15 日の 1 日分の分単位のレート（図(2)）が示されています。図 6.1 より，1 年間を通しても，1 日以内でも，為替レートが大きく変動することがあることが確認できます。為替レートは金利差の動きに反応して決まることを第 4 章で学びましたが，1 年間に政策金利の動きはたびたびあるものではなく，図(1)の 1 年間の動きを説明するには不十分かもしれません。また図(2)の 1 日内の動きを説明することも，これまでの理論だけでは困難です。

為替レートの変動の度合いを示す指標としてボラティリティと呼ばれるものがあります。現時点の為替レートを S_t，一期前の為替レートを S_{t-1} とすると，為替レートの変化率である減価率（d）は次のように示されます。

$$減価率：d_t = \frac{S_t - S_{t-1}}{S_{t-1}}$$

この減価率の標準偏差（ばらつき）のことを**ボラティリティ**と呼んでいます。ボラティリティの具体的な式は本書のウェブサポートページで確認してください。

図 6.2 には，図 6.1 に対応する減価率が計算されていますが，この上下の動きが大きい時期にはボラティリティも大きくなります。図 6.2 から，ボラティリティは一定ではなく，安定期と激動期があることが明らかになります。

マーチンゲール過程とランダム・ウォーク

さて，図 6.1 や図 6.2 のような為替レートの動きを理解するために，重要な概念があります。それは，**マーチンゲール過程**と**ランダム・ウォーク**と呼ばれるものです。ある変数がマーチンゲール過程に従うとは，「今期の情報のもとで，次期の期待値が今期の値と一致する」ことを意味します。これを為替レー

CHART 図6.1 ユーロドルレート――日次と分次

(1) 日次　　　　　　　　　(2) 分次

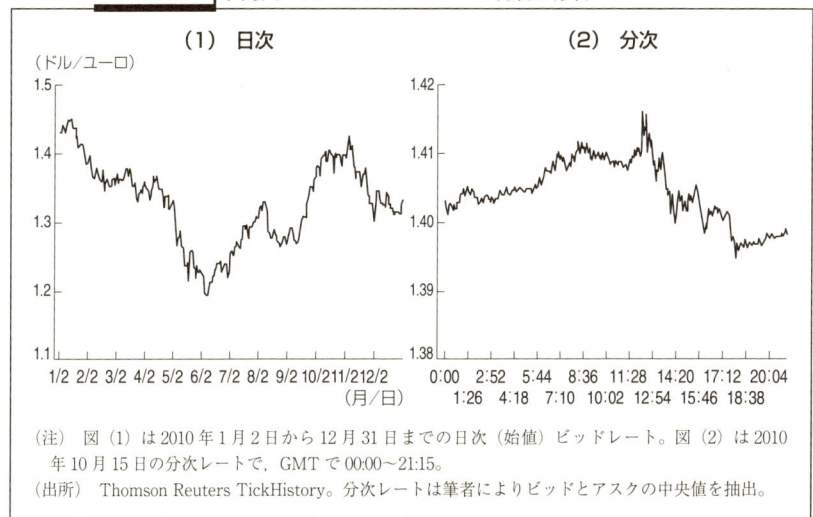

(注) 図 (1) は 2010 年 1 月 2 日から 12 月 31 日までの日次（始値）ビッドレート。図 (2) は 2010 年 10 月 15 日の分次レートで，GMT で 00:00〜21:15。
(出所) Thomson Reuters TickHistory．分次レートは筆者によりビッドとアスクの中央値を抽出。

CHART 図6.2 ユーロドルレートの減価率――日次と分次

(1) 日次　　　　　　　　　(2) 分次

(注) 期間等は図 6.1 と同じ。
(出所) 図 6.1 と同じ。

トに当てはめると，マーチンゲール過程は次のように表せます。

$$E(S_{t+1}) = S_t$$

これは，次期の為替レートを予測する場合に，今期の為替レートの値を予測値とすることと同じです。すなわち，もしも円ドルレートがマーチンゲール過程に従っているなら，本日の円ドルレートが 120 円/ドルの場合には，今日予測

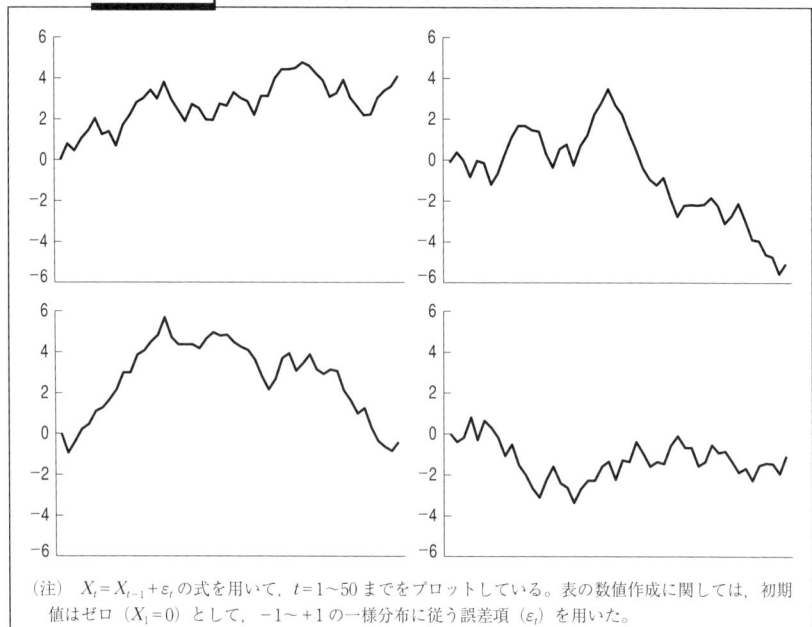

CHART 図6.3 ランダム・ウォークの例

(注) $X_t = X_{t-1} + \varepsilon_t$ の式を用いて，$t=1\sim50$ までをプロットしている。表の数値作成に関しては，初期値はゼロ（$X_1=0$）として，$-1\sim+1$ の一様分布に従う誤差項（ε_t）を用いた。

する明日の為替レート（すなわち期待為替レート）は120円/ドルとなります。

　一方，ランダム・ウォークとは名前が示すとおり，時間の経過とともに，ランダムに数値が上がったり下がったりします。4つの例が図6.3に示されています。図6.3の実際の数値計算に関しては，本書のウェブサポートページを参照してください。

　ランダム・ウォークは来期の値が「今期の値」とランダムな「誤差項」の和として定義され，具体的には次のような式で表されます。

$$\text{ランダム・ウォーク}: X_{t+1} = X_t + \varepsilon_{t+1}$$

ε_{t+1}（ε はイプシロンと読む）は，誤差項で期待値はゼロ（$E(\varepsilon_{t+1})=0$）で一定の分散の分布に従います。ランダム・ウォークもマーチンゲール過程の1つです（詳しく学びたい人は，蓑谷（2000）の第2章を参照）。

　図6.3では，ランダム・ウォークの例が4つ示されていましたが，これは，乱数から発生させたものを誤差項として用いて，上記のランダム・ウォークの

116 ● CHAPTER **6** 効率的市場とマイクロストラクチャー

式に代入して，グラフとして表したものです。4つのグラフはすべて最初の値はゼロからスタートするようにし，かつ同じ式から生み出されているにもかかわらず，どんどんと上昇をするものや，下落をするものや，しばらくしてから元の値に戻ってきたりするものもあるので，ランダム・ウォークはさまざまな動きをすることが確認できます。経済学の理論に無関係に作られたグラフですが，図 6.1 の為替レートの変動と似ているように見えませんか？ もし為替レートがランダム・ウォークに従っているとすると，次節の効率的市場の考えによれば，それは外国為替市場が情報を完全に為替レートに反映させているからだと説明できます。

2 効率的市場
▶ 昨日の情報を知っていても儲からない

　効率的市場とは，「価格が情報を完全に反映している市場」と定義されています。すべての情報が現在の資産価格にすでに反映されているのであれば，現時点で明日の資産価格の動きを正しく予測することはできないはずです。なぜなら，明日の資産価格は，現時点以降に発生するまだ知られていない情報によって変動するので，現時点の私たちには将来の情報はもちろんのこと，将来価格が上昇するか下落するかもわからないのです。逆に言うと，市場が効率的でない場合には，まだ価格に反映されていない情報があるので，その情報を正しく使えば儲けることができます。言い換えれば，資産価格の変化率である資産リターンも正しく予測することはできません。そのため，効率的市場における資産リターンは，ランダム・ウォークに従って動くはずであることが，古くは 1900 年から指摘されていました。もともと，効率的市場の分析対象が株式市場であったため，以下では一般的な資産価格として説明をしますが，もちろん効率的市場の概念は外国為替市場でもとても重要な考え方になります。たとえば，円ドルレートであれば，ドルを金融商品とした資産価格として読み進めてください。

CHART 表 6.1 効率的市場の定義と情報集合の種類

情報（集合）	効率的市場の定義		
	弱効率性	準強効率性	強効率性
過去の資産価格 （昨日，一昨日の為替レート，……など）	○	○	○
公表されている情報（資産価格以外） （日米のマネーサプライ，雇用統計など）		○	○
私的情報 （金融機関の顧客の情報など）			○

効率的市場における情報とは？

2013 年にノーベル経済学賞を受賞したファーマ（Eugene F. Fama）は，1970 年にこれまでの資産リターンに関する既存の研究をとりまとめ，効率的市場における「情報」についてより詳しい新たな 3 つの定義を提唱しました。それらは，**弱効率性**，**準強効率性**，**強効率性**と呼ばれます。表 6.1 に市場の効率性の各定義がどのように異なるかがまとめられています。

1 つめの弱効率性における情報は，「過去の資産価格情報」と考えます。弱効率性の意味で効率的市場であれば，本日の株価には，すべての過去の株価の情報が反映されています。すると，明日の株価を予測するにあたり，本日の株価があれば十分であり，昨日以前の株価は無駄な情報となります。つまり，効率的市場であれば，過去 3 日間連続で株価が上昇したから，明日も上がる（もしくは明日は下がる）はずだというようなチャート分析のような投資方法はうまくいきません。

2 つめの準強効率性における情報は，過去の資産価格以外の「公表されている情報」も含んでいると考えます。すなわち，効率的市場が成り立っているのであれば，たとえば，昨日の午前中に株式分割が終わっている場合，昨日の午後の株価にはその情報がすでに反映していますので，今日になってから昨日の株式分割の情報を用いて特別に儲ける方法はないと考えます。

3 つめの強効率性における情報には，公になっていない，すなわち**私的情報**まで含んだあらゆる情報が含まれます。当然，私的な情報にはインサイダー情報も含まれます。強効率性が成立していないのであれば，逆に私的な情報を活

用することで，特別の利益を得ている投資家がいると考えられます。しかし，1970年のファーマの研究では，ジェンセン（Michael Jensen）の投資信託会社の研究を紹介して，プロフェッショナルな運用をしているはずの投資信託会社でも，特別な利益をあげることができていないことを指摘しました。すなわち，株式市場では強効率性が成立していることを示唆しています。

さて，効率的市場の分析はファーマの1970年の研究より以前から行われてきたわけですが，株式市場や外国為替市場はすべての情報を反映させているのでしょうか？　これに対する答えは，短期的には株式市場は効率的であると考えられています。しかし，長期的には効率的市場と矛盾するような研究結果が得られています。長期的には株式市場が効率的市場ではないことを指摘したシラー（Robert J. Shiller）の1981年の研究を契機として，証券市場には心理的要素が重要であることが主張されています。このような心理的要素などを取り入れた研究は「行動ファイナンス」と呼ばれ，シラーもこの功績からノーベル経済学賞をファーマと同年に受賞しています。外国為替市場における行動ファイナンスについては，第6節で取り上げます。

ニュースと効率的市場

金融資産に関する情報が市場参加者全員に共有されている場合には，取引を通してすべての情報が価格に反映されるため，その金融資産市場は効率的市場になります。そのような市場に，これまでの情報に含まれていなかった，新たな情報（ニュース）が提供されると，その情報が瞬時に価格に反映されることになります。そのため，多くの情報が発生する場合には，価格の変動が激しくなり，すなわちボラティリティも高くなることがあります。金融資産に関わる情報はニュースとして，ロイター社やブルームバーグ社などの情報配信会社によって，グローバルにリアルタイムで配信されます。ニュースの到来がどのように外国為替レートに影響を与えるかを理解するのに，次の事例を見ていきましょう。

図6.4には1999年9月21日の円ドルレートが示されています。当時は，バブル経済崩壊後の不況下で，すでに日銀がゼロ金利政策ならびに量的緩和政策を行っていました。この日は，日銀政策委員会・金融政策決定会合が開かれ，

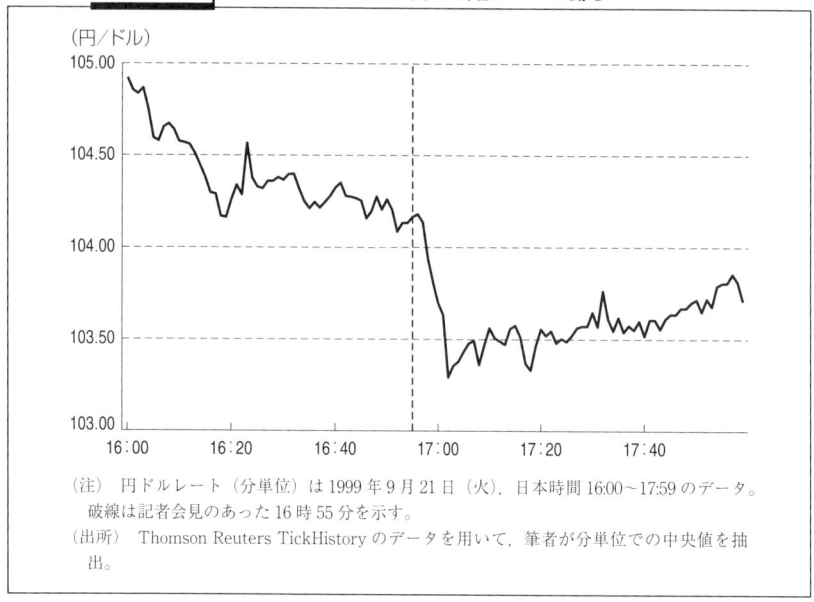

CHART 図6.4 ニュースの到来と為替レートの動き

(注) 円ドルレート（分単位）は1999年9月21日（火），日本時間16:00～17:59のデータ。破線は記者会見のあった16時55分を示す。
(出所) Thomson Reuters TickHistoryのデータを用いて，筆者が分単位での中央値を抽出。

新たな金融政策の手段について討議されていました。16時55分に記者会見があり，報道記者たちに報告書が配布されました。しかし，報告書の内容に目を通すと，期待していた金融緩和政策の追加はないことが明らかになりました。市場が期待しすぎていたせいですが，これはマイナスの情報として市場に到来しました。実際に記者会見の2分後の16時57分には，「日銀が一段なる緩和政策を取らなかったことに市場は失望している。潤沢な資金を提供すると報告しているが，従来の政策といっさい変わっていない」というニュースが世界に発信されました。期待されていたマネーサプライの増加が実現されないということで，円ドルレートは円高方向に大きく動きました。

効率的市場仮説とインサイダー取引

「半年後に実施されるアメリカの規制緩和は，企業の投資活動を活性化させ，その後のアメリカ経済の成長に大きく影響を与える」という報道（ニュース）があったとしましょう。この規制緩和は現在のアメリカ経済には何も実質的な影響を与えません。しかし，規制緩和が導入される半年後には，アメリカ経済に影響を与え，さらにドルの為替レートに影響（ドル高方向）を与えると考え

CHART 図6.5 ニュースの到来と価格の変化

(円/ドル)

120 ┤ C- - - - - - - - - - - - - ▲
　　　　　　　B
100 ┤ ─────────── - - - - - ▲ A

　　　　　　　現在　　　　　半年後

(注) 現在に半年後の規制緩和についてのニュースが到来した。AやBの経路では，現在から半年後までの間に裁定機会が存在している。ニュースの到来とともに裁定機会が消滅するのはCの経路のみである。

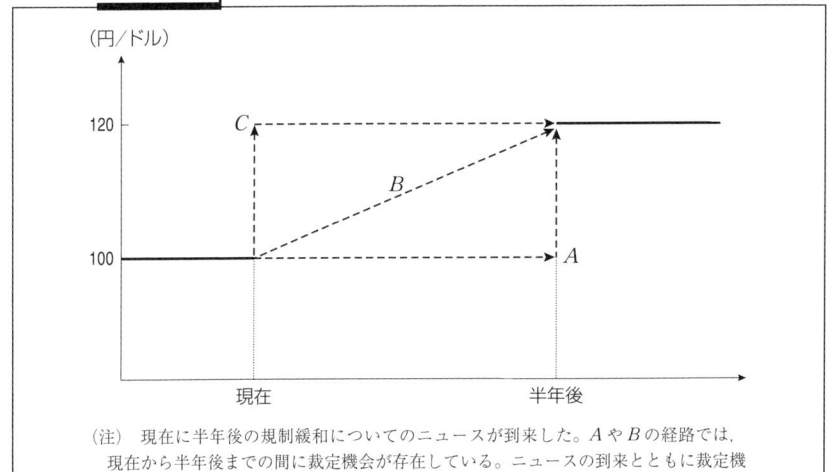

られます。それでは，ドルレートはいつ上昇（ドルは増価）するのでしょうか？

　現在の低いドルレート（たとえば100円/ドル）から半年後の高いドルレート（たとえば120円/ドル）にはどのように変化していくのでしょうか？　図6.5を見ながら考えてみましょう。現在のドルレートはおおよそ維持されたまま，半年後に規制緩和が導入されたときに急激にドルが増価（急激に上昇することをジャンプと表現します）することも考えられます（Aの経路）。または，現在のドルレートから緩やかに上昇を続け，半年後の高いドルレートにスムーズに変化していくことも考えられます（Bの経路）。しかし，このような為替レートの動きをするのであれば，投資家は規制緩和導入の1カ月前にドルに投資をすることで，確実に利益を得ることができます（たとえば，116円/ドルでドルを買い，その1カ月後に120円/ドルでドルを売る）。このことをすべての投資家が共有して認識していれば，すべての投資家が規制緩和の1カ月前にはドルを購入しますので，半年後ではなく5カ月後に120円/ドルまで上昇してしまいます。これを新たな事実として認識すると，同様の理由で，さらに1カ月前の4カ月後にも120円/ドルに上昇するはずです。すると，すべての裁定機会（価格差を利用して利益を上げる機会）がなくなるまでを考えると，ニュースが到来した現時点にお

いてドルレートが 120 円/ドルにジャンプするのが納得できる価格の動きとなります（C の経路）。

ここでの議論が，第 5 章の為替レート決定式の（5-10）式と非常に密接な関係にあることに留意してください。（5-10）式では，期待為替レートが現在の為替レートに影響を与えることが示されていました。

> **POINT**
> もし外国為替市場が効率的市場であれば，新しい情報（ニュース）が到来すると，その情報が瞬時に為替レートに反映される。つまり，ニュースが到来した現在時点で，裁定機会がなくなるまで一気に為替レートが変化（ジャンプ）する。

最後に，私的情報と**インサイダー取引**に関して少し言及します。もしも，上記で考察してきた情報が，私的情報として一部の投資家だけが保有していた場合を考えると，為替レートの動きはドルレートの上昇がすぐに実現する C 経路ではなく，ゆっくりとドルレートが上昇する B 経路か，もしくは半年後までドルの上昇は実現しない A 経路が考えられます。これらの経路は強効率性が成立していない場合に実現します。一国の経済状況が情報となる外国為替市場では，インサイダー取引と認定されるものはありませんが，私的情報と考えられるものは発生しますので，この点に関しては第 4 節以降で考察します。

3 外国為替市場のマイクロストラクチャー
▶ どうやって注文しているの？

第 4 節で情報が重要な役割を持つモデルを学ぶ前に，まずは外国為替市場の詳細な構造である**マイクロストラクチャー**を理解していきましょう。市場のマイクロストラクチャーと言うときには，注文の方法や取引処理の仕方などを含む市場制度までを指します。

指値注文と成行注文

外国為替市場のインターバンク市場への注文には，**指値注文**と**成行注文**があります。指値注文では，希望する取引価格を指定して行うため，ほかに有利な取引価格での注文が存在する場合には，取引の成立に時間がかかる場合があります。たとえば，ドルを100円20銭で買う指値注文をしても，他者からの買い注文で100円30銭が指定されていれば，そちらの取引が優先されます。指値注文では，取引価格を指定できるメリットと取引不成立になりうるデメリットを比較検討する必要があります。

一方，成行注文では，市場に寄せられている相手側の注文の中から，最も条件のよい取引価格で取引を約定（取引が成立すること）させます。取引価格を指定しないので，相手側の注文がある限り必ず取引は約定されます。ただし，多くの成行注文が同時に発注されるような状況では，取引を決断してから発注するまでの数秒の間に大きく取引価格が変わるリスクはあります。成行注文では，約定を確定できるメリットと不利な取引価格になりうるデメリットを比較検討する必要があります。

注文板

市場に複数の指値注文が入ってくると，指定価格ごとに注文が累積されていきます。それを可視化したものが**注文板**です。**表6.2**は外国為替市場の例として，円ドル取引の注文板を表しています。インターバンク市場での取引単位は1本が100万ドルです。売り注文は101.34円以上にあり，最安値（101.34円）で35本の売り注文，1銭高い101.35円では20本の売り注文が控えています。一方，買い注文は101.33円以下にあり，最高値（101.33円）で27本の買い注文，1銭安い101.32円では18本の買い注文が控えています。この注文板の状態で，必ずドルの取引を約定したいのであれば，ドル買い希望の銀行は注文板の売り注文を相手側として見ることになります。

たとえば，表6.2の注文板の状態で，ある銀行がドルを買う成行注文を行うと，注文板の最安値の売値（101.34円）で取引が約定します。また，別の銀行がドルを売る成行注文を行う場合には，注文板の最高値の買値（101.33円）で

3 外国為替市場のマイクロストラクチャー

CHART 表6.2　注文板の例

売り数量	レート	買い数量
5	101.38	
4	101.37	
14	101.36	
20	101.35	
35	101.34	
	101.33	27
	101.32	18
	101.31	15
	101.30	6
	101.29	3

（注）　円ドル市場では，最小値幅（ティック）が1銭。表例では，最安売値から5ティック，最高買値から5ティックだけ示している。注文板の価格範囲外での注文も可能である。

取引が約定します。同価格に複数の成行注文がある場合には，発注の早かったものが優先的に取引されるルールがあります。また，指値であっても相手側の注文価格範囲で発注を行うと，当然ですが取引は成立します。たとえば，101.34円で買いの指値注文を出す場合です。これを**マーケッタブル指値注文**と言います。後述する外国為替市場でシェアが最大のEBS社が提供する電子ブローキング外国為替市場（EBS社のコンピューター・サーバー上で世界中からの注文が自動的に約定される）では，上記で説明したような成行注文はありません。

ビッド・アスク・スプレッド

ニューヨーク証券取引所では，スペシャリスト（マーケット・メーカー）と呼ばれる取引仲介者が，自らリスクを負って買値（ビッド）と売値（アスク）を提示することができます。売値は買値より高く，この値幅のことを**ビッド・アスク・スプレッド**と呼びます。マーケット・メーカーは，自らが取り扱う株式銘柄と自己資金を保有しながら，一般投資家の株式の売買の相手をします。一般投資家の株式の買い注文ばかり受けると，マーケット・メーカーの保有している株式は枯渇します。一方，一般投資家の売り注文ばかり受けると，自己資金が枯渇してしまいます。バランスよく売買両方の注文を受けられると，ビッ

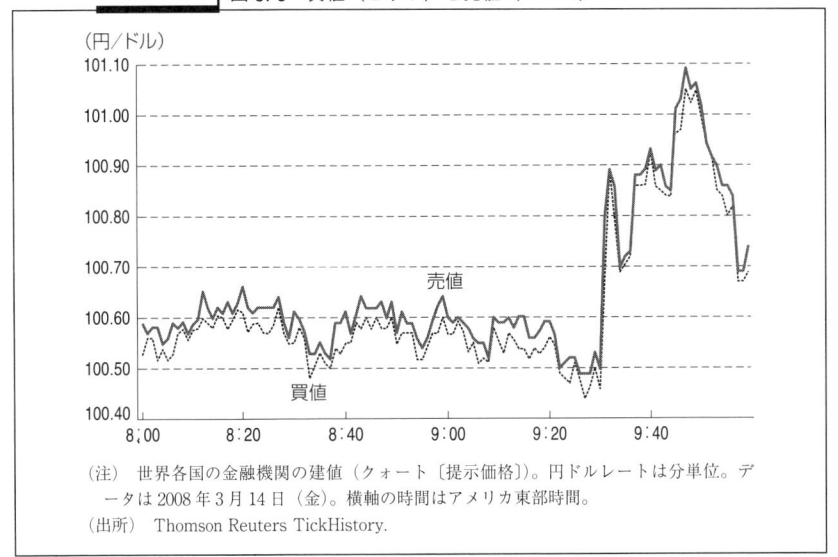

CHART 図6.6 買値（ビッド）と売値（アスク）

(円/ドル)

（注）世界各国の金融機関の建値（クォート〔提示価格〕）。円ドルレートは分単位。データは2008年3月14日（金）。横軸の時間はアメリカ東部時間。
（出所）Thomson Reuters TickHistory.

ド・アスク・スプレッドの値幅から利益を手に入れることができます。

表6.2の例で用いられた外国為替市場では，電子指値注文市場の仕組みを用いています。この場合でも，注文板に形成された最高買値（101.33）と最安売値（101.34）の値幅も同様にビッド・アスク・スプレッドと呼ばれます。インターバンク市場においても直接取引（ダイレクト・ディーリング）では，取引相手銀行に買値と売値を提示しますが，この差もビッド・アスク・スプレッドです（銀行ディーラーの外為取引の実態に関しては，伊藤（1996）の第1章を参照）。この際の銀行ディーラーの役割もマーケット・メーカーと呼ばれます。

図6.6には，トムソン・ロイター社が提供する世界各国の金融機関が提示したビッドレートとアスクレートが分単位で表示されています。この2つのレートの幅が，ビッド・アスク・スプレッドになります。2時間程度の変化を示していますが，ビッド・アスク・スプレッドが一定ではないことは図から明らかです。そもそも，ビッド・アスク・スプレッドはどのような要因で決定されているのでしょうか？　このような問題に対する解答を提供するための研究をマイクロストラクチャー・モデルと呼んでいます。以下で詳しく見てみましょう。

3　外国為替市場のマイクロストラクチャー　● 125

ニューヨーク証券取引所のスペシャリスト（写真提供：AFP＝時事）

4. マイクロストラクチャー・モデル
▶ 情報を持つ者と持たざる者

　強効率性が成立していない例としては，インサイダー取引があげられます。インサイダー取引のような違法でなくても，実際の金融市場参加者間には情報格差があると考えられます。そのような場合には，情報量の違いから市場参加者をインフォームド・トレーダーとアンインフォームド・トレーダーとに分けて考えることができます。マイクロストラクチャー・モデルでは，市場の構成や制度および参加者の特徴をできるだけモデルに取り入れて分析を行います。時には，市場参加者がお互いに相手の戦略を読み合うゲーム理論の均衡概念（ストゥディア・シリーズの『ミクロ経済学の第一歩』の第12章参照）で市場価格が形成される場合もあります。

インフォームド・トレーダーとアンインフォームド・トレーダー

　経済学で一般的に学ぶ市場モデルでは，需要関数と供給関数があり，両者が一致するという市場均衡条件のもと，価格と取引量が決定されます。しかし，この章で学んできた証券市場や外国為替市場の取引では，市場に注文が連続的に到達します。価格も1つだけではなく，注文板に異なる価格の注文が待機し

ています。このような市場構造を取り入れて分析するマイクロストラクチャー・モデルには，大別して**在庫モデル**と**非対称情報モデル**があります。本節では非対称情報モデルを紹介します（在庫モデルに関しては，本書のウェブサポートページを参照してください）。

　マイクロストラクチャー・モデルでは，マーケット・メーカーとしての銀行が自国通貨と外貨を保有し，買値と売値を提示して，銀行に来る顧客の注文に対応します。銀行が提示するビッド・アスク・スプレッドは，3種類の取引費用によって影響を受けます。1つめは取引にかかる手数料，2つめは外貨保有リスクです。3つめは，取引相手の方が有利な情報を持っていた場合に生じる非対称情報費用です。非対称情報とは，取引参加者間に情報量が異なる場合を指します。具体的には，インサイダー情報を保有している投資家をインフォームド・トレーダー（以下ではインフォームド）と呼び，情報を持たない投資家をアンインフォームド・トレーダー（以下ではアンインフォームド）と呼びます。アンインフォームド・トレーダーはノイズ・トレーダー，リクイディティ・トレーダーと呼ばれることもあります。このような投資家間の情報の非対称性を検討するモデルを非対称情報モデルと呼んでいます。

　非対称情報費用はビッド・アスク・スプレッドにどのような影響を与えるのでしょうか？　インフォームドは本来の外貨価値を知っていると考えます。インフォームドが取引をする場合には，本来の価値と比較して，市場の建値（提示価格）が安ければ買い注文を出し，市場の建値が高ければ売り注文を出します。そのため，インフォームドが必ず利益を得る代わりに，銀行は必ず損失を被ります。銀行はインフォームドとの取引から発生する損失を補うために，ビッド・アスク・スプレッドを十分に大きくすることで，アンインフォームドとの取引で利益を確保しようとします。

非対称情報モデル

　それでは，インサイダー情報は為替レートに反映されるようになるのでしょうか？　すなわち，強効率性は成立するのでしょうか？　答えは非対称情報モデルでは，取引が繰り返されるとともに少しずつインサイダー情報が価格に反映されると主張しています。その様子を外国為替市場の対顧客市場における銀

CHART 図6.7 インフォームド・トレーダー取引と価格調整

第1グループと第2グループがともにアンインフォームドのケース：	第1グループがインフォームド，第2グループがアンインフォームドのケース：
「good」の状態のとき，為替ディーラーが受ける注文の「売り」と「買い」はそれぞれ25%。	「good」の状態のとき，為替ディーラーが受ける注文の「売り」は12.5%だが，「買い」は37.5%。

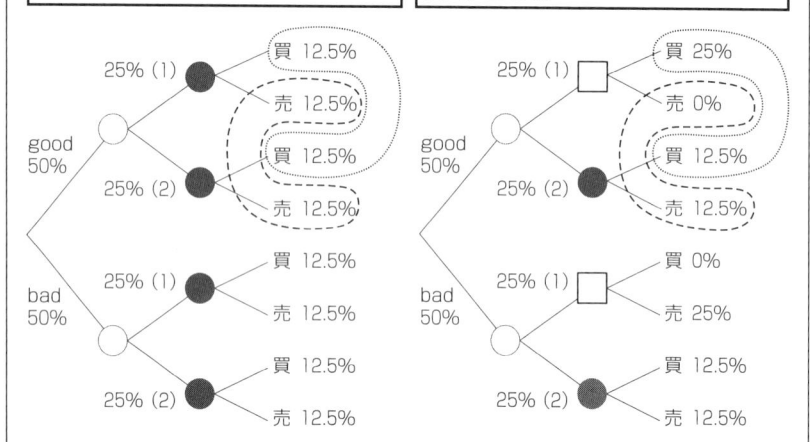

【左図】
- good 50%
  - 25%(1) → 買12.5% / 売12.5%
  - 25%(2) → 買12.5% / 売12.5%
- bad 50%
  - 25%(1) → 買12.5% / 売12.5%
  - 25%(2) → 買12.5% / 売12.5%

【右図】
- good 50%
  - 25%(1) □ → 買25% / 売0%
  - 25%(2) ● → 買12.5% / 売12.5%
- bad 50%
  - 25%(1) □ → 買0% / 売25%
  - 25%(2) ● → 買12.5% / 売12.5%

（注）「good」と「bad」の状態はそれぞれ50%の確率で生じる。第1グループ(1)と第2グループ(2)はそれぞれ同じ確率（50%）で取引の機会が得られる。インフォームド（□）は状態を知っていて，「good」のときは必ず買い，「bad」のときは必ず売る。アンインフォームド（●）は状態がわからないので，買いと売りをそれぞれ50%の確率で行う。

行（以下では為替ディーラー）と顧客の関係から見ていきます。

図6.7では，2つの顧客グループと為替ディーラーについて，2つのパターンを説明します。まずは，いくつかの仮定があるので説明します。ドルのファンダメンタルズについてですが，公の情報では「良い（good）場合と悪い（bad）場合が半々」だとしかわかっていません。2つの顧客グループがいますが，どちらのグループも取引に参加する確率は同じ（50%）であるとすると，「good」の状態で第1グループが発注する確率は25%となっています。ただし，為替ディーラー側からは，発注をした顧客がどちらのグループに属しているかはわかりません。

まず，第1グループも第2グループもアンインフォームド（●）である図6.7の左の図を見てみましょう。アンインフォームドはドルのインサイダー情報を所有していないので，半々の確率で（ランダムに）買い注文か売り注文を

128 ● CHAPTER 6 効率的市場とマイクロストラクチャー

行います．結果として，左図ではどのパターンでも，最後の確率は12.5%となります．よって，為替ディーラーが受ける注文は，ドルのファンダメンタルズが良い状態でも悪い状態でも，買い注文の割合（25%）と売り注文の割合（25%）は同じになります．そのため，為替ディーラーは顧客の注文からは，ドルのファンダメンタルズについて公にされている情報以上のことを知ることはできません．

次に，第1グループはインフォームド（□）で，第2グループはアンインフォームド（●）である図6.7の右の図を見てみましょう．インフォームドはインサイダー情報を保有していますので，良い状態の場合には必ず買い，悪い状態の場合には必ず売ります．右図の為替ディーラーはどちらのグループが発注をしてきたかはわかりませんが，状態が良い場合は，買い注文の割合（37.5%）が売り注文の割合（12.5%）の3倍になることがわかります．また，状態が悪い場合には，買い注文の割合（12.5%）が売り注文の割合（37.5%）の3分の1になることがわかります．そのため，為替ディーラーは多くの買い注文を受けると，ファンダメンタルズは良い状態の可能性が高いと考え，買値と売値の建値を少し上昇（ドル高）させます．逆に，多くの売り注文を受けた場合には，建値を少し下げます（ドル安にする）．こうして，注文がくるたびに少しずつ建値を調整してきます（このような追加的な情報を用いて，自分の予想を変更していく方法をベイズ的学習と呼びます）．

第2節の効率的市場の概念と関連づけると，非常に興味深い結論が導かれます．為替ディーラーの情報（すなわち公的な情報）のもとでは，注文のたびに価格が変化して，市場価格はマーチンゲール過程に従い，準強効率性を満たしています．さらに，注文をどんどん受け続けることによって，最終的には市場価格はインサイダー情報も完全に反映させますので，強効率性も満たします．

> **POINT** マイクロストラクチャー・モデルと効率的市場
> 取引が繰り返されるとともに，少しずつインサイダー情報が価格に反映されていく．つまり，効率的市場の強効率性が満たされていく．

オーダーフロー

　最後に，外国為替市場のインターバンク市場における為替ディーラーの注文自体が，私的情報を反映しているという考えを紹介します。これは，エバンスとライオンズが一連の研究で提唱した考え方です（Evans and Lyons, 2002）。

　外国為替市場において取引が成立するときには，必ず買い手と売り手の両方が存在するために，1日分の取引成立額を集計すると，必ず買い金額総計と売り金額総計は一致します。しかし，エバンスとライオンズは注文板を構成する指値注文は私的情報を保有していない一方，成行注文もしくはマーケッタブル指値注文を行い，最終的な取引を主導する取引には私的情報が含まれていると指摘しました。これは，銀行が輸出入業者らの顧客からの取引を行い，それを反映した取引をインターバンク市場で行っていると考えるからです。たとえば，輸出業者からドル売り注文を受けると，銀行はドルを買い取りますが，事前のドル保有高を維持しようとすると，買い取ったドルをインターバンク市場で売却します。すなわち，銀行の発注には世界中の各企業の私的情報が反映されているのです。エバンスとライオンズは取引を主導する「外貨買い注文数」と取引を主導する「外貨売り注文数」との差を**オーダーフロー**と呼び，これがプラスだと外貨高に，マイナスだと外貨安になることをデータで示しました。

5　電子ブローキングシステムとアルゴリズム・トレーディング
▶ドルを売買するのはコンピューター

　近年では，第4節で検討した人間の行動を前提とした投資家間の取引だけでなく，コンピューターによる発注プログラムである，**アルゴリズム・トレーディング**が用いられるようになっています。この背景には，そもそも外国為替市場における仲介者が，人間である為替ブローカーからコンピューターの**電子ブローキングシステム**にすでに変わっていたことがあります。

　キリレンコとローはアメリカ証券取引委員会（SEC）が取り締まったアルゴリズム・トレーディングの実際の例を次のように紹介しています。出来事はす

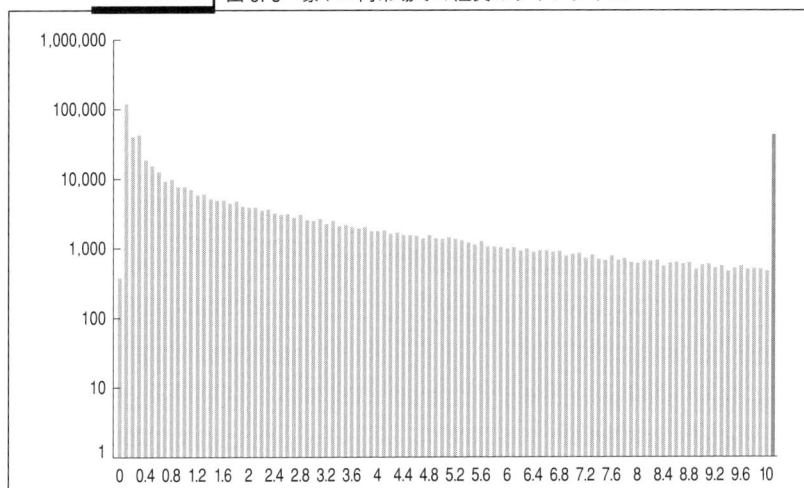

CHART 図6.8 豪ドル円市場での注文のライフタイム

(注) 2010年9月8日午前6時から24時間中にEBSの豪ドル円市場に発注された注文のライフタイム（市場滞在時間）。この時間内に46万4671回の発注があった。横軸は0.1秒単位ごとのライフタイムを示し，縦軸（対数表示に注意）は注文数を示している。右端は10秒以上のライフタイムを合計した注文数。
(出所) Susai and Yoshida（2014）の図10-3。

べて11時8分55秒台に起こったので，以下ではコンマ以下の秒数だけを記します。「W. W. グレインシャー（GWW）株の市場でのビッドとアスクは，101.27ドルと101.37ドルであった。ある業者はこのGWW株を1000株売る指値注文を101.34ドルで0.152秒に発注した。その後，0.164秒から0.323秒の間に，11回の買い注文を出すことで，ビッドを101.33ドルまで吊り上げた。すると，別の投資家から0.333秒に成行買い注文が入り，最初の1000株を101.34ドルで売ることに成功した。この業者は0.932秒にはすべての買い注文をキャンセルしていた」（Kirilenko and Lo, 2013：筆者要約）。

　外国為替市場の取引も同様に，コンマ数秒の世界になっています。たった24時間の間に，何10万回も発注・取り消し・建値変更される実際の注文データから，コンマ数秒単位で注文が発注・取り消し・建値変更される状況を説明しましょう。図6.8には豪ドル円市場の1日分の注文に関して，それぞれの注文のライフタイム（市場に滞在していた時間）を示しています。米ドル円市場のような主要通貨間の取引であるストレート市場ではなく，豪ドル円市

5 電子ブローキングシステムとアルゴリズム・トレーディング ● 131

> **Column ❻-1 三角裁定**
>
> 外国為替市場には，多くの通貨ペア間の取引が存在しています。そのため，ある外貨を入手するための方法は1つに限定されません。下図のドル・ユーロ・円の3通貨間には，それぞれに外国為替市場があり通貨取引が成立しています。たとえば，円とユーロの交換に関しては，円ユーロ市場を用いる直接取引と，円ドル市場とユーロドル市場のいったんドルを経由しての間接取引による方法があります。対ドルの外国為替市場は取引金額も大きく主要な外国為替市場である一方，ドルを含まない外国為替市場である円ユーロのような市場はクロス市場と呼ばれています。
>
> 刻々と変化する外国為替市場において，コンマ数秒単位では，直接取引と間接取引で微小ながらレートに差が生じる可能性はあります。その価格差からの収益を目的とした裁定取引を三角裁定と呼んでいます。下図の例では，間接取引でユーロ買いをして，直接取引でユーロ売りを行うと，利益が得られます。
>
> これまで学んできた裁定取引同様に，三角裁定取引の存在自体が外国為替市場間の価格差の消滅に役立っています。
>
> **図 三角裁定の例**
>
> 円とユーロを交換する場合，直接取引だと81円/ユーロ，間接取引だと，(クロスレート) は80円/ユーロ。
>
> 円ドル市場 1ドル＝80円
> ユーロドル市場 1ドル＝1ユーロ
> 円ユーロ市場 1ユーロ＝81円
>
> この例での三角裁定とは，間接取引でユーロ買いを行い，直接取引でユーロ売りをすること。

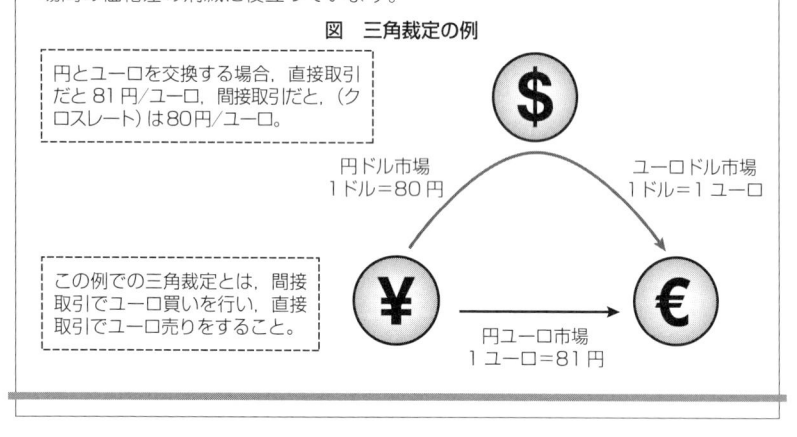

場はクロス市場であるため，**三角裁定**を目的とした注文がとくに多くなります（Column ❻-1 参照）。そのため，頻繁に注文を取り消したり，建値を変更する必要に迫られます

外国為替市場のブローカーとして最大のシェアを誇る EBS 社が記録する時間の最小単位は 0.001 秒であるため，0.001 秒より短い時間は 0 秒と記録されています。図 6.8 の左端の 0 秒のライフタイムの注文は 358 回ありましたが，

すべて取り消し・建値変更されています。0.01秒以内のライフタイムの注文は4万4663回ありますが，23回のみ約定（成行注文と同様）していて，残りはすべて取り消し・建値変更されています。コンマ数秒での注文取り消し・変更は間違いなくコンピューターによる取引です。

6 外国為替市場の行動ファイナンス理論
▶ みんなが同じ行動を取れば為替レートのバブルが発生する

行動ファイナンスとは？

経済学全般において，合理的期待に基づく理論では説明のつかないことが多く発見されてきました。ファイナンスの分野における，効率的市場が成り立たない場合もその1つです。そこで，心理学的な要因などを積極的に取り込んだ行動経済学を推し進めたカーネマン（Daniel Kahneman）が2002年にノーベル経済学賞を受賞しました。その行動経済学をファイナンス分野にも適用した**行動ファイナンス**の研究で，シラーがノーベル経済学賞を受賞したことは第2節で述べたとおりです。

第4節で学んだ市場構成に重点を置くマイクロストラクチャー・モデルとは少し別の視点から，為替レートの動きを説明するための行動ファイナンス理論がドゥグロウらによって提唱されています（De Grauwe and Grimaldi, 2006）。以下に，ドゥグロウらのモデルを簡略化したものを紹介します。為替レートのファンダメンタルズの変化については，外生的に取り扱います。ここでは，経済ファンダメンタルズに基づく，ファンダメンタル・レート（S^*）が単純にランダム・ウォークに従うと仮定します。一方，市場レート（名目為替レート：S）は，必ずしもファンダメンタル・レートに従わず，市場の需給による部分と誤差項の合計として決まると仮定します。これらのレートを式で表すと次のようになります。

ファンダメンタル・レート：$S^*_t = S^*_{t-1} + \varepsilon_t$
市場レート：$S_t = f(注文) + \eta_t$

ここで、ε_t と η_t（η はエータと読む）はそれぞれのレートの誤差項で、ともに期待値＝0で一定の分散です。f(注文) は買い注文マイナス売り注文（いわゆるオーダーフロー）と正の関係を示す関数です。つまり、市場レートはドル買い注文の方が多いとドル高になり、ドル売り注文の方が多いとドル安になります。

市場参加者は、**ファンダメンタリスト**と**ノイズ・トレーダー**の2つのグループに分かれます。両グループともファンダメンタル・レートの情報を所有しています。両者の違いは、情報の違いではなく、投資戦略の違いです。ファンダメンタリストは現在のファンダメンタル・レートと市場レートを比較して、市場レートがドル高（ドル安）すぎると、近い将来にドルの価値は下落（上昇）すると考えて、ドル売り（買い）注文をします。一方、ノイズ・トレーダーはファンダメンタルズの情報は無視して、市場でドル高（ドル安）に変化すると、さらにこの傾向は続くことを期待して、ドル買い（売り）注文をします。これらの投資戦略をまとめると以下のようになります。

> **POINT**
> - ファンダメンタリスト
> $S_t - S_t^* > 0 \Rightarrow$ ドル売り注文　　$S_t - S_t^* < 0 \Rightarrow$ ドル買い注文
> - ノイズ・トレーダー
> $S_t - S_{t-1} > 0 \Rightarrow$ ドル買い注文　　$S_t - S_{t-1} < 0 \Rightarrow$ ドル売り注文

2つのグループは同じ方向の注文をする場合もありますし、逆の注文をする場合もあります。このモデルでは4つの状態が考えられますので、表6.3に注文行動と市場レートの動きを詳しく示しています。

表6.3の左上の組合せでは、たとえば、$S_{t-1}=90$, $S_t=100$, $S_t^*=95$ の状態が示されています。現在の市場ドルレート（S_t）は、①前期より上昇しているので、ノイズ・トレーダーはドル買いを行い、②ファンダメンタル・レートよりドル高になっているので、ファンダメンタリストはドル売りをします。ドル買いもドル売りも両方あるため、来期の市場ドルレート（S_{t+1}）に与える影響はこれだけでは確定できません。一方、表6.3の右上の組合せでは、たとえば、$S_{t-1}=105$, $S_t=100$, $S_t^*=95$ の状態が示されています。現在の市場ドルレートは、①前期より下落しているので、ノイズ・トレーダーはドル売りを行い、②

CHART 表6.3 2つのグループによる注文行動と市場レートの動き

		ノイズ・トレーダーの注文	
		市場レートのドル上昇 ⇒（ドル買い）	市場レートのドル下落 ⇒（ドル売り）
ファンダメンタリストの注文	市場レートがファンダメンタルズよりドル高 ⇒（ドル売り）	$S_{t+1}?$	$S_{t+1}\downarrow$
	市場レートがファンダメンタルズよりドル安 ⇒（ドル買い）	$S_{t+1}\uparrow$	$S_{t+1}?$

（注）ファンダメンタリストは市場レートとファンダメンタル・レートの大小関係で、ドルの売買の判断をする。ノイズ・トレーダーは過去の市場レートの動きによって投資行動を判断する。両グループの注文より、市場レートが決定される。

ファンダメンタル・レートよりドル高になっているので、ファンダメンタリストもドル売りをします。よって、両方のグループがドル売りを行いますので、市場でのドルはさらに下落します（前期から下落していたことに注意してください）。

もしも、市場参加者のすべてがファンダメンタリストであれば、市場レートはファンダメンタル・レートに追従します。逆に、市場参加者のすべてがノイズ・トレーダーであれば、いったん市場レートが上昇（下落）を始めると、さらなる買い（売り）注文が殺到して、市場レートがファンダメンタル・レートからますます乖離していき、ドル高（ドル安）バブルが発生します。このように、価格が上昇したからさらに上昇すると考え、多くの取引参加者が買い注文をすることで、さらに価格が上昇するような動きを<u>自己実現的</u>と呼びます。

さて、このモデルでは、両グループの割合は一定ではなく、両グループの利益によって変化すると考えます。より儲かったグループ（両グループとも損をした場合では、損失が少ない方）は、次期に割合が上昇します。ノイズ・トレーダーグループがより高い利益を上げているのであれば、ファンダメンタリストグループから、投資戦略を変更する投資家が現れるからです。

バブルの発生と崩壊

このドゥグロウらのモデルはいろいろな為替レートの動きを生じさせることが可能になります。とくに、為替レートのバブル的な動きを的確に説明できることがとても興味深いです。このエッセンスを簡略に説明します。

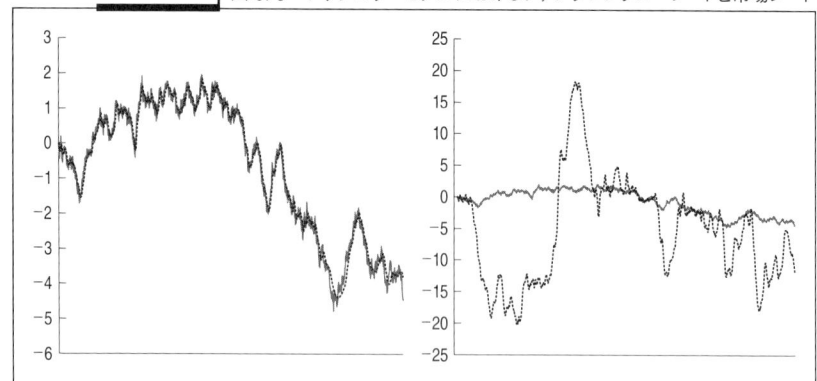

CHART 図6.9 ドゥグロウ・モデルにおけるファンダメンタル・レートと市場レート

(注) モデルの詳細は De Grauwe and Grimaldi (2006) を参照（具体的な計算は本書のウェブサポートページを参照）。データは筆者によるシミュレーションより第1期から第2000期までを生成。為替レートの初期値（第−1期と第0期）はどちらも0とした。左図と右図で縦軸の範囲が違うため異なるように見えるが、ファンダメンタル・レート（実線）はまったく同じ動きをしていることに注意。破線は市場レート。

　まず、前期に市場レートが上昇して、ファンダメンタル・レートより高くなった場合を考えます。表6.3の左上のケースに該当します。ファンダメンタリストはドル売りをして、ノイズ・トレーダーはドル買いをします。このとき、今期の市場レートの動く方向は確定していないのですが、もしも市場レートがさらにドル高方向に動くとすると、ドル買い注文をしているノイズ・トレーダーが利益を上げ、ファンダメンタリストは損失を出します。その結果、ファンダメンタリストの一部がノイズ・トレーダーの取引手法に転換します。すると、ノイズ・トレーダーの市場シェアが高まり、ノイズ・トレーダーのさらなる買い注文は、より市場レートを上昇させやすくなります。表6.3の左上では市場レートの動きが「？」となっていますが、このような状況では連続して「↑」となることが可能となります。このことが自己実現的なバブルの形成時期を説明しています。

　しかし、市場レートの決定式には誤差項がついているため、（低い確率であっても）大きなマイナスの値を取ることはあります（理由は外為市場のコンピューター・サーバーのシステム障害によるエラーでも構いません）。そのような場合には、買い注文が多いにもかかわらず、市場レートは下落してしまいます。すると、状況は一転して表6.3では右上の状態に変化します。ノイズ・トレーダーは新

たな下落トレンドに乗って，これまでとは反対に売り注文を出し始めます。そもそも，ファンダメンタリストは高すぎる市場レートに対して売り注文を出し続けていました。こうなると，両グループが売り注文を出しますので，市場レートはファンダメンタル・レートに戻るように急落します。もし今までドル高バブルが続いていたのなら，このような価格変化はバブルの崩壊を説明しています。

> **POINT** 為替レート変動の行動ファイナンスモデル
> このモデルでは，ノイズ・トレーダーの存在が増してくると，為替レートが一方向に変化する，いわゆるバブル現象が起こることを説明できる。またそのバブルの崩壊も説明できる。

ドゥグロウらのモデルに基づいて，乱数を用いたシミュレーションから得られたファンダメンタル・レートと市場レートを図6.9に示しています。2つの図では，ファンダメンタル・レートもモデルのパラメーターもまったく同じで，市場レートの誤差項で異なる乱数を用いているだけです。それなのに，左図では市場レートがファンダメンタル・レートとほぼ同じように動いている一方，右図では市場レートがファンダメンタル・レートから大きく乖離してしまいました。

SUMMARY ●まとめ

- □ 1 ファンダメンタルズ（マクロ変数）だけでは，為替レートの短期的な動きを説明するのには不十分です。
- □ 2 効率的市場は為替レートがどの程度までの情報を反映しているかの概念です。
- □ 3 ニュース（新しい情報）の到来と同時に，現在の為替レートは反応します。
- □ 4 マイクロストラクチャー・モデルでは，情報を所有する投資家と情報を持たない投資家の取引が考えられています。
- □ 5 現在の外国為替市場はコンピューターがプログラムによって注文を出している場合があります。
- □ 6 ファンダメンタルズに基づく投資家がいても，ノイズ・トレーダーがいると為替レートは大きな変動をすることがあります。

KEYWORDS ●キーワード

ボラティリティ,マーチンゲール過程,ランダム・ウォーク,効率的市場,弱効率性,準強効率性,強効率性,私的情報,ニュース,インサイダー取引,マイクロストラクチャー,指値注文,成行注文,注文板,マーケッタブル指値注文,ビッド・アスク・スプレッド,インフォームド・トレーダー,アンインフォームド・トレーダー,マイクロストラクチャー・モデル,在庫モデル,非対称情報モデル,オーダーフロー,アルゴリズム・トレーディング,電子ブローキングシステム,三角裁定,行動ファイナンス,ファンダメンタリスト,ノイズ・トレーダー,自己実現的

EXERCISE ●練習問題

1 本書のウェブサポートページにある「ランダム・ウォーク・モデルの数値計算の方法」を参照して,次の問いに答えなさい。下の表は,図 6.3 のランダム・ウォークの例の左上グラフの最初の 10 個のデータを示しています。誤差項から,X の値を逐次求めなさい。

期	1	2	3	4	5	6	7	8	9	10
誤差項		0.79	−0.40	0.66	0.35	0.59	−0.76	0.10	−0.64	0.94
X	0									

2 外国為替市場の注文板が図 6.6 の状態のときに,新たに 101.34 円/ドルで指値買い 36 本の発注がありました。新たな最安売値と最高買値,そしてそれぞれの注文数を答えなさい。

3 本書のウェブサポートページから,エクセルファイルをダウンロードして,新たな誤差項を用いたドゥグロウらのモデルによる市場レートをグラフにしなさい。

参考文献 Reference ●

伊藤元重(1996)『円高・円安の企業行動を解く——為替変動の経済学』NTT 出版.

蓑谷千凰彦(2000)『よくわかるブラック・ショールズモデル』東洋経済新報社.

De Grauwe, P. and M. Grimaldi (2006) *The Exchange Rate in a Behavioral Finance Framework*, Princeton University Press.

Evans, M. D. D. and Richard K. Lyons (2002) "Order Flow and Exchange Rate

Dynamics," *Journal of Political Economy*, 110(1), 170–180.

Fama, E. F. (1970) "Efficient Capital Markets: A Review of Theory and Empirical Work," *Journal of Finance*, 25(2), 383–417.

Kirilenko, A. A. and A. W. Lo (2013) "Moore's Law versus Murphy's Law: Algorithmic Trading and Its Discontents." *Journal of Economic Perspectives*, 27(2), 51–72.

Shiller, R. J. (1981) "Do Stock Prices Move too Much to be Justified by Subsequent Changes in Dividends?" *American Economic Review*, 71, 421–436.

Susai, M. and Y. Yoshida (2014) "Algorithm Trading in Asian Currency FX Markets," in *The Handbook of Asian Finance*, Elsevier, 185–205.

CHAPTER

第 **7** 章

為替介入

円安政策で経済回復？

　第2章で解説したように，固定相場制を採用している国の通貨当局は，固定レートの維持（為替レート水準の安定化）のために，ほとんど常に為替介入を行っています。しかし，変動相場制を採用している国である日本の通貨当局も，円ドルレートの急激かつ大幅な変動に対して，その変動を和らげる目的で為替介入を行っている場合があります。とくに，過度な円高に対して，日本の通貨当局は円高是正，または円安誘導の目的で，円売りドル買いの為替介入を行っていると言われています。そこで本章では，はじめに，日本の通貨当局の為替介入の仕組みを紹介し，為替介入の具体的な方法を解説します。為替介入には，非不胎化介入と不胎化介入と呼ばれる方法がありますので，それらの介入の違いを明確に説明します。次に，為替介入の効果を分析するための経済学的な考え方を説明します。そして，1991年から2014年までの日本の為替介入について，財務省の為替介入のデータを用いながら，解説します。

1 日本の通貨当局の為替介入の仕組み
▶ どのように為替介入を行っているの？

日本の為替介入とは？

　為替介入とは，「通貨当局が為替レートの操作を目的に，外国為替市場（外為市場）で自国通貨を売って外国通貨を買ったり，または外国通貨を売って自国通貨を買ったりする外国為替取引（通貨売買）を行うこと」です。為替介入は**外国為替市場介入**（**外為市場介入**）と呼ばれたり，**外国為替平衡操作**と呼ばれたりもします。為替介入を行ううえで対象になる外貨は**介入通貨**と呼ばれています。日本の場合，対外的な経済関係から，円ドルレートを一番重要視していますので，通貨当局は主に米ドルを介入通貨としています。為替介入を行ううえでの日本の通貨当局とは，財務省（の外国為替資金特別会計〔外為特会〕）と日本銀行（日銀）を指します。この2つの関係ですが，介入の実施時期，介入額などは財務省が決定し，日銀は財務省の代理人として，実際の介入を行っています。つまり，日銀は公式には，介入に関する決定権はなく，日本の為替介入は事実上，財務省の政策であると言えます。

円売りドル買い介入と円買いドル売り介入

　日本の通貨当局は，とくに円ドルレートの変動を注視していて，そのレートの過度の変化が実体経済に悪影響を与える（たとえば，過度の円高は日本の輸出を減少させGDPを減少させる）と考えられる場合，為替介入を行っています。たとえば，円高の進行が加速しているときには，円高圧力を抑えるために，すなわち，ドルに対して円の価値を下げる目的で，外為市場で円を売ってドルを買う，いわゆる**円売りドル買い介入**を行っています。また，円安の進行が加速しているときには，円安圧力を抑えるために，すなわち，ドルに対して円の価値を上げる目的で，外為市場で円を買ってドルを売る，いわゆる**円買いドル売り介入**を行っています。

　円売りドル買い介入を理解するために，表7.1のような簡単な例を用いて考

CHART 表7.1 100億円分の円売りドル買いの（非不胎化）介入

通貨当局の簡略化したバランスシート $FA+DC=C+BD(=MB)$	
資　産	負　債
対外資産（FA）＋100億円　①	現金通貨（C）
国内信用（DC）	市中銀行預金（BD）＋100億円　②

えていきましょう。100億円分の円売りドル買い介入の場合，財務省の決定に従い財務省の代理人として日銀が外為市場で100億円分の外貨であるドルを民間金融機関から購入しますので，財務省の外為特会と日銀を合わせた通貨当局のバランスシートの資産項目の対外資産（FA）（以下，対外資産の記述を「外貨準備高」と置き換えても構わない）は100億円分増加します（表7.1の①）。通常，日本の通貨当局は介入によって得られたドルでアメリカ財務省証券を購入しています。

また日銀が100億円分のドルを民間金融機関から購入する（100億円の円を売却する）ということは，購入代金として100億円を民間金融機関に支払っていること（民間金融機関は日銀から100億円の代金を受け取っていること）になりますので，通貨当局のバランスシートの負債項目の市中銀行預金が100億円増加します（表7.1の②。日銀と民間金融機関との間の代金決済は市中銀行預金上で行われます）。つまり，マネタリーベース（MB〔＝現金通貨（C）＋市中銀行預金（BD）〕）が100億円増加します。以上より，円売りドル買い介入によって，通貨当局の対外資産は増加し，マネタリーベースも対外資産と同額増加します。

なお，円売りドル買い介入を行うための円資金の補充は，通常，財務省の外為特会が発行する外国為替資金証券（外為証券）を日銀が購入し，それで円資金が拠出される形で行われます。この取引は通貨当局（外為特会と日銀）の中での取引ですので，通貨当局全体のバランスシートには影響しません。日銀が外為証券を買い続ける限り，円資金が補充されますので，円売りドル買い介入は続けて行うことができます。

次に，円買いドル売り介入を理解するために，表7.2の例を用いて見ていきましょう。100億円分の円買いドル売り介入の場合，財務省の決定に従い財務省の代理人として日銀が外為市場で100億円分の外貨であるドルを民間金融機

CHART 表7.2　100億円分の円買いドル売りの（非不胎化）介入

通貨当局の簡略化したバランスシート

$$FA+DC=C+BD(=MB)$$

資　産	負　債
対外資産（FA）−100億円　①	現金通貨（C）
国内信用（DC）	市中銀行預金（BD）−100億円　②

関に売却しますので，通貨当局のバランスシートの資産項目の対外資産（外貨準備高）は100億円分減少します（表7.2の①）。

　また日銀が100億円分のドルを民間金融機関に売却する（100億円の円を購入する）ということは，民間金融機関は100億円分のドルの購入代金として，日銀に同額の円を支払っていること（日銀は民間金融機関から100億円の代金を受け取っていること）になりますので，通貨当局のバランスシートの負債項目の市中銀行預金が100億円減少します（表7.2の②）。つまり，マネタリーベースが100億円減少します。以上より，円買いドル売り介入によって，通貨当局の対外資産は減少し，マネタリーベースも対外資産と同額減少します。

　なお，円買いドル売り介入のドル資金は，通貨当局が保有する外貨準備（対外資産）が使用されますので，この介入を続けていくと外貨準備がどんどん減っていきます。もし外貨準備がなくなって，海外から外貨資金を借りることができなければ，そのときはこれ以上自国通貨買い外国通貨売りの介入をすることができません。このことは，第8章の通貨危機モデルの説明と関連していますので，理解しておいてください。

非不胎化介入

　上記の為替介入に伴う対外資産とマネタリーベースとマネーサプライ（M）の関係をまとめると次のようになります。

> **POINT**　非不胎化介入
> 介入による対外資産の増減をそのままにしておく
> ・円売りドル買い介入⇒$FA\uparrow$ ⇒ $MB\uparrow$ ($\Rightarrow M\uparrow$)
> ・円買いドル売り介入⇒$FA\downarrow$ ⇒ $MB\downarrow$ ($\Rightarrow M\downarrow$)

ここで，注意するべきことは，為替介入によって，必ず対外資産が変化することです。そして為替介入に伴う対外資産の変化をそのままにしておくとマネタリーベースが変化します。このように，「為替介入に伴う対外資産の変化から生じるマネタリーベースの変化をそのまま放置する介入」のことを**非不胎化介入**と呼びます。この介入はマネタリーベースを変化させ，もし貨幣乗数が変化しなければ，マネーサプライも変化させることになります。つまり，介入によって，市中に出回るお金の量が変化することになります。

2　為替介入の方法
▶介入するとマネタリーベースとマネーサプライはどうなるの？

不胎化介入とは？

　為替介入には，先ほど説明した①非不胎化介入と，②不胎化介入の2つの方法があります。**不胎化介入**とは，「為替介入による対外資産の増加（減少）を国内信用の減少（増加）により相殺し，マネタリーベースを変化させないようにする介入」のことを言います。

　変動相場制を採用している日本の為替介入のほとんどは，不胎化介入であると言われています。為替介入は対外資産を変化させ，何もしなければ自動的にマネタリーベースとマネーサプライも変化させます。しかしこのことは，（財務省の）介入による為替政策が国内のマクロ経済目標を達成するための日銀の金融政策を変えてしまう可能性がありますので，日銀にとっては好ましくないと言えます。そこで，財務省の為替政策と独立に金融政策を行うことを考えている日銀は，この問題を回避するために介入の不胎化を行っています。

　不胎化介入を理解するために，**表7.3**の例のような円売りドル買いの不胎化介入を考えていきましょう。100億円分の円売りドル買い介入の場合，財務省の決定に従い財務省の代理人として日銀が外為市場で100億円分の外貨であるドルを購入していますので，対外資産（外貨準備高）は100億円分増加します（表7.3の①）。また通貨当局が100億円分のドルを購入するということは，購入代金として100億円を民間金融機関に支払っていることになりますので，市

CHART 表7.3　100億円分の円売りドル買いの不胎化介入

通貨当局の簡略化したバランスシート
$$FA+DC=C+BD(=MB)$$

資　産	負　債
対外資産（FA）＋100億円　①	現金通貨（C）
国内信用（DC）－100億円　③	市中銀行預金（BD）±0
	（＝＋100億円②－100億円④）

中銀行預金が100億円増加します（表7.3の②）。つまり，このまま放置しますと，マネタリーベースが100億円増加することになります（ここまでは表7.1と同じ）。

このような介入によって生じるマネタリーベースの増加を好ましくないと日銀が考えている場合，介入と同時に，国内債券市場で対外資産の増加分と同額の100億円分の国債などの国内債券を民間金融機関に売却します（表7.3の③。**公開市場操作の売りオペレーション**〔売りオペ〕）。民間金融機関は日銀から国債を購入していますので，その購入代金として，100億円を日銀に支払うことになります。よって，市中銀行預金が100億円減少し（表7.3の④），マネタリーベースは100億円減少します。100億円の売りオペの結果，日銀が保有する国債が100億円減少しますので，国債の保有高などで構成されている国内信用（DC）は100億円減少します。

つまり，為替介入による対外資産の増加に対して，同時に公開市場操作の売りオペを行うことにより国内信用を同額減少させる結果，マネタリーベースは変化しません。円売りドル買い介入による民間への円資金の供給を売りオペを行うことにより吸収していることになります。

次に，表7.4の例のような円買いドル売りの不胎化介入を見ていきましょう。100億円の円買いドル売り介入の場合，財務省の決定に従い財務省の代理人として日銀が外為市場で100億円分の外貨であるドルを売りますので，対外資産（外貨準備高）は100億円分減少します（表7.4の①）。また日銀が100億円分のドルを民間金融機関に売却するということは，民間金融機関が100億円分のドルの購入代金として，日銀に同額の円を支払っていることになりますので，市中銀行預金が100億円減少します（表7.4の②）。つまり，このまま放置しますと，マネタリーベースが100億円減少します（ここまでは表7.2と同じ）。

146 ● CHAPTER 7 為替介入

CHART 表 7.4　100 億円分の円買いドル売りの不胎化介入

通貨当局の簡略化したバランスシート
$$FA+DC=C+BD(=MB)$$

資　産	負　債
対外資産（FA）−100 億円　①	現金通貨（C）
国内信用（DC）+100 億円　③	市中銀行預金（BD）±0
	（=−100 億円②+100 億円④）

　介入によって生じるマネタリーベースの減少を好ましくないと日銀が考えている場合，介入と同時に，国内債券市場で対外資産の減少分と同額の 100 億円分の国債などの国内債券を民間金融機関から購入します（**表 7.4** の③。公開市場操作の**買いオペレーション**〔**買いオペ**〕）。国債の購入代金として，日銀は 100 億円を民間金融機関に支払うことになります（民間金融機関は日銀から 100 億円受け取る）ので，市中銀行預金が 100 億円増加し（**表 7.4** の④），マネタリーベースは 100 億円増加します。100 億円の買いオペの結果，日銀が保有する国債が 100 億円増加しますので，国内信用は 100 億円増加します。

　つまり，為替介入による対外資産の減少に対して，同時に公開市場操作の買いオペを行うことにより国内信用を同額増加させる結果，マネタリーベースは変化しません。円買いドル売り介入により生じる民間からの円資金の吸収に対して，買いオペを行うことによって，その吸収した円資金を供給することになります。

　不胎化介入に伴う対外資産，国内信用，マネタリーベースの関係をまとめると次のようになります。

> **POINT**　不胎化介入
> 介入による対外資産の増減を国内信用の増減により相殺する操作
> ・円売りドル買いの不胎化介入　⇒　$FA↑DC↓$（売りオペ）　⇒　MB は一定
> ・円買いドル売りの不胎化介入　⇒　$FA↓DC↑$（買いオペ）　⇒　MB は一定

介入方法とマネタリーベース，マネーサプライの変化

　以上より，円ドルレート（為替レート）を対象とした介入は，円売りドル買い介入（自国通貨売り外国通貨買いの介入）と円買いドル売り介入（自国通貨買い

表7.5 非不胎化介入と不胎化介入——日本のケース

	非不胎化介入 介入による対外資産の増減をそのままにしておく	不胎化介入 介入による対外資産の増減を国内信用の増減により相殺する操作
円売りドル買い介入 （自国通貨売り外国通貨買い介入）	(1) $FA\uparrow$ $\Rightarrow MB\uparrow$（FA の増加分と同じだけ増加） $\Rightarrow M\uparrow$（貨幣乗数×MB の増加分だけ増加）	(2) $FA\uparrow DC\downarrow$（FA の増加分と同額の売りオペ） $\Rightarrow MB$ は変化しない M は変化しない
円買いドル売り介入 （自国通貨買い外国通貨売り介入）	(3) $FA\downarrow$ $\Rightarrow MB\downarrow$（FA の減少分と同じだけ減少） $\Rightarrow M\downarrow$（貨幣乗数×MB の減少分だけ減少）	(4) $FA\downarrow DC\uparrow$（FA の減少分と同額の買いオペ） $\Rightarrow MB$ は変化しない M は変化しない

(注) 金融政策の観点から通貨当局のバランスシートを見ると、$MB=FA+DC$ になる。マネタリーベースとマネーサプライの関係より、$M=mm\ MB$ になる。mm は貨幣乗数。上の式をそれぞれ変化分（Δ）で表すと $\Delta MB=\Delta FA+\Delta DC$, $\Delta M=mm\Delta MB$（ただし、$\Delta mm=0$）になる。つまり、貨幣乗数が変化しなければ、マネタリーベースが一定のとき、マネーサプライも一定になる。

外国通貨売りの介入）の 2 つあり、為替介入の方法は、非不胎化介入と不胎化介入の 2 つありますので、組合せとして 4 つのケースがあります。

表 7.5 はそれぞれの為替介入によって、対外資産（FA）、国内信用（DC）、マネタリーベース（MB）、マネーサプライ（M）がどのように変化するのかを表しています。非不胎化介入の場合、介入によって、マネタリーベースが変化し、市中に出回るお金の量であるマネーサプライも変化します。一方、不胎化介入の場合は、マネタリーベースとマネーサプライを変化しないように操作しています。

3 為替介入の効果分析

⇒ 介入はどのような経路で為替レートに影響を与えることができるの？

為替レートの決定式から考える介入の効果経路

通貨当局の為替介入がどのように為替レートに影響を与えていると思います

か？ もちろん，為替介入とは，通貨当局が外為市場で通貨を売買することですので，介入によって直接的に外為市場の需給関係に影響を及ぼす効果が考えられます。しかし，外為市場全体の取引額に比べて通貨当局の介入額は小さいので，この直接的な効果は小さいと言えます。そこで以下では，為替レートの決定式を用いて，経済学的な為替介入の効果の経路を考えていきましょう。

為替介入の効果経路を考えるために，購買力平価，カバーなしの金利平価，自国および外国の貨幣市場の均衡条件から導出した以下の為替レートの決定式を用いて，説明していきます（第5章の(5-10)式参照）。

$$s_t = \alpha X_t + \beta E(s_{t+1}) \tag{7-1}$$

名目為替レート = α・経済ファンダメンタルズ + β・期待為替レート

ここで，s は名目為替レートの自然対数値，X は自国と外国のマネーサプライ（m と m^*）および自国と外国の実質GDP（y と y^*）の変数を結合した経済ファンダメンタルズ（$X = (m - m^*) - a(y - y^*)$），$E(s_{t+1})$ は期待為替レートの対数値，α と β は経済ファンダメンタルズの変化と期待為替レートの変化が為替レートに与える影響の度合いを表す係数です。この式は，「現在時点の為替レートは現在時点の経済ファンダメンタルズと期待為替レート（現在時点で予測する将来の為替レート）によって決まること」を示しています。

ファンダメンタルズ変数の中で，自国の為替介入によって直接変化させることができる変数は自国のマネーサプライ（m）だけなので，為替介入の効果経路を考えるために，それ以外の変数は所与（変化がない）として，自国のマネーサプライの変化に着目し，$X = m$ として話を進めていきましょう。(7-1) 式を見ますと，介入の効果経路は下記に示した2つあることがわかります。

> **POINT** 為替介入の効果経路
> ①介入 ⇒ マネーサプライの変化（ファンダメンタルズの変化）
>   ⇒ 現在の為替レートの変化
> ②介入 ⇒ 期待為替レートの変化 ⇒ 現在の為替レートの変化

介入の金融政策効果

①の経路は，為替介入により，マネタリーベースが変化して，そして経済ファンダメンタルズのマネーサプライを変化させて，その結果，現在の為替レートを変化させることです。この経路はマネーサプライの変化による為替レートへの影響ですので，ある意味，金融政策の為替レートへの効果と言えます。

非不胎化介入では，介入によってマネタリーベースが変化して，そしてマネーサプライも変化しますので，この①の経路で介入が為替レートに影響を与えることができます。一方，不胎化介入では，マネタリーベースは変化しませんので，貨幣乗数が一定ならばマネーサプライも変化しません。よって，この①の経路では不胎化介入は為替レートに影響を与えることができません。

介入のシグナル効果

②の経路は，為替介入により，現在時点で市場参加者の予測する将来の為替レートである期待為替レートを変化させ，その結果，現在の為替レートを変化させることです。この経路で介入が効果を発揮することを介入の**シグナル効果**と呼びます。期待為替レートが変化するためには，市場参加者の予測する将来の金融政策が変化する必要があります。なぜなら，(7-1) 式を1期先にずらして期待値を取ると，$E(s_{t+1}) = \alpha E(X_{t+1}) + \beta E(s_{t+2})$ になり，期待為替レートは将来のファンダメンタルズ（将来マネーサプライ）の期待値に依存して決まるからです。

このシグナル効果を理解するために，円売りドル買い介入のケースを用いて考えていきましょう。この介入を行う通貨当局は「円をドルに対して減価させたい」という意志を持って介入を行っています。そこで，この介入を行うことにより，通貨当局の意志が市場参加者に伝わって，市場参加者は「通貨当局が円をドルに対してより減価させるために，将来時点で金融緩和政策を行うのでは」と期待するかもしれません。この介入によって，彼らの「将来の金融政策（マネーサプライ）の予測」を変化させ，そして「期待為替レート」を変化させることができる可能性があります。

つまり，この経路で介入が効果を発揮するためには，現在時点の経済ファン

CHART　表7.6　介入のシグナル効果の経路

現在 (t期)	(1) の関連 円売り介入　⇒　$E(m_{t+1})\uparrow$　⇒　$E(s_{t+1})\uparrow$　⇒　$s_t\uparrow$ 　　　　　　　　（期待マネーサプライ増加）（期待為替レート上昇）（円安） ↓
将来 ($t+1$期)	(2) の関連 $m_{t+1}\uparrow$　（マネーサプライ増加） **日銀は将来時点で金融緩和をする必要がある**

　ダメンタルズは変わる（マネーサプライが増加する）必要がなく，円売りドル買い介入が将来のファンダメンタルズに関するシグナル（将来金融緩和によって，マネーサプライが増加するというシグナル）を与えればよいことになります。

　重要なことは，介入のシグナル効果が効力を持つためには，介入によって，将来の金融政策が変わることを市場参加者が信じる（市場参加者に信じさせる）必要があります。そのためには，やはり将来時点で金融政策が変わる，すなわち，マネーサプライを増加させることが必要です。なぜならば，市場参加者は為替介入後の将来のマネーサプライを観察していますので，もし為替介入後の将来に日銀がマネーサプライを増加させる政策を採用しなかったならば，「次に為替介入があっても日銀は将来マネーサプライを増加させない」と考えますので，市場参加者は為替介入に反応して期待為替レートを変化させることはしなくなるからです。

　以上より，シグナル効果の経路を整理すると**表7.6**のようになります。高木の研究（Takagi, 2014）によれば，(1) 円売りドル買い介入から市場参加者の期待マネーサプライおよび期待為替レートへの関連と，(2) 現在時点の円売りドル買い介入から将来時点のマネーサプライの増加への関連がなければ，この効果を発揮させることができません。

　非不胎化介入も不胎化介入も市場参加者の期待為替レートを変化させることができれば，為替レートに影響を与えることができますので，両方の介入において，②の経路であるシグナル効果がある可能性が考えられます。円売りドル買いの非不胎化介入と不胎化介入のそれぞれの効果経路を整理すると以下のようになります。円買いドル売りの非不胎化介入と不胎化介入の効果経路は各自で整理してみてください。

3　為替介入の効果分析

> **POINT**
> 円売りドル買いの非不胎化介入（金融政策効果＋シグナル効果）
> ⇒ ①の経路（マネーサプライ↑）＋②の経路（期待為替レート↑〔円安期待〕）
> ⇒ 円減価
> 円売りドル買いの不胎化介入（シグナル効果）
> ⇒ ②の経路（期待為替レート↑〔円安期待〕）⇒ 円減価（①の経路はない）

　ほかにも経済学的な為替介入の効果として，ポートフォリオ・バランス効果があります。ここでは紙幅の関係上，詳細は説明しませんが，これは介入による民間部門への自国通貨，自国通貨建て資産，外国通貨建て資産のそれぞれの供給量が変化することによって，投資家の資産選択行動に影響を及ぼし為替レートを変化させる効果を言います。この効果の説明は高木（2011）を参照してください。

4 日本の通貨当局の為替介入

　　　　　　　　　　　　▶ 介入は効果があったの？

日本の為替介入の特徴

　2001年7月，財務省は「外国為替平衡操作の実施状況」として，過去10年分の為替介入データを公表しました。現在，財務省のサイトから1991年4月から現在にかけての介入データが入手できますので，このデータを使って，日本の通貨当局がどのように為替介入を行ってきたかを見ていきましょう。

　表7.7は1991年4月から2014年3月までの為替介入を通貨の種類別に集計したものです。通貨当局はこの期間，376日介入を行い，総介入額は約86兆円です。その内訳（日数〔規模〕）は，円売りドル買い介入が319日（79.8兆円），円買いドル売り介入が32日（4.9兆円），円売りユーロ買い介入が18日（1.1兆円），その他の通貨の介入が7日（0.1兆円）です。介入の日数，規模の両面から，ほとんどすべての介入がドルを対象とした介入であり，とくに円売りドル買い介入でした。そこで以下では，円ドルの介入に焦点を絞って見ていきましょう。

CHART 表 7.7　日本の為替介入──為替レート別の日数と総額

期　間	日数・額	円売り ドル買い	円買い ドル売り	円売り ユーロ買い	その他	合　計
1991年4月～ 2014年3月	日数 （シェア）	319日 (84.8%)	32日 (8.5%)	18日 (4.8%)	7日 (1.9%)	376日 (100%)
	額（兆円） （シェア）	79.82 (93.0%)	4.88 (5.7%)	1.08 (1.3%)	0.09 (0.1%)	85.87 (100%)
2003年1月～ 2004年3月 （大介入期）	日数 （シェア）	129日 (93.5%)	0日 (0%)	9日 (6.5%)	0日 (0%)	138日 (100%)
	額（兆円） （シェア）	35.08 (99.5%)	0 (0%)	0.18 (0.5%)	0 (0%)	35.26 (100%)

（注）　その他の内訳は，円売りドイツマルク買いの介入が1日，ドイツマルク買いドル売りの介入が1日，インドネシアルピア買いドル売りの介入が5日である。
（出所）　財務省の「外国為替平衡操作の実施状況」のデータより作成。

CHART 図 7.1　円ドルレートと為替介入（月次ベース，1991年4月～2014年3月）

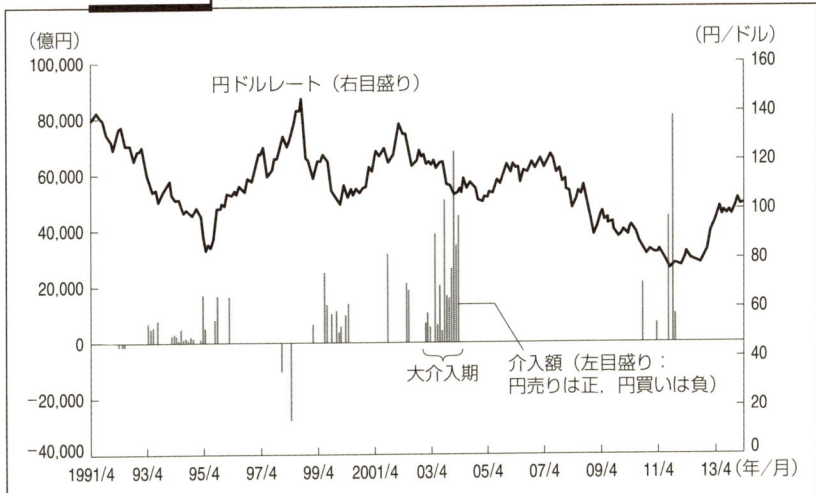

（注）　為替介入は財務省の「外国為替平衡操作の実施状況」のデータから円ドルレートに関する為替介入を選択し，月ごとの為替介入の総額を計算した。為替レートは東京外国為替市場の17時時点の円ドルレートの月中平均値を用いた。
（出所）　財務省と日本銀行のサイトのデータを用いて作成。

CHART 図7.2 円ドルレートと為替介入（日次ベース）——大介入期
（2003年1月〜04年3月）

（注）為替介入は財務省の「外国為替平衡操作の実施状況」のデータから円ドルレートに関する為替介入を選択し，日次ベースで示している。為替レートは東京外国為替市場の17時時点の日次円ドルレートを示している。
（出所）図7.1と同じ。

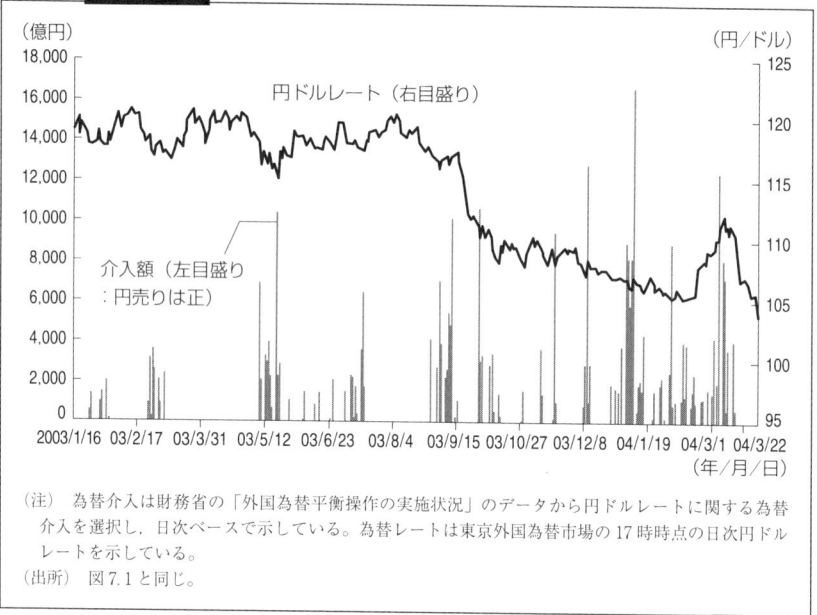

図7.1は1991年4月から2014年3月までの円ドルレートの推移と介入額を月ごとに集計したものを示しています。円売りドル買い介入はプラス，円買いドル売り介入はマイナスの値として表示しています。図7.1から，通貨当局は円高（円安）が進行しているときには，円売りドル買い介入（円買いドル売り介入）を行っていたことがわかります。このように，円高のときに円を売り，円安のときに円を買って為替レートの変動を和らげる介入のことを**風向きに逆らう介入**と言います。

介入頻度として，頻繁に介入している期間とまったく介入していない期間があります。とくに，2003年1月から04年3月にかけて，円売りドル買い介入が頻繁かつ集中的に行われていました（図7.2参照）。この時期の介入は**大介入**と呼ばれています。**表7.7**より，この時期は15カ月で129日，総額35兆円の円売りドル買い介入を行っていましたので，いかに頻繁にかつ大規模に介入を行っていたかがわかります。この時期，円ドルレートは120円/ドルから105円/ドルへ急激な円高が進行していました。この時代の日本はデフレかつ不況で苦しんでいましたので，これ以上の（急激な）円高は日本経済にとって悪影

2010年9月15日の円売りドル買介入
(2010年9月15日付『日本経済新聞』夕刊)

響であると考えた通貨当局が，この円高を是正または円安に誘導するために，集中的かつ大規模に円売りドル買いの介入を行っていたと考えられます。

　この大介入期後の6年半，介入は行われませんでしたが，2010年9月15日に通貨当局は2兆1249億円の円売りドル買い介入を行いました。2011年には円高是正（円安誘導）のために，3月18日に6925億円，8月4日に4兆5129億円，2011年10月31日には1日の介入額では歴代最高額の8兆722億円の円売りドル買いの介入を行い，11月1日から4日連続で各日それぞれ2000億から3000億円規模の介入を行いました。1991年以降の日本の為替介入の特徴をまとめると以下のようになります。

> **POINT** 日本の為替介入の特徴
> - ほとんどが，円高是正（円安誘導）のための円売りドル買い介入であった。
> - 集中的かつ大規模に介入している時期（大介入期〔2003年1月〜04年3月〕）もあれば，まったく介入していない時期もある。

4. 日本の通貨当局の為替介入

円売りドル買い介入は効果があったの？

　先ほど見たように，日本のほとんどの為替介入は円高が進行しているときに，その円高を是正あるいは円安にするための円売りドル買い介入でした。それでは，円売りドル買い介入は効果があったのでしょうか？　すなわち，この介入によって円安にすることができたのでしょうか？　この問いに答えるために，以下では高木の研究（Takagi, 2014）に基づいて，実際の円売りドル買い介入の効果を考えてみましょう。

　財務省の「外国為替平衡操作の実施状況」による介入データの公表以後，このデータを用いて，1991年からの日本の為替介入の効果に関する研究が盛んに行われました。高木は日本の為替介入の効果に関する多くの実証研究を整理し，サーベイしています。この研究はいくつかの重要な結果を提示していますが，本節の内容に関する主な結果をピックアップすると次のようになります。

- 研究ごとにさまざまな結果が出ているが，概して円売りドル買い介入は日次の円ドルレートの水準（または日次の円ドルレートの変化率）に効果的であった。つまり，介入によって，円安にすることができた。
- しかし，介入効果は1日以上続くことはなく，非常に短かった。また，その効果は小さく，1兆円の介入で1％も円安にすることができなかった。

　以上より，「日本の通貨当局の円売りドル買い介入は，円高是正あるいは円安に誘導することができ，概して効果的であったが，その効果は小さく限定的であった」と言えます。その理由の1つとして，この期間の日本の通貨当局の介入のほとんどが不胎化介入であったからではと考えます。

　第3節の介入の効果経路で見たように，不胎化介入で為替レートに影響を与えるためには，シグナル効果（②の経路）が効く必要があります。そのためには，介入によって，現在の金融政策が変わらなくてよいのですが，将来の金融政策が変わることを市場参加者に信じさせなければなりません。市場参加者の将来の金融政策への期待を変化させるためには，将来時点で実際に為替介入と同じ方向の金融政策，円売りドル買い介入ならばマネタリーベースとマネーサプライを増加させる金融緩和政策を取る必要があります。このことは，現在時点から将来時点にかけて，財務省の為替介入に対して，日銀が独立に金融政策

を行うこと，すなわち，現在と将来の両時点での不胎化政策は介入のシグナル効果が期待できなくなることを意味しています。

よって，高木も指摘しているように，財務省の介入政策と日銀の金融政策が同調（コラボレート）するときには，為替介入は効果的であると考えられます。たとえば，大介入の時期は，日銀はデフレ脱却のために量的緩和政策（目標を持ってマネタリーベースを増加させる金融緩和政策）を採用していたので，円売りドル買い介入によるマネタリーベースの増加と日銀の量的緩和政策はコラボレートしていました。渡辺と藪の研究は，この時期の円売りドル買い介入は，介入によって市場に供給された円資金を日銀はすぐには公開市場操作で相殺せず，しばらくそのまま放置していた，すなわち，部分的に非不胎化していたことを明らかにしています（渡辺・藪, 2010）。またこの研究では，不胎化された介入に比べて，不胎化されない介入の方が，介入効果が大きかったことを示しています。

以上より，日本の通貨当局の円売りドル買い介入は効果があったのかという問いに対して，効果があったとは言えますが，その効果は限定的であり，もし効果を大きくしたければ，不胎化介入ではなく，非不胎化介入を行う必要があったと思われます。

円安政策が実体経済に影響を与えるメカニズム

もし円売りドル買い介入により，円安が実現した場合，実体経済はどのような影響を受けるのでしょうか？　本章のタイトルにありますように，**円安政策で経済は回復するのでしょうか？**　図7.3のフローチャートを使って，考えていきましょう。

はじめに，円安は輸出と輸入に影響を与えます。円安は価格面での国際競争力を高めるので輸出を増加させますが，反面，輸入コストを上昇させることになるので輸入を減少させます。その結果，純輸出は増加します。純輸出の増加は経済全体の総需要を増加させますので，実体経済にとってプラスになります。また円安は物価にも影響を与えると考えられます。円安は輸入品の価格を上昇させ，その影響は国内物価を上昇させるように働きます。

以上より，円安政策によって円安が実現すると，その結果，GDPを増加さ

図 7.3　為替介入による円安政策が実体経済に影響を与えるメカニズム（うまくいった場合）

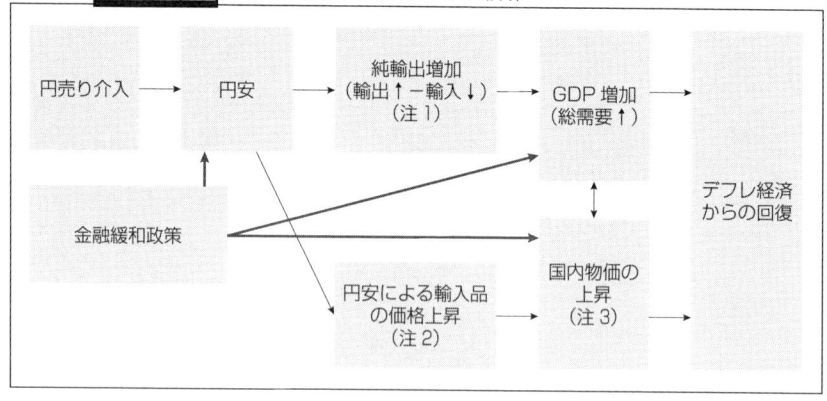

```
円売り介入 → 円安 →  純輸出増加        → GDP増加
                    （輸出↑－輸入↓）     （総需要↑）
                     （注1）                            ↘
                ↑                          ↕      デフレ経済
           金融緩和政策 ─────────────→         からの回復
                ↓                          ↕      ↗
            円安による輸入品  → 国内物価の
            の価格上昇           上昇
             （注2）            （注3）
```

せ，また国内物価も上昇させますので，日本のデフレ経済からの回復を助けると考えられます。しかし，この円安効果のメカニズムは，政策当局者，学界においてしばしば議論されています。図7.3のようなメカニズムがうまく働くためには，いくつかの条件が必要だからです。たとえば，円安によって，純輸出が増加するかどうかは，第1章で見たマーシャル・ラーナー条件が成立する必要があります。また近年では輸出産業の生産拠点が海外にかなりシフトしていますので，円安になっても輸出が増えにくく，純輸出が増えない状況になっているかもしれません（図7.3の注1）。また円安によって，輸入品価格がどの程度上昇するかは，為替レートの変化に対する輸入品の価格の反応（パススルー率）に依存しますが，近年このパススルー率が低下していることが指摘されています（図7.3の注2）。加えて，輸入品の価格の上昇が国内物価を上昇させるかは，輸入品価格の上昇がどの程度国内物価に反映されるかが問題です（図7.3の注3）。

　また，先ほど説明したように，そもそも介入政策だけで円安を実現するのはなかなか難しいことです。もし円安を実現しようと思うならば，介入に加えて大規模な金融緩和政策が必要になります。つまり，円安政策とは，為替介入（円売りドル買い介入）だけでなく，日銀の金融緩和政策を含めた総合的な政策として考えた方がよいでしょう。ただし留意点として，円安政策，つまり，自国通貨安政策は国際的に理解を得ることは容易ではありません。

　このように見ていくと，単純に「円安が実体経済と物価の両面から日本のデ

フレ経済からの回復に貢献する」とは言えず，いろいろな条件を満たす場合（フローチャートの矢印方向の変化が正しく起こった場合）に限って，円安は経済を回復させると言えます。この点は注意すべきです。

SUMMARY ●まとめ

- ☐ 1　為替介入の方法には，非不胎化介入と不胎化介入があります。
- ☐ 2　介入の効果経路として，金融政策経路とシグナル効果経路が考えられます。
- ☐ 3　日本の介入のほとんどが，円高是正あるいは円安誘導のための円売りドル買い介入でした。実際の日本の通貨当局の円売りドル買い介入の効果は，小さく，限定的でした。
- ☐ 4　円安政策は日本のデフレ経済からの回復に貢献すると考えられますが，そのためには，さまざまな条件を満たす必要があります。

KEYWORDS ●キーワード

為替介入，外国為替市場介入（外為市場介入），外国為替平衡操作，介入通貨，円売りドル買い介入，円買いドル売り介入，非不胎化介入，不胎化介入，公開市場操作，売りオペレーション，買いオペレーション，シグナル効果，風向きに逆らう介入，大介入，円安政策

EXERCISE ●練習問題

1. 円買いドル売りの①非不胎化介入と，②不胎化介入の効果経路を為替レートの決定式（7-1）を用いて，それぞれ説明しなさい。
2. 財務省のサイトから「外国為替平衡操作の実施状況」の介入データ，日銀のサイトから円ドルレートの日次データをそれぞれ収集して，大介入期（2003年1月から04年3月）の日次ベースでの円ドルレートと為替介入の関係を表している図7.2を作成しなさい（ヒント：図7.1は為替介入データを月ごとに集計しているが，図7.2は日次ベースなので集計する必要はない）。
3. 円安誘導の為替介入は日本をデフレ経済から回復させることができるのでしょうか。議論しなさい。

Column ❼-1　スイス国立銀行の無制限介入とは？

　2011年9月6日，スイス国立銀行（中央銀行）は，対ユーロでのスイスフラン高を抑制するために，1.20 スイスフラン/ユーロを上限とする目標（防衛ライン）を設定し，これ以上スイスフラン高にならないために無制限にスイスフラン売りユーロ買いの為替介入を行うことを宣言しました（以下スイスフランをフランと表記）。外国通貨売りの為替介入は外貨準備が必要であり，外貨準備高に制約されますが，自国通貨売りの為替介入は自国通貨を用いて行われますので，原則的に無制限に行うことが可能です。

　もしスイス国立銀行がこの政策に明確にコミットして，そのことを市場参加者が信じて行動するならば，1.20 フラン/ユーロ以上にフラン高になることはなく，フランを減価させることができると考えられます。なぜなら，もしフランが買われて，1.20 フラン/ユーロの防衛ラインに近づきそのラインを超えそうならば，スイス国立銀行がフラン売りユーロ買いの為替介入を際限なく行いますので，そのことを信じている市場参加者はこれ以上フラン買いを行うと損失を被る可能性があると考え，フラン買いをやめてフラン売りを行うからです。

　なぜスイス国立銀行はこのような政策を採用したのでしょうか？　ギリシャの債務危機を契機とする欧州債務問題の深刻化により，マネーの逃避先として比較的安全とさせるフランが買われ，2011年7月には1.10 フラン/ユーロを超えて，フランはユーロに対して歴史的な高値になっていました。これ以上のフラン高は主産業である精密機械などの輸出を減少させ，実体経済に悪影響を与えると考えられていました。また，スイスではデフレ経済に陥ることが懸念されていました。2011年8月3日，10日，17日に，スイス国立銀行は市中銀行預金の残高目標を引き上げる，いわゆる量的緩和政策を実施しました。その結果，一方向のフラン高は一時収まりましたが，9月に入るとまたフラン高が進んできました。そこで苦肉の策として，9月6日に無制限介入を採用することを発表しました。

　この政策が発表されると，ただちにフラン高は是正され，その後は1.20 フラン/ユーロの防衛ライン内にほぼ収まって推移していました。ところが，2014年11月になると，ユーロ圏の経済不安からフランが買われ，防衛ラインに張り付くようになり，2015年1月の初めには，欧州中央銀行の量的緩和政策の導入観測からユーロ売りフラン買いが進み，フランの増価圧力がよりいっそう高まってきていました。2015年1月15日，スイス国立銀行は突如，フラン高を抑えるための対ユーロの上限を撤廃し，無制限の為替介入政策を終了することを発表しました。この発表は市場参加者の大多数が予想していなかったため動揺が広がり，フラン買いユーロ売りが殺到し，15日の取引時間中

図　スイス国立銀行の無制限介入

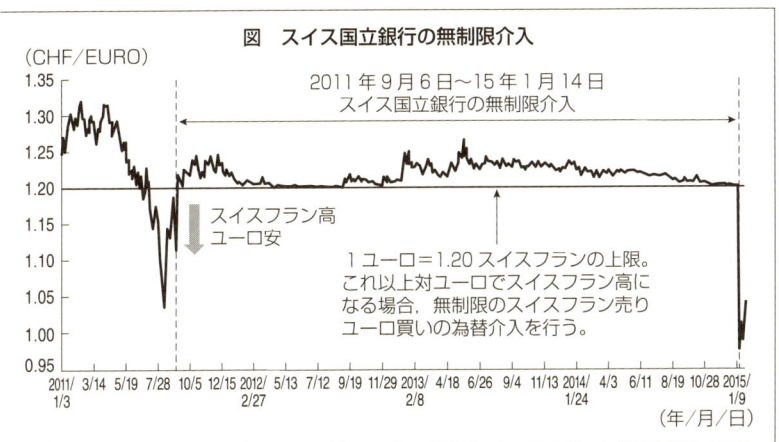

(注)　スイスフランユーロ（CHF/EURO）レートの日次データ。このデータは日次のスイスフラン米ドルレートと日次のユーロ米ドルレートから作成した。
(出所)　Federal Reserve Board のサイトのデータより作成。

にフランは一時 0.85 フラン/ユーロまで急騰しました。その後，2015 年 2 月現在，1.05 フラン/ユーロ近辺で推移しています。

　なぜスイス国立銀行は無制限介入を終了したのでしょうか？　大きな理由として，スイス国立銀行の外貨準備が際限なく増加することによるリスクを政策当局者が無視できなくなったのではないかと言われています。フラン売りユーロ買いの無制限介入の結果，外貨準備（ユーロ建て資産）は増加し続けていました。ユーロ安が進むと多額の損失（含み損）が発生しますので，中央銀行の健全性を損ない，フランの信認も危ぶまれる可能性があります。そこで，スイス国立銀行はユーロ安が一段と進む前に無制限介入を終わらせたかったと思われます。しかし，皮肉なことに，この政策を終わらせた結果，フランは高騰，ユーロは大幅に減価し，外貨準備に巨額の含み損が発生し，スイス国立銀行のバランスシートが毀損する危険性が高まりました。

　以上より，スイス国立銀行は自国通貨売りの無制限介入によって，自国通貨高を抑制することに成功しました。しかし，この介入の結果，外貨準備は増加し続けて，無制限介入政策の終了と同時に，大幅に自国通貨高外国通貨安になり，外貨準備に多額の含み損が発生することになりました。このケースからの教訓として，もし自国通貨高を抑制するために自国通貨売りの無制限介入を導入する場合には，出口戦略をよく考えて導入する必要があると言えます。このような介入を終了するときは，自国通貨に増価圧力が働いているときではなく，減価圧力が働いているときの方がよいと言えます。

参考文献

高木信二（2011）『入門国際金融（第4版）』日本評論社。

渡辺努・藪友良（2010）「量的緩和期の外為介入」財務省財務総合政策研究所『フィナンシャル・レビュー』平成22年第1号（通巻第99号），97～114頁。

Takagi, S. (2014) "The Effectiveness of Foreign Exchange Market Intervention: A Review of Post-2001 Studies on Japan," *Journal of Reviews on Global Economics*, 3, 84–100.

CHAPTER

第8章

固定相場制と通貨危機

通貨の価値が5分の1に？

　国際金融に関連する危機には，通貨危機，金融危機，債務危機などがあります。ここでは，これらの危機を総称して経済危機と呼びます。経済危機の1つである通貨危機とは，主に外国為替市場で起こる危機，つまり通貨価値の暴落を伴う経済の異常事態を指します。また，銀行破綻など金融市場の問題から発する経済危機を金融危機，国内や対外債務の膨張が原因の経済危機を債務危機と呼びます。このように経済危機を大別していますが，実際の経済危機はこれらが複雑に混合しているため，明確に分類することは困難です。

　本章はその中で，主に通貨危機について解説します。**通貨危機**では，短期間における通貨価値の大幅な下落が特徴としてあげられますが，研究者の間でも共通した通貨危機の定義は存在しません。たとえば，1年間で25％以上の通貨価値の下落を通貨危機と定義する研究者がいる一方で，為替レートのほかに金利や外貨準備の変動を考慮した危機の定義を提案している研究者もいます。図8.1には，ラインハートとロゴフが分析した全標本国における1年間の通貨下落率の中央値（下落率を小さい順に並べたとき，中央にくる値）が示されています（ラインハート&ロゴフ，2011）。この図から1970年代初頭から通貨危機の回数が多くなったことがわかります。

　近年通貨危機が起きた例として，欧州（1992・93年），メキシコ（1994年），アジア（1997年），ロシア（1998年），ブラジル（1999年），アルゼンチン（2001・

163

通貨危機 (1997年7月3日付『読売新聞』)

02年)などがあげられます。ギリシャの財政問題を契機に発生した欧州債務危機 (2009年) は，統一通貨圏の経済学と関連しているため，第9章で取り扱います。このように，通貨危機は確かに近年多発していますが，歴史は古く，少なくともナポレオン時代までさかのぼることができます（図8.1の1800年代前半のピークはナポレオン戦争の時期です)。そして，購買力平価モデルから理解できるように，通貨の暴落は物価上昇（インフレ）と深く関連していること，また各国の金融市場の発展や規制緩和と密接に関連していることが指摘されています。

　通貨危機の経済への影響は深刻です。通貨価値の下落のほか，雇用状況の悪化や株価安のため，多くの消費者の日常生活に悪影響を及ぼします。そのため多くの研究が行われ，現在では大別して第1から第3世代の通貨危機理論（モデル）が存在しています。第1世代モデルは，為替レートを固定する政策と財政赤字を中央銀行が補塡する政策（いわゆる財政ファイナンス）の両方を維持し続けることが難しくなるために危機が起こると指摘しています。第2世代モデルでは，民間部門，とくに民間投資家の将来の為替レートへの予測（期待）が重要であることを示しています。そしてこのモデルによると，危機が起きるタ

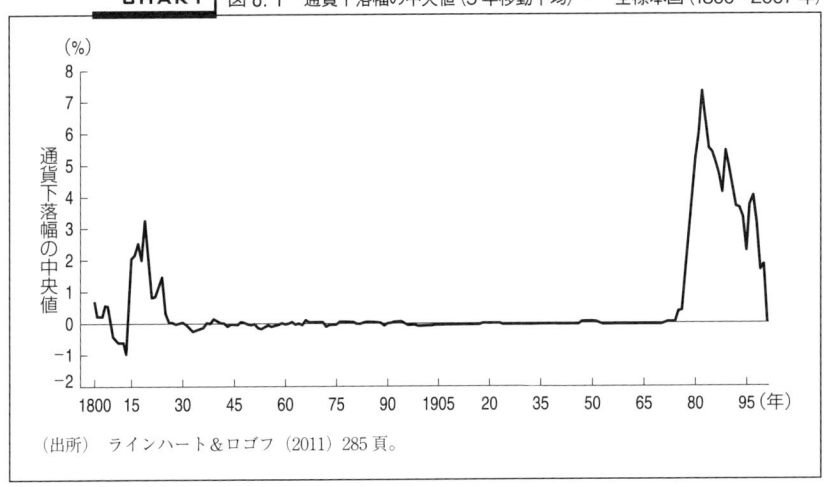

CHART 図 8.1 通貨下落幅の中央値(5 年移動平均)──全標本国(1800〜2007 年)

(出所) ラインハート＆ロゴフ(2011)285 頁。

イミングも複数存在するため，第 1 世代モデルとは異なり，危機が発生する時期を特定することができないという特色があります。第 3 世代モデルは主にアジア通貨危機を説明するために用いられ，民間金融部門の借入に政府が保証を付けた結果，銀行による外国からの借入が過剰となり，民間部門の為替リスクへの危機回避を鈍らせるために危機が発生すると論じています。

本章では，クルーグマン(Paul Krugman, 2008 年ノーベル経済学賞受賞) らが開発した第 1 世代通貨危機モデルを説明します。第 1 世代モデルの公表された時期が早いというだけで，このモデルの信頼性が他の世代モデルより劣るというわけではありません。通貨危機にはそれぞれの特徴があり，1 つの経済理論だけで説明・予測することが困難なため，いろいろな理論が登場したのです。そもそも，予測が簡単であれば危機は頻繁には起こらないと言えます。通貨危機は為替レートの変動に制限をかけている(たとえば，固定相場制を採用している)国々で起こる傾向があるため，本章でははじめに，固定相場制における為替レートの理論を説明します。次に，第 1 世代通貨危機モデルと危機の伝播経路について詳細に解説し，そして通貨危機の予防策について考察します。

1 固定相場制の経済学

▶ 為替レートを固定する背景とは？

固定相場制のメリットとデメリット

　日本は 1973 年以降，変動相場制を採用していますが，現在でも世界の多くの国々では固定相場制を採用しています。それでは，なぜ固定相場制を導入するのでしょうか？　信認度の高い固定相場制であれば，現時点で将来の為替レートをかなりの程度予測できるため，為替リスクを最小限に抑えることができます。それにより，より多くの貿易を促すことが期待でき，消費者の効用が高まると経済理論は論じています。また，相対的購買力平価の理論によると，固定相場制下では，外国と自国のインフレ率が等しくなるため，外国の物価が安定していると，自国の物価上昇を抑制する効果があると考えられています。相対的購買力平価を式で表すと次のようになります（第 3 章の (3-4) 式参照）。

$$\Delta p_t = \Delta s_t + \Delta p_t^*$$

ここで，為替レート（s_t）が固定されていると為替レートの変化率はゼロ（$\Delta s_t = 0$）となるため，自国インフレ率（Δp_t）は外国インフレ率（Δp_t^*）に等しくなります。そして，自国が小国でアメリカのような経済大国に通貨を固定している場合，外国のインフレ率により自国のインフレ率が決定されます。そのため，外国の中央銀行の物価安定政策は，自国物価の安定につながると言えます。その反面，このことは国内経済を安定させる 1 つの手段である自国の金融政策の独立性を失うことを意味します（第 2 章参照）。

> **POINT**
> 理論上，固定相場制では，①自国インフレ率（Δp_t）＝相手国インフレ率（Δp_t^*）となり，②金融政策の独立性（自由度）を失う。

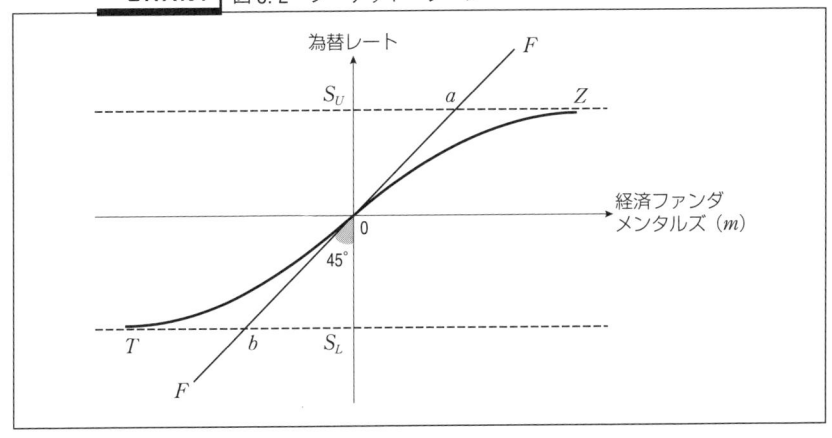

CHART 図8.2 ターゲット・ゾーン

ターゲット・ゾーン

　ここで，もう少し複雑なバンド付き固定相場制を考えてみましょう。欧州統一通貨であるユーロを導入する準備として，**欧州為替相場メカニズム**（ERM, 1979〜98年）が導入されました。ERM は欧州統一通貨圏に加盟を希望する国の為替レート変動を制限することを目的としています。具体的には，加盟国間の為替レートの変動幅がバンドの中央値（セントラル・パリティ）の±2.25% を原則超えてはならないという制限を課しており，このような為替制度を**ターゲット・ゾーン**と呼んでいます。ターゲット・ゾーンも固定相場制の一種なので，為替リスクの低減やインフレ抑制の効果が期待できます。ここでは，クルーグマンの論文（Krugman, 1991）をもとに，ターゲット・ゾーンでの投資家の期待とこの制度を管理している通貨当局の信認度の関係を明らかにします。

　図8.2はターゲット・ゾーンでの為替レートの動きを示しています。この図の中で，上限（S_U）と下限（S_L）の間，つまり破線内（バンド内）が為替レートの変動可能領域です。そして，この制度には次のような特徴があります。

(1) **経済ファンダメンタルズが為替レートに与える影響**：為替レートが経済ファンダメンタルズと線形の関係にあると仮定します。経済ファンダメンタルズは貨幣供給量（m）だけとすると，m と為替レートの関係は右上がりの直線（図8.2の FF）で示すことができます。この45度線は貨幣供給

が1％上昇すると為替レートも1％上昇することを意味しています。為替レートを一定の値で固定してしまう制度では，自国の金融政策の自由度がなくなると説明しましたが，ゾーン内では中央銀行の政策は為替レートに対し影響力を持ちます。そして，バンドの上下限に近づくほど，中央銀行の金融政策により，為替レートをバンド内に抑える必要性が高まります。つまり，バンドの上限付近では，中央銀行の金融引き締め政策により貨幣供給量を減少させ，バンドの中央の方に為替レートが動くよう誘導する確率が高くなります。反対に，バンドの下限では，貨幣供給量を増加させ，為替レートを上昇させる政策が必要となります。

(2) **期待が為替レートに与える影響**：ターゲット・ゾーンを導入する動機として，中央銀行の為替介入の必要性が，理論的には最小限になることがあげられます。経済ファンダメンタルズ以外にも，為替レートは経済ショック（v_t）や投資家の期待為替減価率（$E(\Delta s_{t+1})$）に影響されると仮定すると，為替レートは次の式のように3つの要素により変動すると考えられます。

$$s_t = m_t + v_t + E(\Delta s_{t+1})$$

ここで重要なのが投資家の期待です。経済ショックがない場合，為替レートがバンドの上限近くになると，中央銀行による貨幣供給の減少，または自国通貨買いの介入の可能性が高まるため，投資家は将来の為替レートの値がバンド中央（為替レートの長期的平均値）へ戻ってくると予想します。つまり，為替レートの低下（通貨の増価）を期待するのです（$E(\Delta s_{t+1})<0$）。すると，極端な場合，金融・為替政策が実行されることがなくても，為替レート（s_t）は低下します。反対に，バンドの下限近くになると通貨安を目的とした金融緩和，または自国通貨売りの介入が実行される確率が高まるため，投資家は為替レートの上昇（通貨の減価）を期待します（$E(\Delta s_{t+1})>0$）。そのため，為替レートはバンドの中央の方向へ修正されるのです。つまり，為替レートが経済ファンダメンタルズだけに影響される場合は直線 ab 上を動きますが，期待の影響が加わるため，S（エス）字のように変動するのです（図 8.2 の TOZ）。

経済ショックが存在した場合でも，上記のような投資家の期待の役割は

同様に働きます。つまり，原油価格の上昇など経済を悪化させるショック（$v_t>0$）は為替レートを上昇させます。そして為替レートが上限に近づくほど中央銀行による為替レートの修正の可能性が高くなるため，投資家は近い将来為替レートが下がることを予測するのです（$E(\Delta s_{t+1})<0$）。このように，ターゲット・ゾーン理論によると投資家の期待には為替レートを安定させる機能があり，この現象を**ハネムーン効果**と呼んでいます。一般的に，投資家の期待は為替レートのボラティリティの原因の1つであると考えられているので，期待が為替レートを安定させるというターゲット・ゾーンは非常に興味深い理論です。

(3) また，為替レートがバンドの上下限（ZやT付近）と緩やかに接することを**スムース・ペイスティング**と呼びます。これは，為替レートと経済ファンダメンタルズの関係が弱小（非線形）化し，投資家の期待の重要度が増したことを示しています。そのため，為替レートの移動（変化）のスピードが遅くなり，為替レートはバンドの上下限付近に位置していることが多いと理論的に予測されます。

> **POINT**
> - ターゲット・ゾーンを維持するためには，この為替制度に対する投資家の高い信認が不可欠である。
> - 理論どおりターゲット・ゾーンが機能すると，投資家の期待が為替レートを安定させる。

しかし，固定相場制が投資家の信認を失った例は多くあります。イギリスのように，決められた為替レートの変動幅を維持することができず，ERMを脱退した国が一例です（1992年）。この背景には，東西ドイツの統合に伴うドイツ国内のインフレ懸念から，ドイツ金利を上昇させることで外国からの資本流入を促進し，旧ドイツ通貨（マルク）の増価を図ったことがあります。欧州経済で一番重要なドイツ通貨の増価は他国通貨（たとえば英ポンド）の価値を下げることになるため，ジョージ・ソロスのような投資家はポンド安になることを予想し，ポンド売り投機を行ったのです。

1 固定相場制の経済学

2 通貨危機モデル

▶ 固定相場制における財政ファイナンスは通貨危機を発生させる

　第1世代通貨危機モデルと呼ばれるクルーグマンの論文（Krugman, 1979）やフラッドとガーバーの論文（Flood and Garber, 1984）をもとに，なぜ通貨危機が起きるのか，そして危機が起きるタイミングについて解説します。このモデルは，固定相場制下での政府の財政赤字を補塡する金融緩和政策，いわゆる財政ファイナンスは，物価上昇の圧力を高めるため固定相場制を維持することが困難になることを示唆しています。そして，このモデルでは，経済政策に携わる中央銀行と政府が中心的なプレーヤーとなります。

メキシコ危機（1982年）

　第1世代モデルはメキシコ危機を説明するために頻繁に使用されているので，メキシコ危機の例をあげながら理論を解説していきます。当時，アメリカの金利はメキシコの金利より低かったため，アメリカからメキシコへの投資は非常に活発に行われていました。とくに，メキシコの石油・電力関連会社は国営のため政府による債務保証が付いていたことや国は倒産しないという考えが，メキシコへの資本流入を促したと言われています。その結果，メキシコの対外債務が増加し，また1980年代にアメリカの金利が上昇したため，債務返済（元本＋利息の支払い）の負担がより重くなりました。そのため，メキシコは1982年に利払いの一時停止を宣言し，通貨の切り下げを余儀なくされました。メキシコ危機は固定相場制が維持できなくなり大幅なペソ安状況に陥ったので，通貨危機の例として取り上げていますが，債務危機でもあるのです。

　メキシコ経済の急激な冷え込みは深刻でした。1981年の実質経済成長率は約8％でしたが，1982年にマイナス成長（−0.5％）となり，雇用や投資も大幅に悪化しました。財政赤字は1981年にすでに前年の2倍に膨れ上がり，82年にはインフレ率も100％を超え，メキシコペソのドルに対する価値は82年から83年の2年間で5分の1以下になりました（図8.3）。

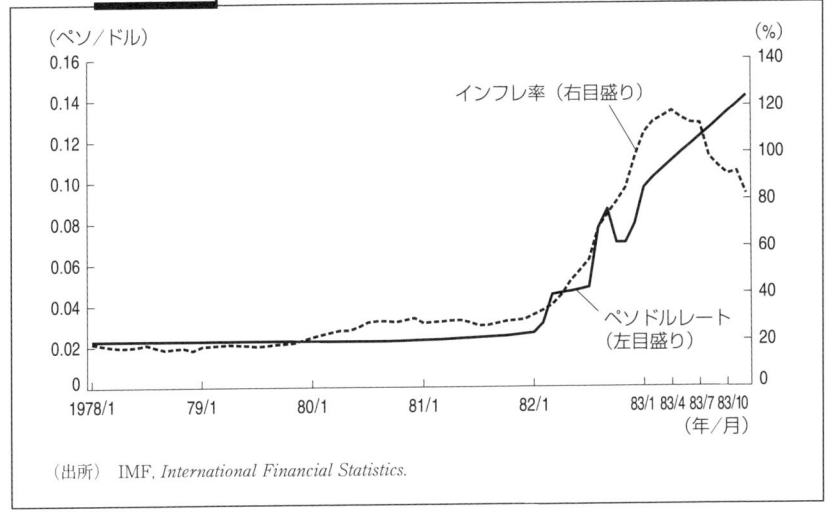

CHART 図8.3 ペソドルレートとインフレ率（1978～83年）

（出所）IMF, *International Financial Statistics*.

　それでは，第1世代モデルはどのように通貨危機を説明しているのでしょうか？　通貨危機が発生する経済要因とタイミングを理解するため，第1期目に固定相場制を採用している国を考えます。そして金融政策と為替政策の不一致から通貨危機が起き，第2期目に変動相場制へと移行すると仮定します。

危機前の特徴

　このモデルでは危機が起きる前の特徴として，①固定相場制を導入している，②政府は財政赤字を膨らませていて，その赤字を補塡するために，中央銀行から政府への貸出が行われ続けている，③そのために，インフレ懸念が高まっていて，固定レートを維持するために貨幣供給量を一定にしている，④貨幣供給量を一定にするために，国内信用の増加によって外貨準備が減少していることがあげられます。マネタリー・アプローチからもわかるように，貨幣供給量を変化させない金融政策は，固定相場制と整合的な政策です。はじめに，これらの特徴を**貨幣供給量**（M）と**国内信用**（DC）および**外貨準備**（R）の関係から考えてみましょう。会計上，通貨当局のバランスシートにある資産と負債は同じになります。ここでは，説明の簡単化のために，貨幣乗数を1として，マネーサプライ（M）＝マネタリーベース（MB）として考えると，次のような関係式が成立します。

2　通貨危機モデル　●　171

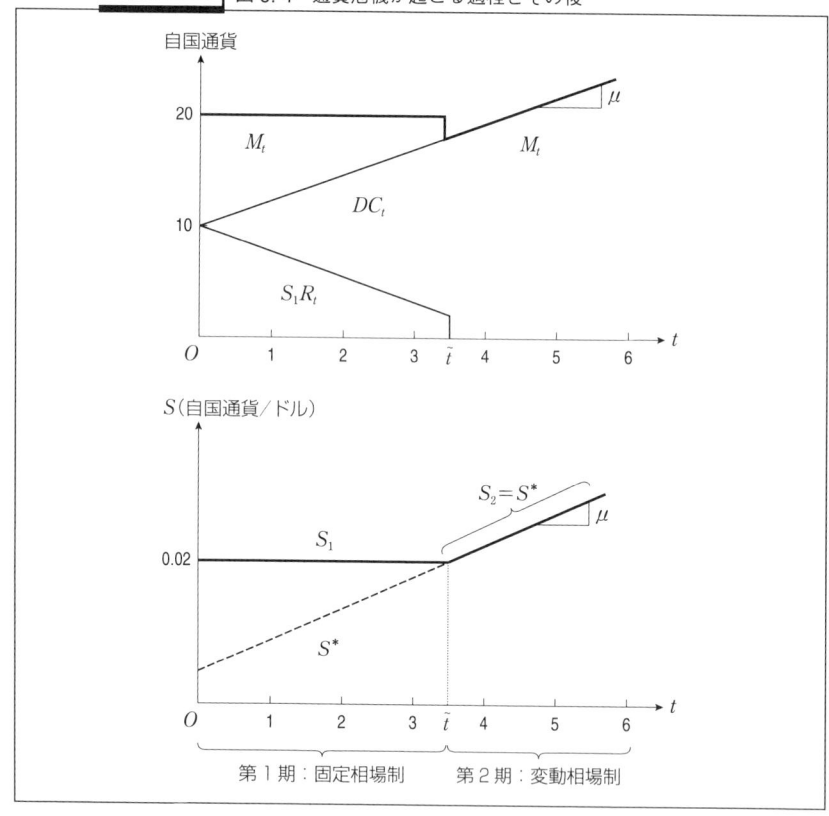

CHART 図8.4 通貨危機が起こる過程とその後

[グラフ1: 自国通貨、縦軸に20、10、横軸tに0〜6、M_t、DC_t、S_iR_t、μを表示]

[グラフ2: S（自国通貨/ドル）、0.02、S_1、$S_2=S^*$、S^*、μ、第1期：固定相場制、第2期：変動相場制]

$$M_t = MB_t = DC_t + S_i R_t \tag{8-1}$$

　ここで，通貨当局が緊急時に使用できる外貨準備を用いていることに着目してください（第2章で説明した対外資産（FA）との関係は $S_i R_t = FA_t$ と表します）。為替レートの添え字（i）は為替制度のタイプ（$i=1$〔固定相場制〕，$i=2$〔変動相場制〕）を示しており，固定相場制における為替レート（S_1）は一定ですが，変動相場制での為替レート（S_2）は変動します。また，すべての変数を自国通貨で表記するため，外貨準備（R）に為替レート（S）を掛けています。このモデルでは，ターゲット・ゾーンのように為替レートの変動幅がある制度ではなく，単純な固定相場制を考えています。

　次に，中央銀行が政府赤字（債務）を補塡する政策，いわゆる財政ファイナ

ンスについて通貨当局のバランスシートを用いて考えてみましょう。中央銀行から政府への貸出は国内信用の増加（$DC\uparrow$）として計上されます。典型的な例が，中央銀行から政府が借り入れるために，政府が発行する国債を中央銀行が購入する場合です。このような政策を行うとインフレ懸念や自国通貨の減価圧力が高まります。そこで，インフレ懸念の抑制や固定相場制を維持するために，通貨当局はマネーサプライ（M）を一定に保つ金融政策が必要になります。よって，マネーサプライの変化がゼロ（$\Delta M_t = 0$）になるため，このことは政府への貸出増加は外貨準備の減少を意味します（$-\Delta(S_t R_t) = \Delta DC_t$）。この外貨準備の減少は次のように考えることもできます。インフレ懸念による自国通貨の減価圧力を抑えるために，通貨当局は自国通貨買い外国通貨売りの為替介入を行い，その結果，外貨準備が減少します。

図8.4は2期間における為替レート（S）と主な経済変数の動きを示しています。政府の財政赤字を補うための中央銀行から政府への貸出の増加率はμ（$\mu>0$）としています。そのため，$\Delta M_t = 0$の場合，外貨準備の減少率は国内信用の増加率（μ）に等しくなります。固定相場制から変動相場制に移行するとき（$t=\tilde{t}=3.5$時点）が危機の起こるタイミングとなります。

危機が起きるタイミング

国際貿易の決済には外貨（とくに基軸通貨）を用います。そのため外貨準備の大幅な減少は，他国への支払いができなくなる可能性が高まるため国の信認度の低下につながります。簡単な例では，外貨準備がなくなったとき，輸入や債務の支払いができませんので，国は破綻（デフォルト）状態に陥ります。また，外貨準備がなくなると，自国通貨買い外国通貨売りの為替介入によって固定レートを維持することができなくなります。よって，外貨準備がなくなると，固定相場制から変動相場制に移行せざるをえません。図8.4の下図ではS_1とS^*が交錯したとき，上図では外貨準備がなくなったときが，通貨危機の発生時（$\tilde{t}$時点）となります。

この点について，もう少し詳しく解説しましょう。S^*はシャドー為替レートと呼ばれ，このレートは為替制度に関係なく，経済状況に準じて変動する特徴があります。そのため，変動相場制下ではシャドー為替レートは市場で取引

されているレートと等しくなりますが、固定相場制では政府や中央銀行が発表している公定平価（S_1）と必ずしも一致する必要はありません。図8.4の下図では国内信用の増加を反映し、シャドー為替レートは右上がり（自国通貨価値の下落）として描かれています（シャドー為替レートは国内信用の増加率〔μ〕と同じ率で上昇します）。

では、なぜ危機は$\tilde{t}$時点のタイミングで起こるのでしょうか？　危機前のシャドー為替レートは今後上昇すると予想されるため、第1期中に投資家が公定平価（S_1）で自国通貨を売って外貨を購入し、通貨危機後、自国通貨の価値が下がった$S^*(=S_2)$のレートで外国通貨から自国通貨に交換するという投資戦略は利益を生みます。たとえば、0.02ペソ／ドルから0.14ペソ／ドルにペソの価値が下落した結果、1ドル当たり0.12ペソの利益を得ることができます。しかし、危機前（固定相場制採用時、たとえば$t=1$時点）は、公定平価はシャドー為替レートより高い値（$S^*<S_1$）のため、S_1のレートで自国通貨を売って外貨を購入し、S^*のレートで外貨から自国通貨に交換しても損失が出るため、このような戦略を実行する投資家はいません。つまり、$\tilde{t}$時点より前に投資家は自国通貨売りの投機攻撃を行いませんので、通貨危機は起きません。ただし、投資家は危機のタイミングを知っているという完全予見の条件のもとでこのモデルが構築されているため、自国通貨を売って外貨を購入する投機行動が危機直前に顕著に見られます。これは投資家が利益を得るために、より多くの外貨を通貨当局から購入するというほかの投資家との競争の結果です。そのため、$\tilde{t}$時点で通貨当局が保有する外貨準備が瞬時に減少し底をついてしまいます。

危機後（たとえば、$t+6$時点）は$S_2=S^*>S_1$となるため、危機前に購入した外貨を自国通貨に替えれば利益を得ることができます。しかし、多くの投資家が利益を得ることを考えているため、$t+6$時点のように長く待つことはできません。皆、我先にと利益を追求し競争しているため、利益がゼロまたは損失を出さないタイミング、つまり、$\tilde{t}$時点が危機の勃発する時点となります。

危機後は変動相場制へ

危機後は変動相場制が導入されるため、為替レートは通貨の需給により市場において自由に決定されます（$S^*=S_2$）。そして、外貨準備がなくなったとき

には，(8-1) 式より，$M_t = DC_t$ となるため，政府への貸出はマネーサプライ（M）の増加を伴います。つまり，危機後，M の増加率は政府への貸出率（μ）と等しくなります。またマネタリー・アプローチによると，ほかの条件が不変であれば，為替レートの変化率は M の増加率と一致することから，為替レートの変化率も μ となります。

政策的インプリケーション

以上より，第1世代モデルは重要な政策的インプリケーションを提供します。それは，固定相場制を持続するためには，外貨準備を多く保有し，中央銀行から政府への貸出率が低いほど通貨危機が起きる確率が低くなるということです。反対に，外貨準備を少ししか保有していない国や財政ファイナンスが顕著な国では，インフレ懸念が高まり近い将来危機に直面しやすいことを第1世代モデルは予言しています。このモデルには投資家の予測に誤りがないとしている点や，将来の不確実性を取り入れていないという点が指摘されています。しかし，政府や中央銀行の行動がモデルに組み込まれていることや危機の時期を推測できることなど，ほかの通貨危機モデルにはないメッセージを持っていることから，経済政策を考えるうえで非常に重要な経済理論と言えます。

> **POINT**
> 第1世代通貨危機モデルによると，①固定相場制のように為替レートの変動に制限を設けている，②外貨準備をあまり保有していない，③中央銀行から政府への貸出額が多い，という国が通貨危機に直面する確率が高くなる。

3 危機の伝播

▶ 通貨危機の他国への影響と波及経路

国際金融市場の規制が撤廃され自由化の方向に推移している現在では，他国で勃発した危機が自国に悪影響を及ぼす可能性はきわめて高くなってきました。以前は経済大国で起きた危機が小国に伝染することが一般的に考えられてきましたが，アジア通貨危機のときのように，比較的小国のタイが日本や韓国など

の大国の経済を悪化させる事例もあります。事実，タイの経済成長率は1997年の－1.4％から翌年には－10.5％に急落し，このタイ経済の悪化はほかのアジア諸国（たとえば，インドネシア，韓国，マレーシア）の経済成長率を5～7％（1997年）から－7～－13％に下落させました。このように，危機時に一国の経済悪化が他国に伝染する現象を**伝播効果（コンテージョン）**と呼びます。現在，主に①貿易ルート，②金融ルート，③近隣効果，④情報と投資家の期待，の4つの伝播効果のルートが考えられています。これらのルートは理論的な分類であり，現実には複数のルートから同時に伝播効果が見られます。

貿易ルート

国際貿易をしていない国はないといっても過言ではありません。一般的に，財やサービスの取引（貿易）は効用を高めると考えられていますが，通貨危機下では，まったく逆の効果として作用することがあります。具体的には，貿易相手国において通貨危機が発生して，経済が低迷し相手国の所得が減少すると，自国の輸出品への需要の低下をもたらします。これは，自国の輸出業者の業績悪化につながり，雇用の低下を招くことになります。また，相手国の輸出業者の業績不振は，自国への輸入品が以前のように容易に手に入れることができなくなることを意味します。タイやインドネシアは，貿易を促進する東南アジア諸国連合（ASEAN）に加盟しており，近隣諸国との貿易を意図的に活発化しようとしていました。このような地域では，貿易ルートが危機の伝播効果の波及経路として重要であると考えられます。

金融ルート

規制緩和（自由化）やITの発展により，現在の金融市場は海外と密接に結びついています。そのため，地理的に幅広く資産を分散させることが容易になりました。これを背景に，日本の低金利政策（1995年以降，名目短期金利は約0％）は邦銀の東南アジアへの投資を促進し，韓国でも同様に，この地域への貸出は重要な投資戦略でした。しかし，危機国での不良債権の増大は，債務国のみならず債権国の金融市場も脅かします。倒産（デフォルト）し貸出資金が返済されない場合，貸出企業（債権国）にも多大な損失をもたらすのです。

第9章で解説する2009年のギリシャ危機は債務問題でしたが，この財政赤字を補塡するために発行された国債をドイツやフランスの金融機関は多く保有していました。もちろん，これら3国は統一通貨（ユーロ）圏を形成している国々であることも理由として考えられますが，規制緩和された金融市場がドイツやフランスをギリシャ危機と深く関連させていたのです。

　また，キプロスもギリシャ国債を保有していたため，2013年に危機に陥りました。ここで公になったのが，キプロスとロシアの関係です。キプロスは非居住者に対して低い税率を課すことにより，海外からキプロスへ多額の資金が流入し，キプロスの銀行預金の30％以上がロシア・マネーであったと言われています（キプロスのように資本規制や税率がきわめて低いため外国からの資金流入が国の経済規模と比べて多額である地域をオフショア金融センターと呼びます）。一見小国のキプロスの危機は大国のロシアと関係のないように思えるかもしれませんが，キプロス危機回避のために提案された一時的な銀行業務停止や預金への課税（2013年3月16日提案，後にキプロス議会により否決）はロシアの投資家にとって大損になる可能性があったため，ロシアに恐怖を与えたのです。

　このように，金融市場の規制緩和は投資家にとって金融資産を世界的規模で分散させることを可能にしましたが，その反面，投資先の国が経済危機に陥った場合，悪影響を直接受けてしまうことになります。

近隣効果

　地理的に同様の地域に属している国々は，いろいろな点でよく似ている傾向があります。たとえば，隣接した国々では同じような気候です。また，同様の資源・産業に経済が依存していたり，同一国に植民地化された歴史があるため経済制度や経済構造が類似していたりします。政治経済分野だけでなく，宗教や人種，民族的にも似ていることがあります。このように同じような性格の国々は，ある1つの外生的経済ショックに対して，同様の対応（反応）を示す傾向があると考えられます。まるで，インフルエンザが冬季に増え，同じような成長期にある子どもたちが次々に病気になるのとよく似ています。アジア通貨危機のときもタイから始まった経済低迷は，マレーシア，インドネシアなどの地域内の比較的豊かな国（エマージング・マーケット）に多大な経済的ダメー

ジを及ぼしました。

情報と投資家の期待

　投資家にもいろいろなタイプが存在します。ヘッジファンド・マネージャーであるジョージ・ソロスのように多くの部下に支えられている企業投資家や，個人で活動しているため情報収集や分析にあまり時間や予算をかけられない投資家もいます。このような状況下で危機が勃発した場合，個人投資家は自分の投資決定に自信が持てなくなり，多くの情報をもとに作られたソロスの投資決定を自分の考えより正しいと信じて，ソロスの行動を真似する傾向が顕著になると考えられます。このような現象を**ハーディング**と呼びます。つまり，危機のときのような混乱期には，投資家間による**情報の非対称性**が顕著になり，リーダー的存在の行動を真似する投資家が増加し，ソロスがある通貨を売り始めれば，皆その通貨を売り始めるのです。

　似たような現象で，**目覚まし効果**があります。このことは，今まで正しいと多くの投資家が考えていたことが，突如間違っていたことに気づくことを言います。投資決定のため情報収集は日々行っていますが，関連情報を集めることはタダではありません。時間や予算的コストがかかるため，大投資家ソロスといえども完璧な情報を持っているわけではありません。アジア通貨危機が発生する前，ほとんどの投資家は東南アジアに経済的問題が存在するとは考えていませんでした。それどころか，経済基盤がしっかりしている優等生であると考えられていたのです。そのため，国の経済状況を示す指標でもある格付評価も危機の直前まで不変でした。事実，大手格付会社ムーディーズやスタンダード・アンド・プアーズ（S&P）のアジア諸国の危機直前（1997年6月）の評価は，1996年1月の評価と基本的に同じでした。しかし，危機が起きたことで，目覚まし時計に朝起こされたように，投資家はいっせいに今までの投資基準を再考し，投資先としての国の優先順位を下方に修正するのです。

> **POINT**
> 危機の伝播ルートには，①貿易ルート，②金融ルート，③近隣効果ルート，④投資家の期待ルート，がある。

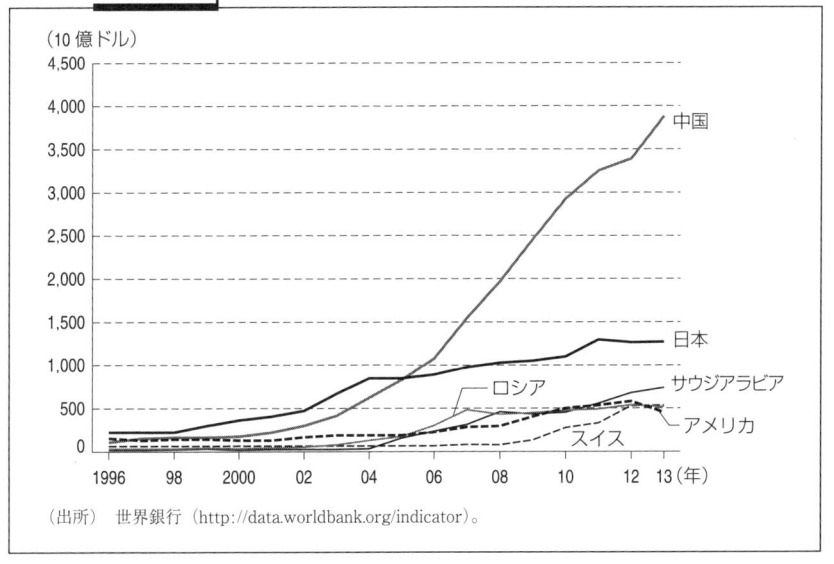

CHART 図8.5 外貨準備の保有額 トップ6

(10億ドル)
中国、日本、ロシア、サウジアラビア、スイス、アメリカ

(出所) 世界銀行 (http://data.worldbank.org/indicator)。

4 通貨危機の防止策

▶ 過去からの教訓

外貨準備保有額の増加

　第1世代モデルから外貨準備を多く保有している方が，危機が起こりにくいことを学びました。そのため，アジア通貨危機以降，多くの国々は外貨準備額を増大させています。外貨準備の保有国として，中国と日本を筆頭に，台湾，韓国などアジアの国々が上位を占めています。日本は2005年まで保有額世界第1位でしたが，2006年に中国に抜かれました（図8.5）。

　また，アジア金融市場の安定化を目標にASEAN＋3（日中韓）の間で2カ国間通貨スワップの構築が2000年に合意されました（チェンマイ・イニシアティブ）。通貨危機などの非常時に，IMF融資と関係なく2カ国間で外貨をスワップ締結額の20％まで融通することを可能としました。この通貨スワップは2009年に多国間ベースとしたマルチ化契約へと移行するとともに，12年のASEAN＋3の会議で，資金規模を2400億ドルへと増額しています。貢献度割

4 通貨危機の防止策 ● 179

合では，日本が32％，中国（香港含む）が32％，韓国が16％と3カ国（日中韓）が80％を占めています。マルチ化契約が進展するなか，チェンマイ・イニシアティブのもとでの日韓通貨スワップ協定は2015年に満期を迎え終了しました。

ホットマネーを回避

ホットマネーとは，投資資金が短期間で他国に移動するような金融資産を指します。経済成長のためには，海外からの流入資金が長期間にわたり投資先で活用されることが望ましいですが，危機のような状況では，上記のような金融資産は短期間に売買されます。とくに短期ローン（契約）であれば，簡単に資金を移動させることができ頻繁に投資決定が行われるため，ローンを組む場合は長期契約の方が無難と言えます。また，外貨建てローンの場合，通貨危機後に自国通貨価値が大幅に低下するため，返済負担が自国通貨ベースで増大します。そのため，外国から資金を借り入れる際，為替リスクの少ない自国通貨建てローンの方が安全であると考えられています。

バーゼル（BIS）規制

国際決済銀行（BIS）に事務局があるバーゼル銀行監督委員会は，自己資本比率など金融機関（主に銀行）の規制や管理の枠組みを作成しており，この委員会で作成された規制は「バーゼル規制」や「バーゼル合意」と呼ばれています。バーゼル銀行監督委員会は主に先進国の銀行監督局と中央銀行で構成されていますが，ここでの合意は世界基準として全世界で用いられています。

最初の合意（バーゼルI）は1988年に策定され，予期せぬ損失をどれほど自力でカバーできるのかを示す指標の1つである**自己資本比率**の最低水準を8％と定めました。自己資本比率が8％を下回ると，その銀行経営は健全でないとみなされます。日本においては，国際統一基準行の最低所要自己資本比率（8％）と，国内基準行（海外に営業拠点を持たない銀行）のための自己資本比率（4％）が共存しています。そして日本では，1992年度末からバーゼルIが適用されました。

その後の金融危機（たとえば，1997年のアジア通貨危機）の経験から，国内金

融業務の不備が通貨危機と深く関連していることが判明したため，金融業務の監視もより厳しくなりました。バーゼルⅡ（2004年）では，オペレーショナル・リスクが新たに追加され，日本では2006年3月末より実施されています（主に自己資本比率の分母の改善）。

ここで自己資本比率は次のように計算されます。

$$自己資本比率 = \frac{自己資本}{信用リスク＋市場リスク＋オペレーショナル・リスク}$$

分子の自己資本とは，何か突発的な事故などにより経営が困難になった場合に用いることができる資産のことです。これは，**基本的項目（Tier 1）**と**補完的項目（Tier 2）**で主に構成されています。基本的項目には，普通株式，優先株式，内部保留が主な要素として，補完的項目には，そのほかの有価証券評価益の45％相当額，土地再評価にかかる差額金の45％相当額，一般貸倒引当金，劣後債・劣後ローン，期限付優先株などが計上されています。

最低所要自己資本比率を計算するための分母は，信用リスク，市場リスク，オペレーショナル・リスクで構成されています。**信用リスク**とは貸出先によるリスク（たとえば倒産）を指し，資産の市場価格変動によるリスクを**市場リスク**と呼びます。信用リスク・アセットにはバーゼルⅠと異なり，金融機関のバランスシートに記録されていない（オフバランスシート）項目も含まれています。また，バーゼルⅡで新たに追加された**オペレーショナル・リスク**には，事務事故，システム障害，不正行為などによるリスクを計測します。この項目が追加されたことにより，以前より8％を達成することが困難になりました（近年の進展は**Column ❽-1**参照）。銀行がこれらの最低所要自己資本比率を下回った場合，金融庁の監督下で早期是正処置が促されます。この是正処置は銀行のタイプ（国際統一基準行か国内基準行）や自己資本比率のレベルにより異なりますが，業務停止命令など厳しい処置もあります。

カレンシー・ボードや統一通貨圏への移行

投資家の投機を抑制するため，一般的な固定相場制からカレンシー・ボードなどのより厳格な固定相場制（ハード・ペッグ）を採用することも1つの選択として考えられます。カレンシー・ボードは通貨当局が公定平価を設定して，そ

> ### Column ❽-1　バーゼル規制の近年の進展
>
> 　自己資本比率は銀行業務監督に関わる1つの重要な要素で，今日においても議論の的となっています。2013年3月期から適用された新国際統一基準（バーゼルⅢ）では，分子の要素である自己資本の質の向上，資本水準の引き上げ，また分母のリスク捕捉の強化を目標としています。日本におけるバーゼルⅢの導入は，国際合意および下式に従い，2013年から段階的に導入され，2019年から完全実施予定です（右図参照）。
>
> $$\text{自己資本比率} = \frac{\text{普通株式等 Tier1} + \text{その他 Tier1} + \text{Tier2}}{\text{リスク・アセット}} \geqq 8\%$$
>
> $$\text{Tier1比率} = \frac{\text{普通株式等 Tier1} + \text{その他 Tier1}}{\text{リスク・アセット}} \geqq 6\%$$
>
> $$\text{普通株式等 Tier1比率} = \frac{\text{普通株式等 Tier1}}{\text{リスク・アセット}} \geqq 4.5\%$$
>
> 　リスク・アセットとは，信用リスク，市場リスク，オペレーショナル・リスクの合計です。バーゼルⅢでは，8%の最低比率を計算するときに必要な項目のほか，資本保全バッファーという項目が提案されました。この提案は，銀行経営が悪化しているなか，配当や自社株買い，報酬の支払いが銀行経営をより悪化させたという近年の経済危機からの教訓を反映しています。資本保全バッファーを追加することにより，自己資本の量を強化し，危機時には資本の外部流出を避け，内部保留を蓄積するよう促進しています。

のレートを維持する点では，一般的な固定相場制と同じですが，カレンシー・ボードの特徴として，自国通貨の供給量に対応する外貨準備額を通貨当局は保有することが法的に義務づけられています。つまり，外貨準備が増加（減少）すれば，マネタリーベースを増加（減少）させるという貨幣供給ルールがあります。簡単化のために，マネーサプライ（M）＝マネタリーベース（MB）と仮定すると，通貨当局のバランスシートの資産と負債は外貨準備（R）とマネタリーベース（MB）となり，次のような関係になります。なお，為替レート（$\bar{S}$）は固定されているので変化しません。

$$M = MB = \bar{S}R \qquad (8-2)$$

そのため，厳密な意味で国内信用という区分はなくなり，中央銀行はお金を印刷して貨幣供給を増やすことが困難になります。第5章のマネタリー・アプ

日本では，国際的に運営している銀行と国内で主に運営している銀行に分けているため，2014年3月期から適用される新国内基準は下記のとおりです。

$$自己資本比率 = \frac{コア資本}{リスク・アセット} \geqq 4\%$$

コア資本には，主に普通株式および内部保留が含まれています。

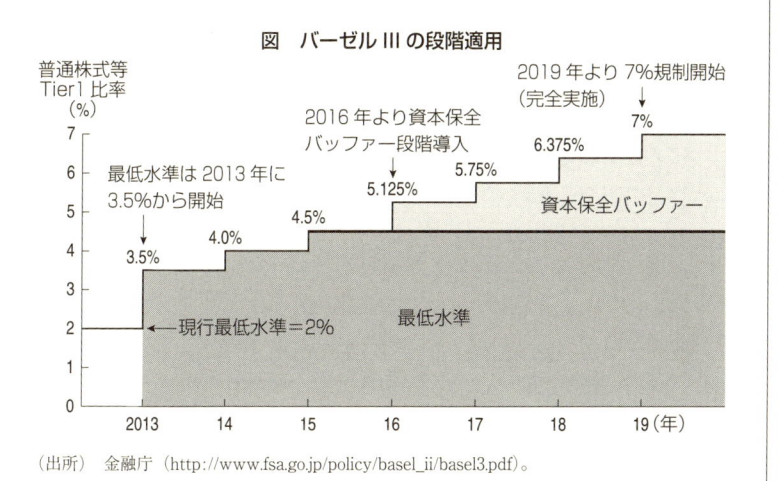

図 バーゼルⅢの段階適用

- 2019年より7%規制開始（完全実施）
- 2016年より資本保全バッファー段階導入
- 最低水準は2013年に3.5%から開始
- 現行最低水準=2%

普通株式等Tier1比率（%）: 3.5% (2013) → 4.0% (14) → 4.5% (15) → 5.125% (16) → 5.75% (17) → 6.375% (18) → 7% (19)

（出所）金融庁（http://www.fsa.go.jp/policy/basel_ii/basel3.pdf）。

ローチでも説明しましたが，自国の貨幣供給量と物価，そして為替レートには正の関係があると理論上考えられるので，マネタリーベースおよびマネーサプライの安定化は為替レートを固定させるのに役立ちます。また，金利も上記の関係式に従い決定されるため，カレンシー・ボードのもとでは一般的な固定相場制に比べて，独自の金融政策を行うことがより困難になります（一般的な固定相場制は上記の貨幣供給ルールは存在せず，国内信用を用いて金融政策を行う余地はあります）。

もし投資家による自国通貨売りの攻撃を受けたならば，固定相場制を採用している国の通貨当局は，自国通貨買い外国通貨売りの為替介入によって公定平価を守る必要があります。カレンシー・ボードにおいては，貨幣供給ルールがあることにより，自国通貨の供給量と同じだけの外貨準備を持っているので，投資家の自国通貨売りの攻撃に対して，介入を行うことによって対抗すること

が可能です。また，このことを投資家が理解していれば，自国通貨売りの投機攻撃を仕掛けてこないかもしれません。よって，カレンシー・ボードは通貨危機が発生しにくい制度であると言われています。近年このカレンシー・ボードを導入している国は増加し，香港，ブルガリアなどが採用しています。

最後に，究極の固定相場制として考えられるのが統一通貨圏です。実際に，各加盟国の独自通貨は存在せず，域内で共通通貨を用いているため，加盟国間の為替レートは完全に固定されていると考えることができます（たとえば，フランスの1ユーロはドイツの1ユーロ）。統一通貨圏では，すでに各国の通貨を廃止して統一通貨を導入しているため，再度各国ごとの通貨を導入することは非常に難しいことを投資家が理解しているため，統一通貨圏が崩壊するようなことは容易に想像しづらくなります。

SUMMARY ●まとめ

- □ 1 通貨危機が発生した国々の多くが，為替レートの変動になんらかの制限を課していました。
- □ 2 第1世代通貨危機モデルによると，外貨準備額が乏しく財政ファイナンスを行っている国では，通貨危機に直面する可能性が高くなります。
- □ 3 一国で起きた危機が他国経済に悪影響を及ぼすことを危機の伝播効果（コンテージョン）と呼びます。金融市場が発達し規制緩和が進んでいる国々では，他国の危機は他人事ではありません。

KEYWORDS ●キーワード

通貨危機，欧州為替相場メカニズム，ターゲット・ゾーン，ハネムーン効果，スムース・ペイスティング，貨幣供給量，国内信用，外貨準備，シャドー為替レート，公定平価，伝播効果（コンテージョン），ハーディング，情報の非対称性，目覚まし効果，自己資本比率，基本的項目（Tier 1），補完的項目（Tier 2），信用リスク，市場リスク，オペレーショナル・リスク，カレンシー・ボード

EXERCISE ●練習問題

1. 通貨危機とはどのような現象なのかを説明しなさい。
2. 固定相場制を導入する経済的動機を2つあげなさい。
3. ターゲット・ゾーンを導入する経済的動機,およびこの制度が機能するメカニズムを説明しなさい。
4. 固定相場制において,外貨準備がなぜ重要なのかを第1世代通貨危機モデルを用い解説しなさい。
5. 通貨危機の伝播効果の波及経路を2つあげて,それぞれ解説しなさい。
6. 将来通貨危機が起こらないようにするには,どのようなことに気をつければよいのでしょうか。過去の通貨危機からの教訓を2つ記しなさい。

参考文献 Reference ●

ラインハート,K. M. & K. S. ロゴフ(2011)『国家は破綻する──金融危機の800年』(村井章子訳)日経BP社。

Flood, R. R. and P. M. Garber (1984) "Collapsing Exchange Rate Regimes: Some Linear Examples," *Journal of International Economics*, 17(1–2), 1–13.

Krugman, P. (1979) "A Model of Balance-of-Payments Crises," *Journal of Money, Credit and Banking*, 11(3), 311–325.

Krugman, P. (1991) "Target Zones and Exchange Rate Dynamics," *Quarterly Journal of Economics*, 106(3), 669–682.

CHAPTER

第 **9** 章

統一通貨圏と欧州経済危機

ユーロ危機はなぜ起きた？

　皆さんはユーロという通貨を聞いたことがありますか？　ユーロは1999年1月1日に導入され，2015年1月現在，欧州25カ国で使用されている**統一通貨**です。その中の19カ国が**欧州連合（EU）**加盟国で，ドイツ，フランス，イタリアなどが主なユーロ導入国です（表9.1）。そして，これら19カ国は一括して**ユーロ圏**と呼ばれています。加えて，その他の欧州6カ国でもユーロが使用されています。この地域を旅行する際，昔のようにドイツマルク，フランスフラン，イタリアリラなどの各国の通貨を持参しなくても，ユーロだけ持っていけば済むようになりました。1999年導入当時，ユーロは決済目的でのみ使用可能でしたが，2002年1月1日に現金通貨として導入されたので，すでにユーロを使用した人もいるでしょう。歴史的に見ると比較的新しい通貨ですが，第1章で述べたように，現在米ドルに次ぐ基軸通貨として世界

単一通貨ユーロ　（写真提供：時事）

CHART 表9.1 ユーロ使用国・地域（2015年1月現在）

国 名	決済通貨(年)	現金通貨(年)	経済通貨同盟(EMU)	国 名	決済通貨(年)	現金通貨(年)	経済通貨同盟(EMU)
アイルランド	1999	2002	○	キプロス	2008	2008	○
イタリア	1999	2002	○	マルタ	2008	2008	○
オランダ	1999	2002	○	スロバキア	2009	2009	○
オーストリア	1999	2002	○	エストニア	2011	2011	○
スペイン	1999	2002	○	ラトビア	2014	2014	○
ドイツ	1999	2002	○	リトアニア	2015	2015	○
フィンランド	1999	2002	○	アンドラ	1999	2002	
フランス	1999	2002	○	サンマリノ	1999	2002	
ベルギー	1999	2002	○	バチカン	1999	2002	
ポルトガル	1999	2002	○	モナコ	1999	2002	
ルクセンブルク	1999	2002	○	コソボ		2002	
ギリシャ	2001	2002	○	モンテネグロ		2002	
スロベニア	2007	2007	○				

で広く使用されています。

　ユーロ圏のように複数国が共通の通貨を用いることを**通貨同盟**と呼びます。歴史的に通貨同盟は古くから存在し，先進国だけでなく比較的貧しい国においても通貨同盟を形成した事例は多々あります。現在，中部アフリカ経済通貨共同体が発行している中部アフリカCFAフラン，西アフリカ経済通貨同盟が発行している西部アフリカCFAフラン，東カリブ諸国機構の東カリブ通貨同盟が発行している東カリブドルが存在しています（CFAとは，Colonies françaises d'Afriqueの略でアフリカの旧フランス植民地のことを言います）。

　しかし，ユーロ圏は**経済通貨同盟（EMU）**で単なる通貨同盟ではありません。ユーロ圏は経済政策の協調を含むEUの枠組みの中で設立された，欧州統合という壮大なプロジェクトの重要な1つの要素です。そのため，このプロジェクトに参加していない国々はユーロを導入することはできません。しかし，例外として経済通貨同盟に不参加でも，ユーロ導入直前までフランスフランやイタリアリラなど旧通貨を用いていた国・地域（たとえば，モナコやサンマリノ）でもユーロを使用しています（表9.1）。

　このユーロの存続に関して，多くの議論がなされてきました。**ギリシャ債務危機**（2009年）の影響はほかの欧州諸国のみならず，世界中にまで波及したので，皆さんは新聞で読んだことがあるでしょう。また，ギリシャ債務危機は欧

州債務危機 (2010年〜) と深く関連しています。欧州債務危機はギリシャで発覚した財政問題がきっかけとなり発生し，ギリシャがユーロ圏加盟国であるため被害が大きくなったと言われています。

本章でははじめに，ユーロ圏における近年の危機の概要について説明します。次に，統一通貨圏の経済を考えるうえで，重要な理論である最適通貨圏の理論を，そして欧州経済通貨統合への道のりと現在および将来のユーロ圏の課題について解説します。

1 統一通貨圏における危機
▶ ギリシャ債務危機と欧州債務危機

ギリシャ債務危機の概要

ギリシャは2002年から現金通貨（2001年から決済通貨）としてユーロを使用しています。日本のように変動相場制を採用していれば，経済が悪化した場合，自国通貨安によって，貿易収支や経済全般が改善されることが期待できます。しかし，ユーロ圏では，各国独自の通貨を廃止し，共通通貨ユーロを導入しているため，域内において為替レートは完全に固定されています。よって，統一通貨圏内では，為替政策により自国経済を回復させる手段はありません。つまり，通貨統合を行うとその域内においては，上記のような為替政策を失うことになります。

さらに，ユーロ圏では，**欧州中央銀行（ECB）**が加盟国共通の金融政策を担うため，一国（とくにギリシャのような小国）の経済的状況だけを反映した金融政策を行うことができません。つまり，通貨統合を行うと，各国の金融政策の独立性は失われます。そのため各国独自の金融政策を行えない状況下で，うまく通貨圏を形成していくためには，加盟国の経済が収斂している必要があります。収斂基準は後で詳細に説明しますが，基準の1つである財政赤字に関わる条件をギリシャは満たしていないことが明らかになったため，ギリシャのユーロ圏からの離脱の可能性が高まり，ユーロの存亡が議論されました。

具体的には，2009年10月，ギリシャにパパンドレウ政権（全ギリシャ社会主

義運動）が誕生したとき，前政権（新民主主義党）で 3.7％ と公表されていた財政赤字（対 GDP 比）が間違いであったことを公表し，12.5％ に修正したことから始まります。ユーロ圏加盟国はマーストリヒト条約により，財政赤字は 3％ までしか許されていません。脱税が広く社会に浸透し，また公務員の比率が高く，年金など社会保障が手厚いギリシャでは，政府財政は以前から問題視されていました。この大幅な財政統計の修正は，多くの投資家のギリシャへの信頼を急激に低下させたのです。さらに，2010 年 4 月，欧州統計局によるギリシャの財政赤字の 13.6％ への修正を背景に，大手格付会社スタンダード・アンド・プアーズ（S&P）は，ギリシャ国債の格付を A−（2009 年）から債務履行能力の低下を示す投機的等級となる BB＋ まで引き下げました。同様に，2010 年 6 月，格付会社ムーディーズもギリシャ国債のランクを，A3 から Ba1 へと格下げしました。ギリシャへの信認が落ちたことにより，投資家によるギリシャ国債とユーロ売りが開始されたのです。

　ドイツ，フランス，イタリアなどのほかの欧州諸国の金融機関は多くのギリシャ国債を保有していたため，またアメリカで勃発したサブプライム・ローン（低所得者向け住宅ローン）危機や 2008 年 9 月のリーマン・ショックからまだ立ち直っていない国々が多かったため，ギリシャ債務危機はほかのユーロ圏諸国に大きな痛手を負わすことになりました。なかでもポルトガルの財政問題は早期に発覚し，2010 年 4 月に，S&P はポルトガルの格付を A＋ から A− に引き下げました。2000 年代後半，不動産バブルとその崩壊で弱体化していたスペイン経済も，ギリシャ債務危機によりさらに悪化しました。ユーロ圏の中心国であるドイツでは，自国の税金を他国救済のために使うことに強い反感があったため，ユーロ圏内でのギリシャ債務危機への対処は遅れました。しかし，2010 年 6 月，EU と IMF，加えてアメリカが救済に合意し，一時的に終息へと向かいました。

　図 9.1 はユーロ加盟 4 カ国の財政赤字の対 GDP 比の推移と財政赤字に関する収斂基準（3％）を示しています（財政赤字はマイナス符号）。図 9.2 は政府債務残高の対 GDP 比の推移と債務残高に関する収斂基準（60％）を表示しています。これらの図より，ドイツにも財政問題があったことや，多くの欧州諸国が慢性的な財政赤字に悩まされていたことがわかります。

CHART 図 9.1　財政赤字（対 GDP 比）

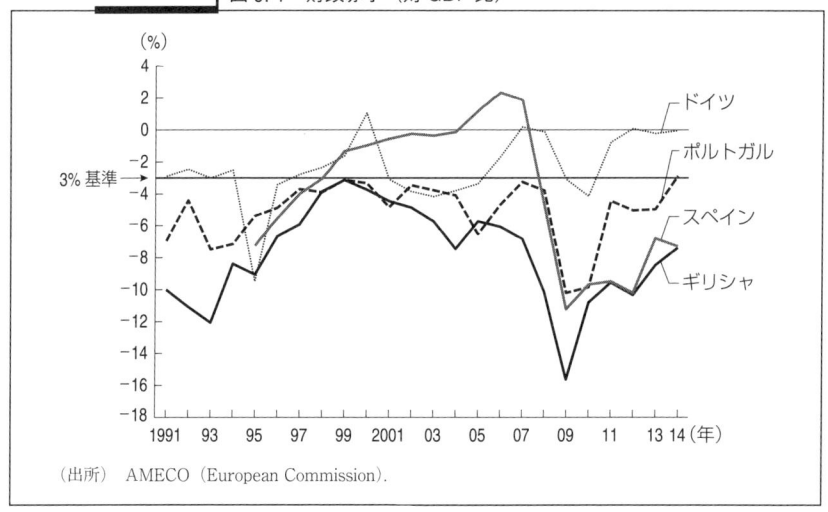

（出所）　AMECO（European Commission）.

CHART 図 9.2　政府債務残高（対 GDP 比）

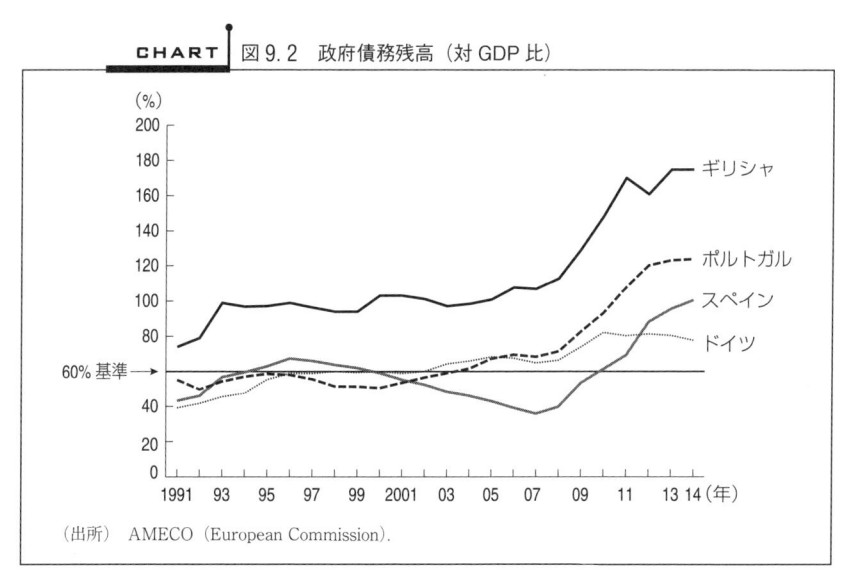

（出所）　AMECO（European Commission）.

株式市場の混乱

　欧州の経済混乱の様子をいくつかの経済指標で見てみましょう。図 9.3 はアメリカ（S&P 500），イギリス（FTSE 100），ユーロ圏（EURO STOXX 50）の株価インデックス（2000 年 1 月 = 100）の変動を示しています。株価インデックスは

1　統一通貨圏における危機　● 191

CHART 図9.3 主な国の株価インデックス（2000年1月～14年9月）

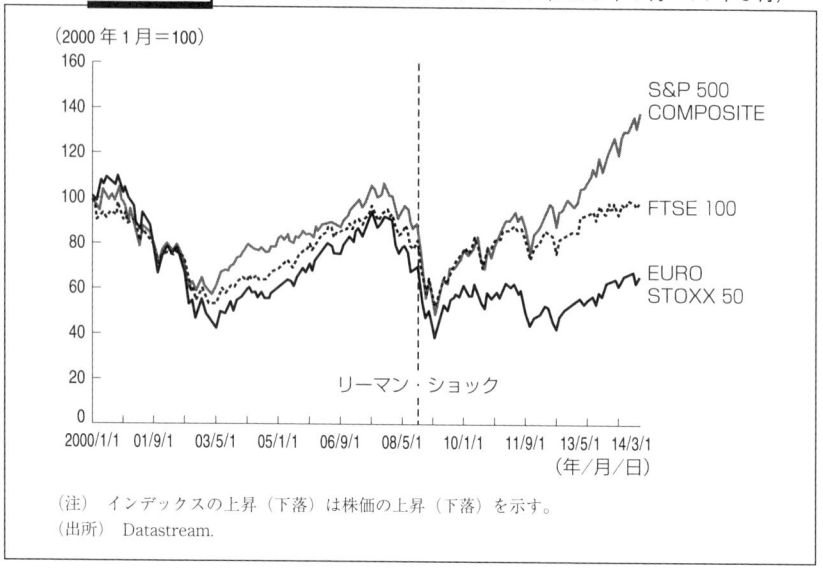

（2000年1月＝100）
S&P 500 COMPOSITE
FTSE 100
EURO STOXX 50
リーマン・ショック

（注） インデックスの上昇（下落）は株価の上昇（下落）を示す。
（出所） Datastream.

主な企業の株式の加重平均価格を表しているため，各国（地域）の株式市場全般の状況を見ることができます。2008年9月のリーマン・ショックのときまでは，この3つの株価インデックスは類似した変動を見せていました。しかし，リーマン・ショック前後の株価急落後，ユーロ圏に加盟していないアメリカやイギリスは株式市場が回復しましたが，それとは対照的に，株式市場の回復が見られないのがユーロ圏です。これは，ギリシャ債務危機を契機とした欧州債務問題によるユーロ圏経済の足踏みを示しています。

労働市場の悪化

　欧州債務危機は株式市場だけの問題ではありません。ここで，労働市場の状況を見てみましょう。ギリシャとスペインにおいて，リーマン・ショック後（2008年ごろ）から失業率が急速に悪化しています（図9.4）。ギリシャでは財政危機による経済低迷のため，失業率が25％を超えました。日本の労働市場の氷河期と言われていた深刻な時期でも失業率は4～5％でしたので，ギリシャやスペインの失業率は日本のその時期の状況よりはるかに高い状態となりました。また，若い世代の就職難はより深刻で，スペインでの若者の失業率は

CHART 図9.4　欧米先進国の失業率（2000年第1四半期〜14年第1四半期）

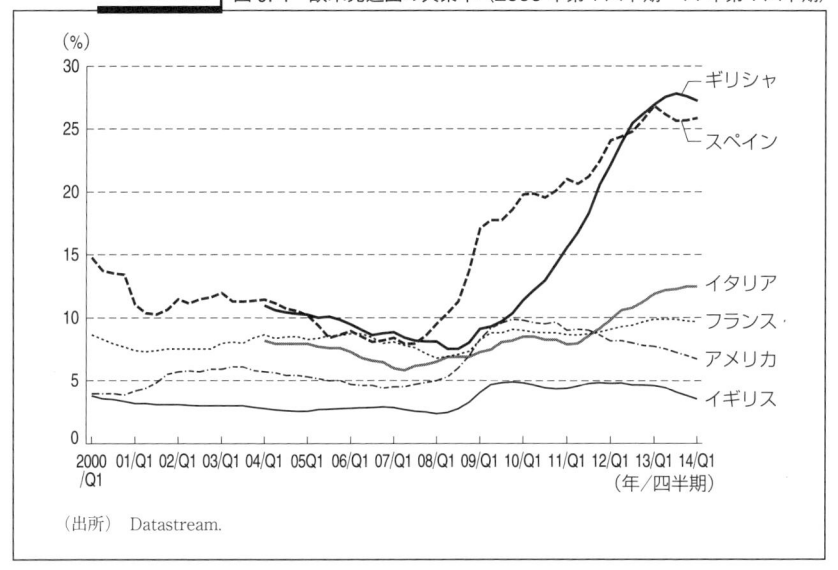

(出所) Datastream.

50%を超えました。このように，スペイン国内では就職できる可能性が低いため，ユーロ圏に属していない比較的経済状況のよいEU国（たとえばイギリス）で就職活動を行う若者が増加しました。そのまま無職でイギリスに住み続ける者も多くなったことで，スペインの就職難はスペインのみならずイギリス国内でも社会問題となりました。

為替レートへの影響

　日本はEU加盟国でもなく，また地理的にも離れているため，ギリシャ人やスペイン人が日本で就職活動をすることは容易ではなく，欧州労働市場の問題が直接日本にまで波及することはありません。しかし，国際貿易の増加と金融規制緩和が進んだ現在において，欧州債務危機はユーロ圏だけの問題ではありません。欧州は日本にとって重要な貿易相手国ですので，経済の低迷やユーロの存亡は他人事ではないのです。たとえば，サブプライム・ローン問題や欧州債務危機が起こった後の円高は，欧米の経済低迷が1つの要因としてあげられます（図9.5）。つまり，米ドルやユーロの信認が低迷しているなか，日本の経済がとりわけ良好だったというわけではないのですが，円資産を金融資産構成（ポートフォリオ）に入れておこうという投資家が増加したため，円への需要が

1　統一通貨圏における危機　●　193

CHART 図9.5 円, ユーロ, ポンドの対ドルレート (2008年9月～14年9月)

(注) 為替レートの上昇（低下）はドル高（ドル安）を示す。
(出所) Datastream.

増えて，円はドルやユーロに対して大幅に増価したと言われています。

先に，ギリシャ債務危機が起きた理由として，財政問題について言及しました。そのほかにもユーロ圏加盟に必要な経済条件はあるのでしょうか？　そもそも，自国通貨を持っていたのに，なぜそれを廃止して統一通貨ユーロを導入したのでしょうか？　次節ではユーロ危機を理解するために必要な理論的背景について説明します。

2 最適通貨圏の理論的背景

▶ 統一通貨を導入するための要件とは？

通貨圏を形成する条件を満たしている理想的な地域を**最適通貨圏**と呼びます。通貨圏では共通通貨を使用しているため，各国の通貨の価値を1対1で完全に固定している究極の固定相場制と考えることもできます。つまり，ユーロ圏への旅行であれば，ユーロだけを持参すれば財・サービスを購入でき，ドイツにおける1ユーロはフランスにおける1ユーロと同じ価値でなければなりません。

一般的に最適通貨圏を構成する諸国はいろいろな面で類似していなければならないと考えられており，それをこれから説明します。つまり，加盟国は高度な収斂を満たしていることが理論的に期待されているのです。この分野では，ユーロが導入された1999年にノーベル経済学賞を受賞したマンデルが最適通貨圏に一番関連深い論文（Mundell, 1961）を書いたと考えられています。しかし，それ以外にもマッキノンやケネンの重要な論文（McKinnon, 1962；Kenen, 1969）もあるので，これらをもとに最適通貨圏の要件を説明していきます。すなわち，別々の通貨を持つ複数の国および地域において，それらが共通通貨を導入することに伴うコストを最小化させるための要件を見ていきましょう。

物価（インフレ率）の一律性：通貨圏内では，物価およびインフレ率が各国で等しくならなければなりません。これを絶対的PPP（$p_t = s_t + p_t^*$）と相対的PPP（$\Delta p_t = \Delta s_t + \Delta p_t^*$）を用いて表すと，統一通貨圏では，為替レート変化率（Δs_t）はゼロになるので，通貨圏における2国間の物価（p）やインフレ（Δp_t）は次のようになります。

$$p_t = p_t^* \quad \text{または} \quad \Delta p_t = \Delta p_t^* \tag{9-1}$$

　(9–1) 式が成立しなければならない理由として，複数の国が通貨圏を形成しているにもかかわらず，1つの中央銀行下で一元的な金融政策が行われることがあげられます。伝統的に中央銀行は短期金利を誘導することにより，経済（物価）を安定させています。もし異なる経済状況の地域が共存していたらどうなるでしょうか？　たとえば，地域Aではインフレ懸念が高まり，地域Bでは経済が低迷して失業者がたくさんいる状態を考えてみましょう。地域Bは経済活性化のため低金利政策を必要としますが，地域Aではインフレを抑えるために高金利政策が必要となります。しかし，このように地域別の政策が必要となっても，通貨圏には中央銀行は1つしかなく，一元的な金融政策が行われるため，目的が異なる金融政策を同時に行うことは不可能です。逆に地域間のインフレ率が等しいと1つの金融政策でも問題はありません。

　通貨統合を行うと，通貨圏を構成している各国は為替政策を失い，また金融政策の独立性も失うことになります。そこで最適通貨圏の要件としては，通貨

圏の国々の類似性（収斂），同様にショックの対称性が重要になります。なぜなら，これらが満たされていれば，通貨圏の地域間で経済格差が生じにくくなるので，1つの金融政策でも問題はありませんし，格差是正のために域内において為替政策を用いる必要もないからです。

それではどのような場合に2地域の経済状況は類似するのでしょうか？　また，もし非対称なショックが発生して2地域間で異なる経済状況になった場合，（金融為替政策に頼ることなく）どのように調整して経済状況を類似（収斂）させることができるのでしょうか？　以下では，非対称な経済ショックが発生し，そのショックの発生で地域Aの経済状況が悪くなる（マイナス効果として現れる）場合を想定して考えていきましょう。

- **財・サービスの完全移動**：財・サービスの移動の自由が要件となります。つまり通貨圏においては，国際貿易に支障をきたすバリヤー（規制や関税など）が皆無でなければなりません。第1章でも述べましたが，欧州諸国の経済開放度が他地域と比較し高い理由として，通貨圏内での貿易が盛んであることがあげられます。では，なぜ財・サービスの完全移動という条件が必要なのでしょうか？　たとえば，2加盟国がお互い多額の貿易をしている場合を考えましょう。もし経済ショックが地域Aで起こったとき，貿易ルートを通して，地域Bに同様なショックが移転します。地域Aにおける所得の低下は，地域Bの輸出を減少させるため地域Bの所得も低下します。つまり，財・サービスの完全移動は地域間の非対称性を最小化させるのです。反対に，開放度が低い場合，多くのショックが地域Aにとどまり，地域Bには少ししか移転しないため，両地域間の非対称性がより高くなります。つまり，財・サービスの完全移動という条件は，異なる地域の景気循環を類似化させる機能があるのです。

- **労働者・資本などの生産要素の完全移動**：財・サービスと同様に，通貨圏では，労働者や資本の移動の自由も必要な条件です。労働者が経済状況のよくない地域Aから経済状況の良い地域Bに自由に移動できれば，地域Bで労働供給が増加するため賃金上昇を抑えることができ，また地域Aでは失業者が減少します。そして，賃金と物価には正の関係があると一般的に考えられるため，労働者の移動により，地域Bの物価上昇を抑える

ことができます。資本の移動も同様です。景気の良い地域Bでは総需要が増加していて、多くの生産を見込むことができるので、低迷している地域Aから有効活用されていない資本を移動することにより、地域Bの生産増加（総供給の増加）につながりインフレ懸念が低下します。
- 嗜好の類似性：異なる地域において、消費者の嗜好が似ていなければいけません。共通の経済ショックが発生した場合、両地域の需要曲線が同一方向に動く必要があるからです。コーヒー豆が不作でも、コーヒーを好まない国ではコーヒー価格に大きな影響はないかもしれませんが、コーヒーを好む国ではコーヒー価格が高騰します。
- 経済構造の類似性：そもそも2地域間に非対称な経済ショックの影響が生じないようにするためには、経済の多様化（高度化）は地域の類似性には不可欠な要件です。ケネンは経済ショックから生じる非対称性は経済構造が異なるほど大きくなると指摘しています。たとえば、ギリシャやイタリアのような地中海に面し歴史的に重要な遺跡が多い場所では、観光業が発達しています。また、天候にも恵まれているため、農業も非常に重要な産業です。このような国々で天候に変化が起こり干ばつになった場合、ギリシャやイタリアの経済は停滞しますが、工業製品を主な産業としているドイツでは、干ばつによる被害を直接受けないと考えられます。もし2地域で同じような経済構造であれば（たとえば、ギリシャ・イタリア地域とドイツで同じように農業、観光業、工業と経済が多様化していれば）、非対称なショックの影響は生じないと言えます。そのほか、大きな意味で経済構造には法律制度の類似性なども含みます。

そのほか、加盟地域の類似性を高めるということから、言語・宗教なども同じである方が、最適通貨圏を形成するには適していると考えられています。そのため、多くの言語や宗教が混合している欧州と比較して、日本国内の地域は最適通貨圏の条件の多くを満たしていると考えることができます。

財政移転の自由度：地域間に多少の非対称性が存在しても、通貨圏内で政府間の財政移転により資金を自由に移動させることができれば、通貨圏の持続性が高まると考えられています。たとえば、日本の都道府県（円という通貨圏）を考

えてください。東京都民は所得に比例し高額な税金を国に納めています。もちろん，この税金は東京都民のために使用されますが，比較的貧しい地方にも中央政府から地方政府へと財政移転として資金が流れています。つまり，地域格差の減少に一役買っているわけです。欧州の場合，お金持ちの国がドイツやフランスで，貧しい国がギリシャやポルトガルです。しかし，ユーロ圏加盟国では財政同盟は結ばれてはおらず，政府支出や税収入の決定が各国政府に任されているため，日本のように地域間の財政移転は十分に機能しません。この点がギリシャ・欧州債務危機で明確になり改善されつつあります。

最適通貨圏では，経済的恩恵を加盟国にもたらすと考えられています。具体的な恩恵（便益）として，加盟国間の通貨の両替が不必要になることから通貨交換の取引費用の削減や将来の為替レートの不確実性の除去，そしてドイツの中央銀行（ブンデスバンク）から引き継がれた低インフレを目標とした信認のある金融政策があげられます。反対に，問題点も多く指摘されています。上記要件が満たされないとき，統一通貨圏を形成することによる便益よりもコストが上回るからです。ユーロ圏創設の是非を結論づけることは時期尚早ですが，前節で解説したように，欧州債務危機による経済の低迷や失業者の増加などを考えると，各国の金融政策の独立性の損失によるコストの面がより明確になりました。では，実際に欧州はどのような過程を経て地域の類似性を高め，現在のような経済通貨同盟を形成したのでしょうか？　この点を次節で解説していきます。

3 欧州経済統合への道のり

▶ 欧州連合とユーロ

　最適通貨圏の形成には，財・サービスや労働者・資本の自由な移動が必要要件であると述べました。欧州はまずこれらの障害となる規制を廃止し，経済統合の次のステップとして金融統合，つまり統一通貨を導入しました。これには，非常に長い歳月がかかっており，その過程でいろいろな政治的組織が作られて

います。そこで，欧州連合やその前身である欧州経済共同体（EEC）や欧州諸共同体（EC）の設立背景について簡単に歴史を振り返ってみます。

欧州連合

　欧州統合は経済同盟だけでなく，政治的な統合も目標としています。具体的には，欧州連合レベルで政策を決定する組織や，欧州内問題を解決する数多くの機関が存在します（たとえば，欧州委員会，欧州連合理事会，欧州理事会，欧州司法裁判所，欧州中央銀行）。では，そもそもなぜ欧州統合を必要と考えたのでしょうか？

　欧州統合の議論は第二次世界大戦終了時にさかのぼります。第二次世界大戦後の混乱のなか，将来の欧州のあり方を模索していました。とりわけ，民主主義を確立し経済を立て直す努力の一環として，1948年にアメリカによる**マーシャル・プラン**と**欧州経済協力機構（OEEC）**が設立されました。OEECは加盟国の貿易障害（関税）の低減に努め，1959年までには，民間貿易の約90%が自由化されたと言われています。また，当時の重要な産業である軍事と関係が深い石炭と鉄鋼を各国で管理するのではなく，加盟国で統括する**欧州石炭鉄鋼共同体（ECSC）**が1952年に設立されます。これに携わった6カ国（ベルギー，ドイツ〔当時の西ドイツ〕，フランス，イタリア，ルクセンブルク，オランダ）が後の欧州統合の立役者となります。とくに，この6カ国による1957年の**ローマ条約調印**により，**欧州原子力共同体（Euratom）**と**欧州経済共同体（EEC）**が設立され，上記3つの共同体をさらに統合したのが，1967年に設立された**欧州諸共同体（EC）**です。

　さらに，経済統合の一環として，人々（労働者）が移動する際の国境検査（ビザ）などを省くことを目的とした**シェンゲン協定**が1985年に5カ国（ベルギー，ドイツ，フランス，ルクセンブルク，オランダ）により調印されました。この協定がその後の**シェンゲン圏**の形成の基礎となっていきます。欧州に旅行した際，入国管理所の窓口がEUとNon-EUに別れているのに気がつきましたか？　国境検査を省くことは，労働者の国境間の移動を活発化させるという動機もありますが，結果として，「欧州人」というアイデンティティを高めることに一役買いました。

1986年には，ローマ条約を大幅に修正した**単一欧州議定書**が調印され，1992年までに地域内自由貿易における障害排除の達成を目指すことを決めます。そして，地域内で共通の外交や安全保障政策，司法や内務協力（警察，難民・移民政策）を密にしていく**欧州連合条約**の調印（1992年）後，1993年欧州連合（EU）の発足につながります。調印された場所にちなんで，欧州連合条約は**マーストリヒト条約**とも呼ばれ，次項で解説するユーロの導入に深く関わっています。

　EU加盟国の首脳らにより構成される**欧州理事会**が，EU加盟条件として**コペンハーゲン基準**（1993年）を決定しました。旧ソビエト連邦諸国の加盟が急速に進展していくなか，この基準には，民主主義，法律，人権やマイノリティの尊重などがEU加盟条件として明記されています。このように欧州統合は政治経済の統合から成り立っており，第二次世界大戦後の地域平和と秩序をもたらした貢献，また基本的人権を推進したことなどの理由から，EUは2012年にノーベル平和賞を受賞しています。

　ユーロを導入したからといって，欧州統合が完成したわけではありません。マーストリヒト条約を修正した**リスボン条約**が2009年に発効されました。これにより，基本権憲章（2000年）で定められた権利，自由および原則に法的拘束力を持たせ，法的にEUからの脱退を可能としました。また，複数の民主国家で構成されているEUが1つの国家とみなされることを避けるために，超国家機関的性格は抑えられ，憲法や欧州のシンボルは取り除かれています。このように民主主義過程を踏んで修正や調整を重ねることにより，今後もより高いレベルでの欧州統合を目指していくと思われます。しかし一方で，EU内における各国の財政負担額に不満を持つイギリスでは，EUからの脱退について議論されています。

　2014年現在，EU加盟国は28カ国と増加し（図9.6），人口では中国，インドに次ぐ世界第3位の国（地域）となる約5億の人々が住んでいます。また，ユーロ圏の合計のGDPはアメリカを抜く13兆ユーロ（2013年）となっており，世界の中でも超経済大国（地域）と言えます。

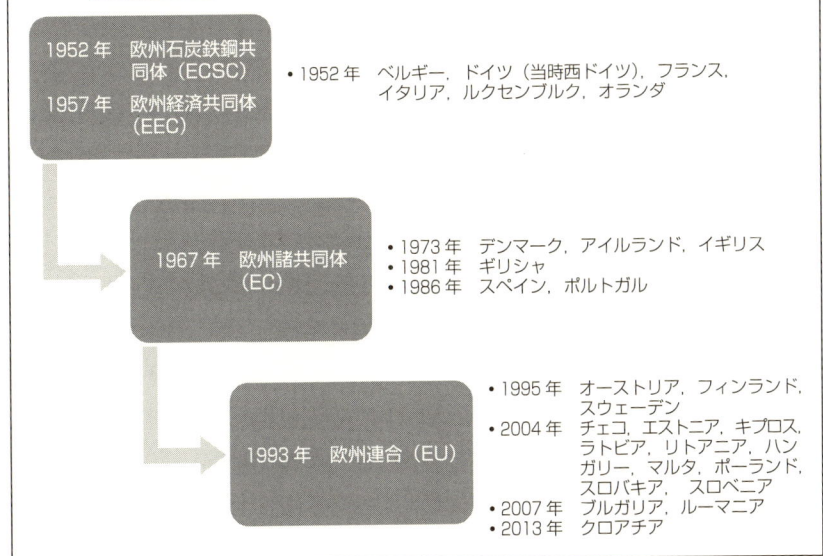

CHART 図9.6　欧州連合設立過程と加盟国の増加

- 1952年　欧州石炭鉄鋼共同体（ECSC）
- 1957年　欧州経済共同体（EEC）
  - 1952年　ベルギー，ドイツ（当時西ドイツ），フランス，イタリア，ルクセンブルク，オランダ

- 1967年　欧州諸共同体（EC）
  - 1973年　デンマーク，アイルランド，イギリス
  - 1981年　ギリシャ
  - 1986年　スペイン，ポルトガル

- 1993年　欧州連合（EU）
  - 1995年　オーストリア，フィンランド，スウェーデン
  - 2004年　チェコ，エストニア，キプロス，ラトビア，リトアニア，ハンガリー，マルタ，ポーランド，スロバキア，スロベニア
  - 2007年　ブルガリア，ルーマニア
  - 2013年　クロアチア

ユーロ導入への道

　統一通貨ユーロの導入もこの欧州統合の1つの要素として準備されました。通貨同盟はいつごろから話し合われたのでしょうか？　具体的な議題となったのは，ブレトンウッズ体制の問題点があからさまになり為替制度が不安定になったときです。これを背景に，**ヴェルネ計画**（1970年）により経済通貨統合構想が現実味を帯びてきました。そして統一通貨導入の準備として，加盟希望国間の為替レートの変動を制限するための組織として，**欧州通貨制度**（EMS）が1979年に設立され，EMSの**欧州為替相場メカニズム**（ERM）のもとで，バンド付き固定相場制（いわゆるターゲット・ゾーン）が導入されました。具体的には，ERM加盟国間の為替レートの変動を平価の±2.25％以内に抑える一種の固定相場制です（ただし，対イタリアリラは例外的に±6％）。ERMはユーロ導入直前まで存続し，統一通貨を導入するときの大事な条件の1つとなります。しかし，ERMは欧州に順風満帆に浸透したわけではありません。東西ドイツ統合をきっかけにドイツの金利が上昇し，加盟国間の金利格差が顕著になったことから，ドイツマルクに対する自国通貨の価値（マルクに対する平価）を維持す

3　欧州経済統合への道のり　●　201

CHART 表9.2 経済収斂基準（マーストリヒト条約）

- 物価が最も安定している3加盟国のインフレ率の平均との乖離が1.5%以内
- 長期名目金利が最も低い3加盟国の金利の2%以内
- 最低2年間ERMに加盟していること
- 一般政府（中央政府＋地方政府）の財政赤字はGDP比で3%以内
- 一般政府の債務残高（グロス）はGDP比で60%以内

ることが困難な国が出てきました。それらの国はERMから離脱する可能性が高くなり，ジョージ・ソロスなどの投資家の投機の対象となりました。その結果，イギリスやイタリアは1992年にERMから脱退し，1993年から為替レートの変動幅は平価±2.25%から±15%へ拡大されました。

統一通貨導入への大きな進展は1980年代にもありました。その中でも，単一欧州議定書は経済統合の課題を明確にし，各国の政治的協力を確認しました。さらに，欧州委員会委員長であるジャック・ドロールの指導下で発表された**ドロール報告書**（1989年）が，経済通貨統合への3つのステップを示しました。こうした理由から，ドロール委員長は「ユーロの父」と呼ばれることがあります。具体的な3つのステップは次のとおりです。

(1) 第1段階（1990～93年）：EC内での資本移動の規制全廃・自由化を促進し，統一通貨を導入する際に加盟希望国が守らなければならない経済収斂基準を記したマーストリヒト条約（1993年）が発効されました（表9.2）。この条約に記されている基準である，インフレ率の収斂は購買力平価に基づき，また金利の収斂はカバーなし金利平価（UIP）から説明することができます。通貨圏加盟国の通貨は1対1で完全に固定されていると考えると，期待為替レート変化率（$E(\Delta s_{t+1})$）はゼロになるので，UIPより，自国金利（i_t）と外国金利（i_t^*）は等しくなる必要があります。この関係を式で表すと次のようになります。

$$i_t - i_t^* = E(\Delta s_{t+1}) = 0 \quad \Leftrightarrow \quad i_t = i_t^* \tag{9-2}$$

(2) 第2段階（1994～98年）：加盟国の中央銀行の協力強化および欧州中央銀行設立の準備として，**欧州通貨機関**（EMI）を設立しました。また，ユー

CHART 表9.3 旧通貨のユーロへの交換比率

国・旧通貨名	交換比率	国・旧通貨名	交換比率
アイルランド・ポンド	0.787564	フィンランド・マルッカ	5.94573
イタリア・リラ	1936.27	フランス・フラン	6.55957
オランダ・ギルダー	2.20371	ベルギー・フラン	40.3399
オーストリア・シリング	13.7603	ポルトガル・エスクード	200.482
スペイン・ペセタ	166.386	ルクセンブルク・フラン	40.3399
ドイツ・マルク	1.95583		

ロ導入に必要な基準としてマーストリヒト条約がありますが,財政規律の面で導入後に加盟国が収斂し続ける保証はないと考えられていたため,マーストリヒト条約を補強する形で,**安定成長協定**が1997年に採択されました。この協定はEU加盟国で決定していますが,過剰な財政問題を修正しなければならない義務(corrective arm)は,ユーロ加盟国のみに課しています。これは,もし財政赤字の3%基準が守られない場合,赤字の大きさにより制裁金(GDPの0.2～0.5%の金額)が課せられるという規定です。そして,1998年には欧州中央銀行(ECB)が発足し,収斂条件を満たした11ヵ国(表9.1参照)の通貨のユーロへの換算レートが確定され(表9.3),ユーロ導入の準備を整えていきました。参加国の通貨とユーロの交換比率は多くの議論を呼びましたが,最終的には,ユーロ導入直前の**欧州通貨単位(ECU)**との交換比率をもとに,参加11ヵ国の旧通貨からユーロへの移行が行われました。

(3) 第3段階(1999年～):各国通貨に代わり,1999年1月1日にユーロが電子的決済通貨となり,ECBのもとで一元的な金融為替政策が行われるようになりました。同時に,ERMを引き継いだ形で**欧州為替相場メカニズムⅡ(ERMⅡ)**が1999年に導入されました。このERMⅡでは,今後ユーロ圏に参加したいと考えている国は,原則として,自国通貨とユーロの平価を設定し,対ユーロレートを平価±15%以内の変動幅の中に維持しなければならないと決められていますが,例外を多く認めていることが特徴です。また,ユーロ加盟希望国は最低2年間ERMⅡに参加して上記のことを守ることも義務づけられています。1999年ユーロ導入とともにECUが廃止され,2002年からユーロ紙幣・硬貨が導入されました。

ユーロを拡大・維持することの難しさ

　ユーロ加盟希望国の経済収斂を議論するとき，大事なのが，マーストリヒト条約と安定成長協定です。とくに，安定成長協定はユーロ圏を促進，維持していくための財政規律に関する合意で近年注目を浴びました。金融政策はECBが一元的に担っていますが，財政政策は各国政府が決定権を持っているためです。ギリシャ債務危機がユーロの存亡問題となったのは，ギリシャの財政赤字が3％を大幅に超えていたのが明確になったからです。そのため，ギリシャがユーロ圏に残るのか（離脱するのか），またユーロが滅びるのか，という議論になりました。ギリシャ・欧州債務危機の大きな原因は各国の財政規律に問題があり，安定成長協定も十分機能していないことでした。そこで，この点を踏まえて，2010年の欧州理事会で財政の事前審査の導入や財政是正機能の強化が合意されました。

　実は，安定成長協定は政治・経済的な問題が指摘され，2005年にも見直されています。数値的基準に変更はありませんが，景気循環を加味し柔軟に適応させることとなりました。そもそも，ギリシャのみならず，政府の財政に問題を持っていた国はたくさんあります。欧州の大国でユーロ導入を推進していたドイツ（2002年）やフランス（2002年）においても政府赤字が3％の基準を超え問題になりました。しかし，政治的に影響力の強い両国は制裁金の支払いを免れました。また，オランダ，イタリア，ポルトガルなどでも財政問題は指摘されています。そもそも，なぜ対GDP比で財政赤字が3％までなのか，そして債務残高が60％までなのか，経済理論的根拠の希薄性も問題視されています。

　最後に，ユーロ圏は年々拡大していると解説しましたが，一方でユーロ導入議案を否決した国々もあります。たとえば，イギリス，デンマーク，スウェーデンは自国の通貨を維持することを選択しました。デンマーク（2000年）やスウェーデン（2003年）では，国民投票によってユーロ導入の是非を諮ったところ，わずかながら反対派が過半数を占めるという結果になっています。イギリスはドイツやフランスより経済構造がアメリカに似ていることや，景気循環もほかの欧州諸国とは大きく異なるという理由により，英ポンドを使用し続けて

います。つまり，イギリスはユーロ圏との間において，最適通貨圏の要件の多くを満たさないと結論づけています。

SUMMARY ●まとめ

- □ 1 欧州経済通貨統合は長い歳月を経て今日に至っており，経済・政治の統合により地域平和をもたらすことを背景に進められてきました。
- □ 2 統一通貨を導入する前には，財・サービスや労働者・資本の移動の自由化などの経済統合が不可欠です。
- □ 3 ユーロ圏に加盟するには，いろいろな面で他の国（地域）と収斂している必要があります。経済収斂条件はマーストリヒト条約に記されています。

KEYWORDS ●キーワード

ユーロ，統一通貨，欧州連合 (European Union: EU)，ユーロ圏，通貨同盟，経済通貨同盟 (Economic and Monetary Union: EMU)，ギリシャ債務危機，欧州債務危機，欧州中央銀行 (European Central Bank: ECB)，マーストリヒト条約，最適通貨圏，マーシャル・プラン (Marshall Plan)，欧州経済協力機構 (Organization for European Economic Cooperation: OEEC)，欧州石炭鉄鋼共同体 (European Coal and Steel Community: ECSC)，ローマ条約 (Treaty of Rome)，欧州原子力共同体 (European Atomic Energy Community: Euratom)，欧州経済共同体 (European Economic Couuunity: EEC)，欧州諸共同体 (European Community: EC)，シェンゲン協定 (Schengen Agreements)，シェンゲン圏，単一欧州議定書 (Single European Act)，欧州連合条約 (Treaty on European Union)，欧州連合 (EU)，マーストリヒト条約 (Maastricht Treaty)，欧州理事会 (European Council)，コペンハーゲン基準 (Copenhagen criteria)，リスボン条約 (Lisbon Treaty)，ヴェルネ計画 (Werner Plan)，欧州通貨制度 (European Monetary System: EMS)，欧州為替相場メカニズム (European Exchange Rate Mechanism: ERM)，ドロール報告書 (Delors Report)，欧州通貨機関 (European Monetary Institute: EMI)，安定成長協定 (Stability and Growth Pact)，欧州通貨単位 (European Currency Union: ECU)，欧州為替相場メカニズムⅡ (ERM Ⅱ)

Column ❾-1　最適通貨圏とスコットランドの独立

　最適通貨圏の例としてイギリスを考えてみましょう。イギリス（United Kingdom of Great Britain and Northern Ireland: UK）は，イングランド，スコットランド，ウェールズ，北アイルランドの4「国」から成り立っている王国です。オリンピックでは，イギリス代表としてチームや選手を選出しますが，サッカーやラグビーの試合では，4国それぞれの代表チームを参加させています。イギリスでは1つの中央銀行（英国銀行，Bank of England）が金融政策を担い，ポンドが共通通貨として使用されているため，統一通貨圏（ポンド圏）と考えることができます。

　その1国スコットランドでイギリスからの独立を求める住民投票が2014年9月18日に行われました。スコットランドはイギリスの約3分の1の面積を占めますが，人口は約500万人とイギリスの8％くらいしかありません。石炭，造船，機械工業が伝統的な主産業でしたが，時代とともに衰退し，現在ではウイスキー，観光，IT，そして1960年に開発された北海油田があるため，原油産業が主な産業です。1707年，連合法によりイングランド王国とスコットランド王国が合併してグレートブリテン王国（Kingdom of Great Britain）を形成しますが，とくにスコットランドでは，イングランドに制圧されたという考えがウェールズや北アイルランドより強く残っています。

　そのため，スコットランドはある程度の独立性を持っています。たとえば，教育・裁判制度はイングランドと異なります。スコットランドで法律を学んでもイングランドで法律家になるには，別途イングランド法を勉強しなければなりません。教育に関しては，スコットランドにある大学では4年間で学部を卒業しますが，イングランドでは3年です。また，スコットランドやEU出身の学部生はスコットランドの大学で授業を無料で受講することができますが，イングランドからの学生はスコットランドの大学で授業料を支払う義務があります（もちろん，スコットランドの学生もイングランドの大学では授業料を支払わなければなりません）。そのほか，スコットランドの商業銀行（たとえば，Royal Bank of Scotland）は紙幣の発行が許可されています。また，ゲール語，スコットランド教会，スコットランド内の行政を取り仕切るスコットランド政府（スコットランド議会）も存在しています。

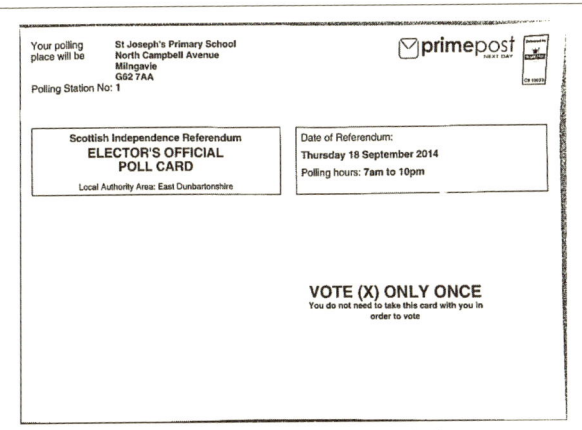

スコットランド（非）独立への切符
（住民投票で用いられた投票案内。個人情報の部分は削除している）

　しかし，近年スコットランドを含む地方経済と雇用の低迷は，より高いレベルの独立を求める住民の心に火をつけました。2013年11月26日にスコットランド行政府のアレックス・サモンドは，独立の是非を問う住民投票（例外的に16歳以上の住民に投票権あり）に対する公約となる独立国家スコットランドの青写真を発表しました。しかし，この独立支持者の青写真には，多くの経済学者が反対しました。たとえば，独立支持者が独立後も英ポンドを使用続けると宣言したことに対し，イギリス財務大臣オズボーンは独立後のスコットランドによるポンド使用を不可と公表し，英国銀行はスコットランドが最適通貨圏の条件を満たしていないためポンドの使用に反対の意を表明しました。欧州にドイツやギリシャのような多様な国々が混在しているように，イギリス国内でもイングランドとスコットランドは経済的にも異なるのです。つまり，独立後スコットランド政府が設立され，独自の財政政策が存在するなか，スコットランドがポンドを使い続けることは，まさにギリシャ・欧州債務危機を彷彿させたのです。財政同盟設立なしに，通貨同盟を形成することはタブーという考えが多くの経済学者により指摘されました。そのほか，独立後の年金や国民医療サービスの質の維持に関する議論もありましたが，結果的に今回の住民投票では，非独立派が勝利を収めました。

EXERCISE ●練習問題

1. 最適通貨圏に必要な経済理論的要件を記しなさい。
2. 統一通貨圏を形成する経済的動機を3つあげなさい。
3. 欧州内貿易の自由化のために,どのようなことが具体的になされたかを説明しなさい。
4. マーストリヒト条約に記されている経済収斂条件について解説しなさい。
5. 今後ユーロ圏の持続にはどのような政策が必要であると考えられるか論じなさい。

参考文献　　　　　　　　　　　　　　　　　　　　　　　　　　Reference ●

Kenen, P. (1969) "The Theory of Optimum Currency Areas: An Eclectic View," in R. Mundell and A. Swoboda eds., *Monetary Problems of the International Economy*, University of Chicago Press.

McKinnon, R. I. (1962) "Optimum Currency Areas," *American Economic Review*, 53(4), 717-725.

Mundell, R. A. (1961) "A Theory of Optimum Currency Areas," *American Economic Review*, 51(4), 657-665.

文献案内

　できるだけ詳しく解説することを心がけて本書を執筆しましたが，それでもわからない点に直面するかもしれません。また，さらに国際金融を学びたい方もいらっしゃるでしょう。そのために，下記に日本語で書かれた関連書籍を記しておきます。多くの本は大学の図書館にもあると思うので，これらの本も手に取ってみるのも1つの勉強方法かと思います。

本書と同レベルの国際金融の入門テキスト
- 勝悦子『新しい国際金融論──理論・歴史・現実』有斐閣，2011年
- 橋本優子・小川英治・熊本方雄『国際金融論をつかむ』有斐閣，2007年

本書よりレベルが高いが学部生向けの国際金融のテキスト
- クルーグマン，P. R. & M. オブズフェルド（山本章子ほか訳）『クルーグマンの国際経済学──理論と政策（下　金融編）』丸善出版，2014年
- 高木信二『入門 国際金融（第4版）』日本評論社，2011年
- 深尾光洋『国際金融論 講義』日本経済新聞出版社，2010年
- 藤井英次『コア・テキスト国際金融論（第2版）』新世社，2013年

特定のテーマに関連した書籍
- 伊藤隆敏『インフレ目標政策』日本経済新聞出版社，2013年
  - ▶日本銀行がインフレ目標を導入する前に，インフレ目標についてまとめられています。

- 大山剛『バーゼルⅢの衝撃』東洋経済新報社，2011年
  - ▶バーゼル合意が修正された背景について詳しく解説されています。

- 上川孝夫・矢後和彦編『国際金融史』有斐閣，2007年
  - ▶本書で取り扱わなかった金本位制などの固定相場制の仕組みが歴史的に解説されています。

- 高木信二『新しい国際通貨制度に向けて』NTT出版，2013年
  - ▶IMF（国際通貨基金）独立評価室アシスタント・ディレクターが21世紀の

国際通貨制度について考察しています。

- 日本銀行金融研究所『日本銀行の機能と業務』有斐閣，2011年
　▶日本銀行の役割についてまとめられています。

- ラインハート，K. M. & K. S. ロゴフ（村井章子訳）『国家は破綻する──金融危機の800年』日経BP社，2011年
　▶通貨危機，銀行危機，財政危機などの金融危機の歴史を解説しています。

事項索引

（太字（ボールド）の数字書体は，本文中でキーワードとして太字（ゴシック体）で表示されている語句の掲載ページを示す）

● あ 行

相対取引　28
アスク（オファー）レート　5, 125
アベノミクス　9, 11, 109
アルゴリズム・トレーディング　130
アンインフォームド・トレーダー（ノイズ・トレーダー，リクイディティ・トレーダー）　126, 127, 134
安定成長協定　203, 204
一物一価の法則　46
インサイダー取引　122, 126
インターバンク市場　21, 22, 123, 125, 129
インフォームド・トレーダー　126, 127
インフレ　11, 50, 52, 166, 170, 175, 195, 202
インフレ・ターゲッティング　76, 93, 109
ヴェルネ計画　201
売りオペレーション（売りオペ）　31, 146
円売りドル買い介入　142, 143, 145, 147, 150, 152, 154, 156, 157
円買いドル売り介入　142, 143, 146, 147, 152, 154
円　高　2, 7, 8, 9, 11, 63, 155, 156, 193
円ドルレート　3, 8, 56, 63, 107, 110
円　安　8, 11, 109
　──政策　157, 158
欧州為替相場メカニズム（ERM）　167, 169, 201
欧州為替相場メカニズムⅡ（ERM Ⅱ）　203
欧州経済共同体（EEC）　199
欧州経済協力機構（OEEC）　199
欧州原子力共同体（Euratom）　199
欧州諸共同体（EC）　199
欧州石炭鉄鋼共同体（ECSC）　199

欧州中央銀行（ECB）　90, 94, 189, 203
欧州通貨機関（EMI）　202
欧州通貨制度（EMS）　201
欧州通貨単位（ECU）　203
欧州理事会　200
欧州統合　199, 200
欧州連合（EU）　13, 187, 199, 200
欧州連合条約　200
オーダーフロー　130
オーバーナイト　93
オペレーショナル・リスク　181
終　値　5

● か 行

買いオペレーション（買いオペ）　31, 106, 147
海外依存度（経済開放度）　13
外貨準備　15, 16, 144, 161, 171, 172, 173, 175, 179, 182
外貨建て　2
外国為替市場（外為市場）　4, 20, 21, 23, 34, 123, 129, 132
外国為替市場介入（外為市場介入）　→為替介入
外国為替取引　24
外国為替平衡操作　→為替介入
風向きに逆らう介入　154
加重平均　101
株式市場　117, 119, 191
貨幣　31, 96
貨幣供給　96
貨幣供給量　→マネーサプライ
貨幣市場　95
　──均衡　99
貨幣需要　96

211

実質―― **96**, 98
貨幣乗数　**32**, 33
貨幣発行権　96
カレンシー・ボード　**181**
為替介入（外国為替市場介入，外為市場介入，
　　外国為替平衡操作）　30, **36**, 37, 38, **142**,
　　145, 147, 148, 150, 152, 156, 160, 168, 173,
　　183
　　――の効果経路　149
為替差益（差損）　**26**
為替サーベイ　**79**
為替政策　189, 195
為替相場制度（為替制度）　9, 19, **34**, 37
為替ブローカー　**22**
為替リスク　25, **27**, 28, **72**, 74, 75, 77, 166
為替レート　2, 3, 34, 168
　　――決定式　100, 104, 149
　　――の決定理論　48
　　――の変化率（減価率）　50, 114
　　――の変動　7, 114
　　――予想　77
　　シャドー――　173
　　長期的均衡――　**55**, 57, 61, 63
完全競争　44, 46
機会費用　97
企業物価指数　**56**, 57
基軸通貨　**6**, 187
基準割引率および基準貸付利率　→公定歩合
期　待　169, 178
期待為替減価率　**79**, 83, 168
期待為替レート（期待レート）　**77**, 79, 80,
　　101, 104, 110, 116, 149-151
期待値　78
基本的項目（Tier1）　**181**
キャリー・トレード　**85**, 86
居住者　**1**, 14
金融緩和〔政策〕　9, 11, 31, 68, 109, 120,
　　158, 170
　　量的・質的――　**111**, 76
金融危機　180
　　グローバル――　107

金融資産　119
金融市場　68
金融システムの安定　90
金融収支　**15**, 17
金融政策　89, 91-93, 99, 105, 108, 109, 145,
　　150, 156, 168, 195
　　――効果　150
　　――の自由度（独立性）　34, 39, 166, 189,
　　195
　　――の目標　90
　　信認のある――　198
　　非伝統的――　92
金融派生商品　**15**
金融引き締め〔政策〕　31, 168
金　利　68, 71, 75, 97, 99, 114, 202
　　――のスプレッド　94
　　マイナス――　94
金利裁定　**71**, 73, 75, 85, 86
金利平価　**69**, 71
　　カバー付き――（CIP）　**73**, 75, 76, 83,
　　84
　　カバーなし――（UIP）　77, 79, 80, 83-
　　85, 100, 202
　　国内――　**71**
近隣効果　177
クロス市場　131, 132
経済開放度　→海外依存度
経済危機　163
経済ショック　168, 177, 196
経済通貨同盟（EMU）　**188**
経済ファンダメンタルズ　**101**, 102, 104,
　　109, 111, 149, 167
経常収支　**15**, 17
減　価　**8**, 9
　　実質――　54
公開市場操作　**31**, 146, 147, 157
公定歩合（基準割引率および基準貸付利率）
　　92
公定平価　36, **174**, 181
行動経済学　133
行動ファイナンス　119

購買力平価（PPP）　48, 55-57, 63, 100, 108, 164, 202
　絶対的——　48, 53, 55, 59, 60, 195
　相対的——　50, 51-53, 56, 58, 166, 195
　ビッグマック——　60, 61, 63
効率性　118
　強——　118, 126, 127, 129
　弱——　118
　準強——　118, 129
効率的市場　117, 118, 119, 129
合理的期待〔仮説〕　78, 80, 86, 133
国際競争力　4, 54, 157
国際決済銀行（BIS）　23, 180
国際収支〔統計〕　10, 14, 54
国際通貨体制　37
国際貿易　176, 193, 196
国内信用　30, 146, 147, **171**, 173
国内総生産（GDP）　10, 13, 91
固定相場制（ペッグ制）　9, 34, **36**, 37, 38, 51, 52, 77, 85, 166, 169-171, 175, 181, 194
　バンド付き——　167, 201
コペンハーゲン基準　**200**
コール市場　68, 92, 93
コールレート　92, 93, 105, 107
コンテージョン　→伝播効果

● さ　行

在庫モデル　**127**
財裁定　44
財市場　43, 67
財政赤字　14, 170, 190, 204
財政移転　197
財政ファイナンス　164, 170, 172, 175
裁　定　**44**, 67, 121
最適通貨圏　**194**, 195, 198, 206
債務危機　163
　欧州——　9, **188**, 204
　ギリシャ——　160, 177, **188**, 190, 204
先渡契約　**25**, 28
先渡市場　4

先渡取引（フォワード取引）　24, **25**, 28, 73
先渡プレミアム（フォワードプレミアム）　**74**, 75, 76, 83
　——・パズル　**84**
先渡レート（フォワードレート）　4, **25**, 73-77
指値注文　**123**, 130
　マーケッタブル——　**124**, 130
サービス収支　15
三角裁定　**132**
シェンゲン協定　**199**
シェンゲン圏　**199**
直物取引（スポット取引）　24, **25**
直物レート（スポットレート）　3, **25**, 75, 76
資金過剰主体／資金不足主体　**68**
シグナル効果　**150**, 151, 156
自己実現　**135**, 136
自己資本比率　**180**, 182
資産価格　117
資産需要　**97**
市場リスク　181
自然対数　49, 50
市中銀行預金　30, 32, 38, 143
実質貨幣量　**96**
実効為替レート
　実質——　4
　名目——　3
実質為替レート　4, **53**, 54, 61, 63
資本移転等収支　15
資本市場　43, 67
収斂基準　190, 202
準備預金〔制度〕　33
　法定——　**106**
純輸出　10, 11, 14, 158
証券投資　15
消費者物価指数　**56**, 57, 59, 108
情　報　118
　——の非対称性　**178**
　インサイダー——　118, 127, 129
　完全——　44

私的―― **118**, 122, 130
所得収支　→第一次所得収支，第二次所得収支
信認度　6, **167**, 173
信用リスク　**181**
スイス国立銀行　**160**
スペシャリスト（マーケット・メーカー）
　　124, 125, 127
スポット取引　→直物取引
スポットレート　→直物レート
スムース・ペイスティング　**169**
スワップ〔取引〕　**28**, 29
　　直先――　29
　　通貨――　179
政策金利　91, 92
生産者物価指数　56
ゼロ金利政策　71, **93**, 105, 107, 119
増　価　**8**, 9
　　実質――　54

● た　行

第一次所得収支　**15**
対外資産　**15**, **30**, 38, 143, 145, 147
大介入　**154**, 157
対顧客市場　**22**, 127
貸借対照表　→バランスシート
第二次所得収支　**15**
ダイレクト・ディーリング　→直接取引
高　値　**5**
ターゲット・ゾーン　**167**, 168, 201
建　値　127
単一欧州議定書　**200**
短　期　43, 57
チェンマイ・イニシアティブ　**179**
中央銀行　30, 32, 90, 96, 168, 170, 195
注文板　**123**, 125, 130
長　期　43, 46, 48, 55
直接投資　**15**
直接取引（ダイレクト・ディーリング）
　　125

貯蓄超過　**14**
通　貨　6, 30
　　――の切り上げ／切り下げ　**9**
　　――の購買力　48
　　介入――　**142**
　　現金――　30, 32, **96**
　　預金――　32, **96**
通貨危機　16, 144, **163**, 174, 175, 179, 181, 184
　　アジア――　175, 178, 179
通貨危機モデル（理論）　**164**
　　第1世代――　165, 170, 175
通貨当局　22, 29, 38, 142, 173
通貨同盟　**188**
通貨派生取引（通貨デリバティブ取引）
　　25
ディーラー　**22**
　　為替――　128, 129
　　銀行――　125
デフレ　11, 158
電子ブローキング〔システム〕　22, 124, 130
伝播効果（コンテージョン）　**176**
統一通貨〔圏〕　184, **187**, 189, 198, 201, 206
取引需要　**97**
取引費用　47, 127
ドロール報告書　**202**

● な　行

内外価格差　46
内外金利差　75, 79
成行注文　**123**, 130
日銀当座預金　30, 105, 106
日本銀行（日銀）　**90**, 105, 106, 119, 142, 145
ニュース　119, 120
ノイズ・トレーダー　→アンインフォームド・トレーダー

● は　行

ハイパワードマネー　→マネタリーベース
始　値　5
パススルー率　158
バーゼル規制（バーゼル合意）　180, 182
ハーディング　178
ハネムーン効果　169
バブル　105, 119, 135, 136
バランスシート（貸借対照表）　30, 38, 143, 173
非居住者　1, 14
非対称情報モデル　127
ビッグマック・インデックス　58
ビッド・アスク・スプレッド　5, **124**, 125, 127
ビッドレート　5, 125
非不胎化介入　145, 148, 150, 151, 157
非貿易財　46, 57, 59
ファイナンス　133
　行動――　133
ファンダメンタリスト　134
ファンダメンタルズ　128, 133
ファンダメンタル・レート　133
フォワード取引　→先渡取引
フォワードプレミアム　→先渡プレミアム
フォワードレート　→先渡レート, 1000
不胎化介入　145, 147, 148, 150, 151, 156
物　価　47, 55, 96, 99, 108, 195
　――の安定　90
物価指数　55
プラザ合意　9, 57
ブレトンウッズ体制　37, 85, 201
フロー　14
ペソ問題　84
ペッグ制　→固定相場制
ヘッジ　72
変動相場制　7, 8, 34, **36**, 37, 39, 50, 145, 166, 174
ボイスブローカー　22

貿易財　46, 57, 59
貿易・サービス収支　15
貿易収支　15, 54
貿易障壁　44, 46
補完的項目（Tier2）　181
ホットマネー　180
ポートフォリオ・バランス効果　152
ボラティリティ　114, 119, 169

● ま　行

マイクロストラクチャー　122
　　――・モデル　126, 127
マーケット・メーカー　→スペシャリスト
マーシャル・プラン　199
マーシャル・ラーナー条件　12, 158
マーストリヒト条約　190, **200**, 202, 204
マーチンゲール過程　114, 129
マネーサプライ（貨幣供給量）　31, 32, 33, 38, **96**, 99, 100, 102, 108, 144, 150, 151, **171**, 173
マネーストック　31, 32
マネタリー・アプローチ　**95**, 99, 100, 171, 175, 182
マネタリーベース（ハイパワードマネー）　30, 32, 33, 38, **105**, 106, 143, 144, 147, 182
無制限介入　160
名目貨幣量　96
名目為替レート　3, 56
　　――の上昇／下落　8
メキシコ危機　170
目覚まし効果　178

● や　行

約　定　123
安　値　5
輸出弾力性　12
輸送費　44, 46
輸入弾力性　12
ユーロ　**187**, 201, 203, 204

――圏　187
四本値　5

● ら 行

ランダム・ウォーク　114, 116, 133
リクイディティ・トレーダー　→アンインフォームド・トレーダー
リスク　4, 27, 81
リスク回避的　82
リスク中立的　82
リスク・プレミアム　82, 84, 86
リスボン条約　200
リーマン・ショック　9, 107, 192
流通貨幣　1
流動性　16, 97
量的緩和政策　93, 105-107, 119, 157, 160
連邦準備理事会（FRB）　90
労働市場　192
ローマ条約　199

● アルファベット

BIS　→国際決済銀行
CIP　→金利平価（カバー付き）
EC　→欧州諸共同体
ECB　→欧州中央銀行
ECSC　→欧州石炭鉄鋼共同体
ECU　→欧州通貨単位
EEC　→欧州経済共同体
EMI　→欧州通貨機関
EMS　→欧州通貨制度
EMU　→経済通貨同盟
ERM　→欧州為替相場メカニズム
ERM II　→欧州為替相場メカニズム II
EU　→欧州連合
Euratom　→欧州原子力共同体
FRB　→連邦準備理事会
GDP　→国内総生産
J カーブ効果　12
OEEC　→欧州経済協力機構
PPP　→購買力平価
Tier1　→基本的項目
Tier2　→補完的項目
UIP　→金利平価（カバーなし）

人名索引

ウェイ（S.-J. Wei） 59
エバンス（M. D. D. Evans） 130
カーネマン（D. Kahneman） 133
ガーバー（P. M. Garber） 170
キリレンコ（A. A. Kirilenko） 130
クルーグマン（P. Krugman） 165, 167, 170
ケネン（P. Kenen） 195, 197
ジェンセン（M. Jensen） 119
シラー（R. J. Shiller） 119, 133
ソロス（G. Soros） 169, 178, 202
高木信二 151, 156
ターラー（R. H. Thaler） 84
テイラー（A. M. Taylor） 55
テイラー（M. P. Taylor） 55
ドゥグロウ（De Grauwe） 133, 135, 137
ドロール（J. L. J. Delors） 202

パースリィ（D. C. Parsley） 59
速水優 92, 93
バーンサイド（C. Burnside） 86
ファーマ（E. F. Fama） 118, 119
フラッド（R. R. Flood） 170
フルート（K. A. Froot） 84
松方正義 92
マッキノン（R. I. McKinnon） 195
マンデル（R. A. Mundell） 195
ミュース（J. Muth） 78
藪友良 157
ライオンズ（K. Lyons） 130
ラインハート（C. M. Reinhart） 163
ルーカス（R. E. Lucus, Jr.） 78
ロー（A. W. Lo） 130
ロゴフ（K. Rogoff） 55, 163
渡辺努 157

有斐閣ストゥディア

はじめて学ぶ国際金融論
Introduction to International Finance

2015年9月20日 初版第1刷発行

著　者	永易　淳 江阪太郎 吉田裕司
発行者	江草貞治
発行所	株式会社 有斐閣

郵便番号 101-0051
東京都千代田区神田神保町 2-17
電話 (03)3264-1315〔編集〕
　　 (03)3265-6811〔営業〕
http://www.yuhikaku.co.jp/

印刷・株式会社理想社／製本・牧製本印刷株式会社
© 2015, Jun Nagayasu, Taro Esaka, Yushi Yoshida. Printed in Japan
落丁・乱丁本はお取替えいたします。
★定価はカバーに表示してあります。
ISBN 978-4-641-15024-9

JCOPY　本書の無断複写(コピー)は、著作権法上での例外を除き、禁じられています。複写される場合は、そのつど事前に、(社)出版者著作権管理機構(電話03-3513-6969、FAX03-3513-6979、e-mail:info@jcopy.or.jp)の許諾を得てください。